Dirk Freudenberg und Stephan Maninger

„Neue Kriege" – Sicherheitspolitische Rahmenbedingungen, Mentalitäten, Strategien, Methoden und Instrumente

„Neue Kriege"

—

Sicherheitspolitische Rahmenbedingungen, Mentalitäten, Strategien, Methoden und Instrumente

Dirk Freudenberg und Stephan Maninger

2016

Carola Hartmann Miles-Verlag

Bibliografische Information der Deutschen Nationalbibliothek
Die Deutsche Nationalbibliothek verzeichnet diese Publikation in der Deutschen Nationalbibliografie; detaillierte bibliografische Daten sind im Internet über www.dnb.de abrufbar.

© 2016 Carola Hartmann Miles-Verlag
www.miles-verlag.jimdo.com
email: miles-verlag@t-online.de

Alle Rechte, insbesondere das Recht der Vervielfältigung und Verbreitung sowie der Übersetzung, vorbehalten. Kein Teil des Werkes darf in irgendeiner Form (durch Fotokopie, Mikrofilm oder ein anderes Verfahren) ohne schriftliche Genehmigung des Verlages reproduziert oder unter Verwendung elektronischer Systeme gespeichert, verarbeitet, vervielfältigt oder verbreitet werden.

Herstellung: Books on Demand, Norderstedt
Titelbild/Bildnachweis: Freudenberg

Printed in Germany

ISBN 978-3-945861-38-7

Inhalt

Vorwort 7

Dirk Freudenberg 9
Herausforderung Terrorismus
Grundsätzliche Überlegungen zu einem komplexen
Phänomen

Dirk Freudenberg 42
Das grundsätzliche Spannungsverhältnis zwischen der
Auftragstaktik, Rules of Engagement (ROE) und der
deutschen Strafrechtsordnung

Dirk Freudenberg/ Hans Reimer 55
Multinationale Interagency Groups
Unterstützung der Sicherheitsvorsorge im
gesamtstaatlichen Ansatz

Stephan Maninger 66
„Wer wagt, gewinnt" - Kritische Anmerkungen zum
Einsatz westlicher Militärspezialkräfte im Zeichen
multipler Konfliktszenarien

Stephan Maninger 81
Wenn Kinder kämpfen
Militärsoziologische Aspekte des Einsatzes von
Minderjährigen auf dem Schlachtfeld

Dirk Freudenberg 94
Staaten und parastaatliche Systeme in Interaktion
Neue Konzepte für die internationale Sicherheit

Dirk Freudenberg 104
Der Strategicbegriff bei Clausewitz, Jomini und
Erzherzog Karl
Eine vergleichende Untersuchung

Dirk Freudenberg 116
Sicherheitspolitik und Strategie

Dirk Freudenberg 132
Das britische Führungsverständnis unter besonderer
Berücksichtigung deutschen Führungsdenkens

Stephan Maninger 156
Operative Hemmnisse für westliche Sicherheitskräfte im
Zeitalter multipler Bedrohungsszenarien
Ein Plädoyer für die wehrhafte Demokratie

Dirk Freudenberg 184
Der Einsatz der Streitkräfte im bevölkerungszentrierten
„Comprehensive Approach"

Stephan Maninger 203
Der Schattenkrieg - Ergänzungen zur
„Counterinsurgency"-Debatte

Stephan Maninger 216
Drohnen als militärisches Instrument
Die Auswirkungen einer „Game Changer"-Technologie
auf asymmetrische Konfliktszenarien

Stephan Maninger 230
Die Fragmentierung des Iraks und ihre
sicherheitspolitischen Auswirkungen

Dirk Freudenberg/ Thomas Greim/ Rolf Neumeyer 253
Gedanken über Schutz als Aufgabe der Streitkräfte im
Einsatz

Ausblick 262

Autoren 273

Vorwort

"Der Klang, der am nachhaltigsten durch die Geschichte der Menschheit hallt, ist der von Kriegstrommeln."
Arthur Koestler (1905-1983)

Die Ereignisse des 11. September 2001 werden häufig als schlagartige Veränderung der sicherheitspolitischen Wirklichkeit betrachtet. Die islamistischen Anschläge in den Metropolen Europas zeigen, dass die Einschläge näher und öfter kommen, ohne dass es den Anschein hat, dass politische oder institutionelle Zielsetzungen oder Strategien greifen. Mit einer Sicherheitsarchitektur, welche 1949 konstituiert wurde und die seither niemals grundlegend in Frage gestellt, sondern allenfalls nachgebessert wurde, sowie einer gesellschaftlich tief verankerten postheroischen Mentalität begann ein von außerordentlichen Veränderungs- und thematischen Berührungsängsten geprägter Paradigmenwechsel, der auch 2016 nicht abgeschlossen ist. Tatsächlich scheint die Geschwindigkeit der Lageveränderungen die der Anpassungsprozesse zu übertreffen, und so stellt sich inzwischen die Frage, inwiefern Deutschland und der Nationalstaat an sich zum ersten Mal in den 6000 Jahren der niedergeschriebenen Geschichte des Staates sich überhaupt noch als handlungsfähigstes Organisationskonstrukt, gegenüber nichtstaatlichen Akteuren behaupten kann. Welche Einstellungen, Instrumente und Herangehensweisen sind geeignet, um den kompetitiven Vorteil des staatlichen Akteurs gegenüber seinen Kontrahenten zu erhalten?

Beide Autoren des nachfolgenden Bandes haben über diesen Zeitraum über Mentalitäten, Strategien, Rahmenbedingungen und Methoden „neuer Kriege" sowie über sicherheitspolitische Instrumente in der Österreichischen Militärzeitschrift (ÖMZ), der größten deutschsprachigen Zeitschrift für sicherheitspolitische Themen, veröffentlicht. Ihre Beiträge sorgten für Diskussionen, führten vereinzelt zu Veränderungen der Einsatzrichtlinien und übertrugen wichtige Erfahrungswerte und Teile der Sicherheitsdebatten des englischsprachigen Auslands auf ein deutschsprachiges Publikum. Eine Bündelung ihrer Beiträge soll zum einen einen Beitrag leisten, die sicherheitspolitischen Fähigkeitslücken und Handlungsoptionen aufzuzeigen, wobei die Gliederung hierbei chronologisch und nicht thematisch erfolgt. Zum anderen soll fragmentarisch aufgezeigt werden, in welche Linien der sicherheitspolitische und wehrwissenschaftliche Diskurs seither verläuft. Daher sind die jeweiligen Beiträge unverändert und müssen folglich im Kontext ihrer Zeit bewertet werden.

Inhaltlich füllen die Autoren thematisch eine literarische Lücke der deutschsprachigen Sicherheitspolitik. Sie verbinden dabei die klassischen Disziplinen der strategischen Forschung: Sicherheits- bzw. Verteidigungspolitik und Militärgeschichte. Dieser Ansatz findet sich in Deutschland nur an wenigen Institutionen, begrenzt auf die Universitäten der Bundeswehr und drei andere universitäre Einrichtungen in Kiel, Hamburg und Köln. Verglichen mit den 146 Genderprofessorenstellen (2013) in Deutschland genießen sicherheitspolitische Bildungseinrichtungen in der Hochschullandschaft nur geringe Priorität, was sich in der politischen Krisenkompetenz widerspiegelt. Sicherheitspolitische Entscheidungen bei internationalen Herausforderungen wie Afghanistan, Libyen, Ukraine, Syrien oder der Kampf gegen Irreguläre Kräfte im Allgemeinen scheinen häufig von beachtlichem Kurzzeit- und Wunschdenken geprägt, zumal bei der Terrorismusabwehr ein dauerhaft taktisches Improvisieren über jede tiefgreifende und umfassende Reform der Sicherheitsarchitektur bevorzugt wird. Mangelnde Forschung und Wissen in sicherheitspolitischen Angelegenheiten hat zur Folge, dass Entscheidungsträger und Sicherheitsorgane immer nur bestens vorbereitet sind für den vorherigen Anschlag, die vergangene Lage. Sie befinden sich mental und institutionell in der strategischen Defensive, im strukturellen Nachteil gegenüber dem jeweiligen Kontrahenten, verwechseln, wie die Lage sein sollte damit, wie sich die Lage faktisch darstellt. Sie vertauschen Hoffnung mit Handeln und bewerten die Moralität der Absicht höher als die des Resultats.

Herausforderung Terrorismus
Grundsätzliche Überlegungen zu einem komplexen Phänomen (ÖMZ 2005)
Dirk Freudenberg

Die nachstehende Untersuchung soll ein Ansatz sein, die vielschichtigen und mehrdimensionalen Fragestellungen des Terrorismus aufzuzeigen und den Begriff des Terrorismus terminologisch von anderen Erscheinungen abzugrenzen. Eine solche Abgrenzung dient nicht nur der wissenschaftlichen Aufarbeitung, sondern auch der sicherheitspolitischen Einordnung von Einzelfällen, die helfen kann, Qualitätsänderungen in der Anwendung politischer Gewalt rechtzeitig zu erkennen.[1]

Ausgangslage zu Beginn der 70er-Jahre des 20. Jahrhunderts

Anfang der 70er-Jahre hatte man es allgemein noch für unmöglich gehalten, dass kleine Gruppen einen hoch industrialisierten Staat angreifen, sein sorgfältig ausbalanciertes Gefüge politischer, wirtschaftlicher und sozialer Funktionen lähmen oder zerschlagen und sein vielfach überlegenes militärisches Potenzial unterlaufen könnten.[2] Neben dem klassischen Katastrophenfall und dem klassischen Verteidigungsfall, der vom Angriff eines Völkerrechtssubjektes, also grundsätzlich eines Staates, ausgeht, muss ein neuer strategischer Fall, der Terrorfall (T-Fall) konstruiert werden, der dadurch geprägt ist, dass nichtstaatliche Akteure Maßnahmen gegen Bevölkerung, Staatsgebiet, Einrichtungen und Objekte hoch komplexer und damit verletzlicher Gesellschaften[3] ergreifen, die geeignet sind, Deutschland und seine Staatsbürger politisch zu erpressen oder die ein erhebliches Schadenspotenzial beinhalten.[4] Dabei ist zu beachten, dass sich die Fälle und ihre Auswirkungen überschneiden können. Der Grund hierfür liegt darin, dass die Bereitschaft und Fähigkeit bestimmter Terrorgruppen zur massiven Zerstörung gestiegen sind.[5]

Angriffspunkte und Verletzbarkeit moderner Industriegesellschaften

Hoch industrialisierte Wirtschaftsnationen wie die Bundesrepublik Deutschland haben ein großes Potenzial an kritischer Infrastruktur, deren Störung, Ausfall oder Vernichtung in Teilen oder in Gänze unmittelbar wie auch mittelbar zu massiven Beeinträchtigungen des öffentlichen und privaten Lebens führen könnten. Das betrifft insbesondere Ballungsgebiete und Großstädte mit hoher Einwohnerzahl und -dichte. Damit könnte gleichzeitig ein enormer volkswirtschaftlicher Schaden verbunden sein. Die Abhängigkeit von der qualitativen und quantitativen Versorgung mit Strom, Wärme, Wasser, Nahrungsmitteln, die Notwendigkeit des Offenhaltens unserer Verkehrswege (zu Lande, zu Wasser und in der Luft) und die Notwendigkeit intakter Organisationsstrukturen und Kommunikationseinrichtungen machen Industrienationen erpressbar.

Damit unterscheiden sich diese Gesellschaften diametral von unterentwickelten Ländern, die nicht über ein solches Potenzial verfügen. (Im Umkehrschluss bedeutet das, dass eine solche Bedrohung in derartigen Ländern kaum existiert; der geringe Entwicklungsstand bewirkt auch eine deutlich geringere Erpressbarkeit.)

Die staatliche Verpflichtung zum Schutz der Bürger

Nach der klassischen Drei-Elemente-Lehre setzt Staatlichkeit neben Staatsgebiet und Staatsvolk auch effektive Staatsgewalt voraus, die auf einer Form der Selbstregierung nach innen und Unabhängigkeit der nach außen bestehenden Souveränität beruht.[6]

Zudem ist allgemein ein Vertrauensschutzprinzip anerkannt, das den Staat verpflichtet, den einzelnen Bürger vor militärischen Angriffen fremder Staaten zu schützen.[7] Dieses ergibt sich daraus, dass der moderne Rechtsstaat der Bevölkerung grundsätzlich das Mittel der Selbsthilfe gegen rein innerstaatliche Gefährdungen verbietet und sich das Gewaltmonopol vorbehält. Dieses Vertrauensschutzprinzip, das sich aus dem staatlich auferlegten Selbstverteidigungsverbot und dem Selbstvorbehalt des staatlichen Gewaltmonopols, derartige Angriffe abzuwehren, ableitet, müsste auf nicht-staatliche Angriffe übertragbar sein. Gerade die Herrschafts- und Friedensfunktion, die dadurch gekennzeichnet ist, dass der Staat ein gewisses Maß an Sicherheit und Schutz vor inneren und äußeren Gefahren durch seine Organe und Strukturen erreichen soll, ist nach den in den Demokratien westlicher Prägung herrschenden relativen Staatszwecklehren, die auch die konkreten historischen Entwicklungen berücksichtigen sollen, eine wesentliche Aufgabe des modernen Staates.[8] Daher ist das Vertrauensschutzprinzip auf die Aktivitäten nicht-staatlicher Akteure übertragbar.

Da Terrorangriffe grundsätzlich ohne Vorwarnung erfolgen, muss der Staatsapparat, der folgerichtig nicht den Schutz jedes einzelnen Bürgers garantieren kann, sondern der die Lebensgrundlagen sichern muss, aus der Reaktion heraus handeln.[9]

Der Einsatz von Massenvernichtungswaffen
„Die größte Gefahr für die Freiheit liegt an der gefährlichen Kreuzung von Radikalismus und Technologie. Die Verbreitung chemischer, biologischer und Nuklearwaffen zusammen mit der Technologie ballistischer Flugkörper - wenn dies geschieht, können selbst kleine Staaten und kleine Gruppen von Personen Kapazitäten erreichen, große Nationen mit katastrophalen Folgen anzugreifen."[10]

Eine der Hauptbedrohungen für die moderne Zivilisation ist der technologische Terrorismus.[11] Im Rahmen der Diskussion um Ausmaß und Natur möglicher zukünftiger terroristischer Anschläge spielt die Frage der Verwendung von Massenvernichtungswaffen (MVW) eine immer größere Rolle, und es bestehen in der Fachwelt keinerlei Zweifel daran, dass es für terroristische Organisationen keine unüberwindlichen Schwierigkeiten darstellen würde, in den Besitz chemischer oder/und biologischer Kampfstoffe zu gelangen.[12] Diese Substanzen sind v.a. wegen ihrer Zerstörungswirkung, ihrer Transportierbarkeit und der Möglichkeit auf ihren Zugriff so gefährlich.[13] Gerade biologische Agenzien, also Pathogene wie Viren, Bakterien und Toxine, und chemische Substanzen werden wegen ihrer Verwendung im medizinischen Bereich oder der Möglichkeit ihres legalen Erwerbs und der damit verbundenen geringen Schwierigkeit ihrer Beschaffung häufig auch als die „Atombombe der Armen" bezeichnet.[14]

Insofern ist nichts besser geeignet, einen hoch überlegenen Gegner wirksam zu treffen, nichts, was sich besser verstecken ließe, nichts, was billiger zu produzieren wäre und nichts, wo man mit einem vergleichsweise bescheidenen Einsatz von Mitteln eine derartige Massenvernichtung von Menschenleben auslösen kann.[15]

Die spektakulärste Position im Bedrohungsspektrum des internationalen Terrorismus kommt der Gefahr des Nuklearterrorismus zu.[16] In neuerer Zeit wird daher auch immer wieder der Einsatz nuklearer bzw. radiologischer Bomben, so genannter „schmutziger Bomben" (Strahlenterrorismus[17]), diskutiert. Diese - für den militärischen Einsatz wegen ihrer verzögerten und nicht vorhersehbaren Wirkung unbrauchbaren - Waffen könnten gerade für Terroristen interessant sein, da nicht die massenhafte Vernichtung die Folge eines Einsatzes wäre, sondern eine Massenpanik.[18] Daneben wird ebenso die Gefahr der Entwendung einer Nuklearwaffe (Atomterrorismus[19]) oder eines konventionellen Angriffs auf eine industriell-nukleare Einrichtung gesehen.[20]

Der Einsatz von MVW im 20. Jahrhundert

Die Zahl der Staaten, die nicht zuletzt auf Grund ziviler Nutzung von Atomenergie inzwischen über die erforderlichen technischen Fähigkeiten zur Herstellung von Atomwaffen verfügen, ist im Laufe der vergan-genen Jahrzehnte gestiegen, und infolge des Zerfalls der Sowjetunion und der wirtschaftlichen Krise der Nachfolgestaaten ist ein illegaler Plutoniumhandel entstanden und darüber hinaus sind vermutlich auch tausende hoch qualifizierte Wissenschaftler in interessierte Staaten abgewandert.[21] Begünstigt durch den zunehmenden Zerfall der Disziplin des sowjetischen Militärs und eine parallel dazu entstehende organisierte Kriminalität wurden der illegale Transfer von Kriegsmaterialien und der Handel mit spaltbarem Material und „Dual-Use"-Gütern aller Art auf dem „freien" Weltmarkt ermöglicht, wodurch anderen Staaten somit die Gelegenheit geboten war, militärisches Fachwissen rasch und kostengünstig zu erwerben.[22]

Der Einsatz durch staatliche Akteure

Nach den Erfahrungen des Ersten Weltkrieges mit chemischen und biologischen Kampfstoffen kam es in Europa in den weiteren kriegerischen Auseinandersetzungen des 20. Jahrhunderts zu keinen weiteren Einsätzen von MVW.

Dennoch wurden im vorigen Jahrhundert C-Waffen eingesetzt: Im Jahre 1925, dem Jahr der Genfer Ächtung der C-Waffen als *„besonders heimtückische Mittel der Kriegführung"*, setzten die Spanier C-Waffen in Marokko ein; im Krieg gegen China verwendeten die Japaner zwischen 1937 und 1945 mehr als 800-mal Giftgas; ebenso die Italiener in Abessinien in den 40er-Jahren; die USA setzten im Vietnamkrieg C-Waffen ein; in den 70er-Jahren kamen in den bewaffneten Auseinandersetzungen in Angola, Afghanistan und Kambodscha chemische Kampfstoffe zum Einsatz, ebenso im 1. Golfkrieg (1980-1988), als der Irak Giftgas sowohl gegen den Iran als auch gegen aufständische Kurden im eigenen Land einsetzte.[23]

Der Einsatz durch Terroristen
Gewalttätige, nicht-staatliche Organisationen traten mit dem Einsatz von MVW erst 1995, mit dem Attentat der *Aum Shinrikyo*-Sekte auf die Tokioter U-Bahn, öffentlich in Erscheinung. Damals setzten die Täter das Giftgas Sarin ein und töteten elf Menschen und verletzten fast 5.000.[24] Dabei verfügte die Gruppe auch über Kenntnisse zur Herstellung von biologischen Waffen[25] und hatte auch mehrfach versucht, biologische Kampfstoffe von einem Lastwagen aus zu versprühen, allerdings ohne Schaden anzurichten.[26]

Seit Mitte der 70er-Jahre gibt es Hinweise darauf, dass Einzelpersonen und Gruppen in den USA und Europa versucht haben, sich in den Besitz von MVW zu bringen; so soll beispielsweise die deutsche *Rote Armee Fraktion* (RAF) in den Diebstahl von Senfgas aus einer amerika-nischen Kaserne verwickelt gewesen sein, und im Oktober 1980 wurde in Paris eine Zelle der RAF entdeckt, die Biokampfstoff (Botulinum produzierende Bakterien) kultiviert hatte.[27] Entsprechend diesen Ereignissen hatte man bereits Ende der 70er-Jahre des vergangenen Jahrhunderts festgestellt, dass der Terrorismus in der Lage ist, zeitbedingte Dimensionen anzunehmen und in Abhängigkeit vom technischen Fortschritt ein beträchtliches Zerstörungspotenzial zu entwickeln.[28]

Dass derartige Kampfstoffe durch Terroristen erst in sehr wenigen Fällen wirksam zum Einsatz gebracht wurden, liegt daran, dass die Ausbringung von B- und C-Kampfstoffen vergleichsweise kompliziert und die Wirkung oft unkalkulierbar ist; es ist allerdings nicht auszuschließen, dass gerade die Unkalkulierbarkeit beim Einsatz von B- und C-Waffen das Gefühl einer besonders unheimlichen Bedrohung hervorruft, was diese Mittel für die Terroristen besonders attraktiv erscheinen lassen kann.[29]

Der 11. September 2001 als „Eye opener" des Problems

Die Anthrax-Anschläge in Folge des 11. September 2001 in den USA, das Auftauchen kontaminierter Postsendungen in anderen Ländern und die Reaktionen auf die zahllosen Trittbrettfahreraktionen haben auch in Europa - und besonders in Deutschland - deutlich die potenzielle Angreifbarkeit moderner und hoch komplexer Industriegesellschaften auch nach Ende des Kalten Krieges unterstrichen. Bereits der vage Verdacht eines Einsatzes derartiger Mittel erzeugt Angst und Panik bis hin zur Hysterie und lähmt gesellschaftliche Funktionsabläufe. Die Realisierung derartiger Szenarien stellt eine enorme Herausforderung für die Organisationsfähigkeit und Einsatzbereitschaft offener Gesellschaften dar.[30]

Die Verletzlichkeit des hoch technisierten Lebens in den westlichen Industriestaaten und deren liberales politisches System und der relativ leichte Zugang zu sehr wirksamen Waffen und Vernichtungswaffen fördern den internationalen Terrorismus.[31] Der 11. September hat gezeigt, dass international agierende Terroristen ihre Aktionen bis dahin unvergleichlichen Ausmaßes ins eigene, sichere Hinterland tragen können.[32]

Die Dimension der terroristischen Ziele, das gesamte politische System der Gegenseite zu vernichten, die Dimension der terroristischen Organisation mit ihren komplexen planerischen Fähigkeiten, die Wahl der Mittel und die Dimension des entstehenden Schadens stellen einen Quantensprung terroristischer Aktivitäten dar.[33] Folglich sind erst durch die Ereignisse im Umfeld des 11. September die Problemfelder des Einsatzes bzw. der Abwehr von MVW insbesondere durch nicht-staatliche Akteure in das öffentliche Bewusstsein gerückt und haben seitens der politischen und staatlichen Verantwortlichen für Gefahrenabwehr zu erkennbaren Reaktionen geführt.

Schwer identifizierbare Täterprofile und nicht-staatliche Akteure

Erschwerend kommt bei der Betrachtung möglicher Akteure hinzu, dass nicht nur bei innerstaatlichen, sondern auch bei den globalen Konflikten Konflikt- und Krisenursachen zunächst häufig nicht mehr auf klar identifizierbare Verursacher, sehr oft auch nicht mehr in Gestalt von Verursacherstaaten, zurückzuführen sind.[34] Isolierte Staaten können auf militärischem Gebiet erhebliche Machtmittel einsetzen; zudem können Terrorismus und andere Formen der Gewaltanwendung in den Westen „exportiert" werden, um Unruhe und Chaos zu schaffen.[35] Mithin sind zunehmend Konflikte zu beobachten, die nicht als Krieg zwischen Staaten und ihren Armeen ausgetragen werden, sondern in denen sozial, ethnisch oder religiös definierte Bevölkerungsteile einander bekriegen und Partisanen oder Banden, regionale Kriegsherren sowie internationale Söldnerfirmen die entscheidende Rolle spielen.[36] Feindselige Aktivitäten werden nun von Gruppen angeführt, die sich von Armeen sehr wesentlich unterscheiden,[37] und nicht-staatliche Akteure beginnen mit militärischen Mitteln zu handeln.[38] Das gesamte Spektrum subversiver, verbrecherischer, nicht-staatlicher Kräfte, Banden, Partisanen und Terroristen gehört dazu.[39] Es sind unter den Akteuren solche, die in ihrer Symbiose der Kulturen das Mittelalter predigen und dennoch die Kalaschnikow benutzen wie auch den Computer.[40] Es fehlt also weitgehend an klaren Täterprofilen und an Fähigkeitsprofilen, auf die sich die Stellen staatlicher Gefahrenabwehr personell, materiell, instrumentell und von den Abläufen des eigenen Krisenmanagements her verbindlich, checklistenartig, einstellen können.

Viele dieser Akteure sind Kriegsunternehmer, die den Krieg auf eigene Rechnung führen und sich die dazu benötigten Mittel durch die Unterstützung reicher Privatleute, den Verkauf von Bohr- und Schürfrechten für die von ihnen kontrollierten Gebiete, das Betreiben von Drogenhandel oder durch Schutz- und Lösegelderpressung verschaffen.[41] Dieses Bild vom Kriegsunternehmer erinnert an den Condottiere Cesare Borgia, der sich seinerzeit meisterhaft mit List, Brutalität und Verrat durchzuschlagen verstand, und an dem bereits Niccolò Machiavelli mit Interesse studierte, wie in einem zerrissenen Land politische Macht aus dem Nichts gewonnen, gehalten und vermehrt werden kann unter der einzigen Voraussetzung, dass nämlich vor keinem Mittel zurückgeschreckt wird.[42]

Der Krieg gegen den internationalen Terrorismus
Nach den Ereignissen des 11. September 2001 zeichneten sich Tendenzen ab, terroristische Attacken als „bewaffneten Angriff" im Sinne des Art. 51 der UNO-Charta zu qualifizieren. Diese Qualifikation eröffnet dem angegriffenen Staat zunächst die Inanspruchnahme des Rechts zur kollektiven Selbstverteidigung, stellt aber gleichzeitig einen Quantensprung des Phänomens Terrorismus von der Ebene der politischen Gewaltkriminalität auf die völkerrechtliche Ebene des bewaffneten Konfliktes mit entsprechend weit reichenden Folgen dar.[43] Diese Frage zeigt zudem verstärkt auf, welcher Paradigmenwechsel im Kontext der Vorstellungen vom Krieg seit dem Zweiten Weltkrieg stattgefunden hat.[44]

Das Kriegsbild
Der sowohl seiner atomaren Fesseln entledigte wie archaische Formen einbeziehende Kriegsbegriff des ausgehenden 20. Jahrhunderts droht die Totalität des Krieges ins Unermessliche zu steigern.[45] Attacken von Partisanen, Bomben in siedlungsreichen Gebieten bzw. Angriffe mit Giftgas oder biologischen Waffen definieren inzwischen einen Krieg, der sowohl zeitlich wie räumlich entgrenzt ist, einen Terror, dessen Bedrohungspotenzial global vagiert, und Kämpfe und Überfälle in einer Form, die das Schema des klassischen Krieges unterläuft.[46] In diesem Sinne entsteht ein diffuses Kriegsbild.[47] Der Anschlag auf das *World Trade Center* am 11. September 2001 und der Kampf der USA und ihrer Alliierten gegen den Terrorismus in der Golf-Region entsprechen diesem Kriegsbild.[48]

Terrorismus und der Begriff des Krieges
Der Krieg als Versuch einer gewaltsamen Lösung kollektiver Konflikte, in der Gewalt als ein Regelungsmechanismus auftritt,[49] hat sich

seiner Fesselungen an die Staatlichkeit, die ihm völkerrechtlich mit dem Westfälischen Frieden angelegt wurden, entledigt.[50] Die Globalisierung führt damit tendenziell zur Privatisierung von Macht und zur Privatisierung des Krieges,[51] und die Kriege zwischen Staaten werden seltener, wohingegen innerstaatliche und transnationale Kriege zunehmen, womit die Staaten nicht mehr die selbstverständlichen Monopolisten sind, als die sie im 18. und 19. Jahrhundert aufgetreten sind.[52] Die privatisierte Gewalt will häufig gar keinen Staat; er wäre nur hinderlich,[53] und somit wird das Gewaltmonopol von unten untergraben.[54]

Diese Entwicklungstendenzen werfen die Frage auf, ob der überkommene Begriff des Krieges, der nach herkömmlichem Völkerrecht als *„völkerrechtlicher Gewaltzustand unter Abbruch der diplomatischen Beziehungen"*[55] und damit als Auseinandersetzung zwischen Staaten definiert ist, noch den gegenwärtigen Erscheinungen entspricht, oder ob diese Formen der Auseinandersetzung nicht einer neuen Bezeichnung bedürfen oder aber die Rahmenbedingungen, die unter dem Begriff Krieg subsumiert werden, neu definiert werden müssen. Das Problem könnte hier daran liegen, dass der völkerrechtliche Kriegsbegriff (nicht mehr zwingend) mit den politischen Erscheinungen oder den Akteuren, militärischen Handlungen und Mitteln übereinstimmt.

In seiner ursprünglichen Bedeutung umfasste der Begriff Krieg lediglich den Rechtsstreit, der erst im Rahmen des Hoch- und Spätmittelalters hin zum „gewalttätigen Rechtsstreit" verändert wurde; das Rechtssystem des Mittelalters kannte den Begriff der „Fehde", jenes Privatkrieges, der zwischen Herrscherhäusern oder Adelsgeschlechtern geführt wurde und als zulässiges Rechtsmittel an die Einhaltung bestimmter Formen gebunden war.[56] Später hatte die Rechtfertigung des Krieges über staatliche Interessen zu laufen; der Krieg wurde dahingehend limitiert, dass nur Staaten ihn führen konnten,[57] und insofern war seit dem 17. Jahrhundert der zwischenstaatliche Krieg in Europa die vorherrschende Erscheinungsform.[58]

Das Phänomen Krieg war zum Ende der 80er-Jahre des vorigen Jahrhunderts aus dem allgemeinen Sprachgebrauch, aber auch aus der völkerrechtlichen Judikatur weitgehend verbannt bzw. wurden diese Erscheinungen als *„Konflikte unterhalb der Kriegsschwelle"*[59] „Auseinandersetzungen geringer Intensität (*low intensity conflict*, LIC),[60] interkommunale Gewalt, Konflikt zwischen aufrührerischen Parteien, *„Einsätze, die keine Einsätze sind"*[61] etc. definiert.[62] Carl Schmitt sprach gar vom *„diskriminierenden Kriegsbegriff".*[63] Dabei hatte es zwischen 1945 und 1995, also in der Phase der „strategischen Stabilität",[64] weltweit ca. 190 Kriege gegeben, an denen 105 Staaten beteiligt waren bzw. noch sind.[65]

Kriegsbegriff und Kriegsbild

Allerdings hatte sich das Kriegsbild grundlegend gewandelt; das Spektrum militärischer Konflikte hatte sich von großen konventionellen Kriegen zwischen regulären Armeen souveräner Staaten zu Kriegsformen verschoben, die Guerillataktik und Terrorismus gleichermaßen umfassten, und der bewaffnete Kampf zwischen Staaten und nicht-staatlichen Akteuren war als „kleiner Krieg" die dominierende Form des militärischen Konfliktes geworden.[66] Indem der Kleinkrieg den „großen" Krieg allmählich verdrängte, schien es, als ließen das Gewaltanwendungsverbot des modernen Völkerrechts einerseits und die atomare Drohung andererseits die Menschen auf einen Krieg ausweichen, der sich weitgehend außerhalb der Normen des Völkerrechts abspielt.[67] Insofern erschienen Atombombe und „kleiner" Krieg als die beiden Dominanten im Bereich drohender oder tatsächlicher bewaffneter Auseinandersetzungen.[68] Und Werner Hahlweg warf bereits in den 60er-Jahren des 20. Jahrhunderts die Frage auf, ob nicht der „kleine" Krieg, der Partisanenkrieg, mehr oder weniger allen künftigen militärischen Auseinandersetzungen das Gepräge leihen werde, dass er dazu zwinge, die Relation von Politik, Krieg und Friedensordnung, Gesellschaft, Wirtschaft und Technik neu zu durchdenken.[69] Insofern ist nicht die Erscheinung „asymmetrischer" Kriegführung wirklich neu, sondern nur die Vielzahl unkontrollierter kriegerischer Akteure und damit verbunden die Erhöhung der Eintrittswahrscheinlichkeit eines latenten Risikos in räumlicher und zeitlicher Nähe.[70] Dieser „graue Krieg" ist - im Gegensatz zum Kalten Krieg - ein heißer und v.a. asymmetrischer Krieg ohne klare Fronten, Armeen und Regeln.[71] Charakteristisch für die irregulären Kräfte ist, dass sie mit ihrer unkonventionellen Kampfweise in der Regel keine Ziele bieten, die den gegnerischen Kräften die Ausnutzung ihrer waffentechnischen Überlegenheit erlauben würde.[72] Eine solche asymmetrische Konfliktstruktur folgt aus voneinander abweichenden Organisationsformen und sich daraus ergebenden unterschiedlichen Interessendefinitionen und unterschiedlichen Präferenzen hinsichtlich des Konfliktaustragungsmodus.[73] Es fehlt nach konventionellem Verständnis teilweise ein Gegner mit klar erkennbaren Hierarchien, politischen und militärischen Strukturen und Zielsetzungen.[74] Symmetrisch sind somit solche Kriege, in denen beide Seiten mit prinzipiell gleichen Mitteln und Methoden in ein militärisches „Kräftemessen" eintreten, dessen Ausgang entweder von den quantitativen Verhältnissen der von beiden Seiten aufgebotenen Streitkräfte, dem militärischen Genie eines ihrer Anführer oder auch begrenzten Qualitätsvorteilen der Streitkräfte einer Seite abhängt.[75] Militärische Planungen sind in aller Regel auf „kooperative" Gegner abgestellt, bei denen sowohl bei ihren strategisch-operativen Zielsetzungen als auch bei materiellen Bedarfsforderungen ein berechenbares Verhalten des potenziellen Gegners unterstellt wird.[76] Unter diesem Gesichtspunkt stellt sich der Kampf gegenüber dem internationalen Terrorismus als Verstärkung des bekannten Phänomens asymmetrischer Konflikte dar.[77]

In ein und derselben Völkerrechtsordnung kann es nicht zwei widersprechende Kriegsbegriffe geben.[78] Folglich kommt es zu definitorischen Problemen von gewaltförmigen Konflikten. Denn wenn der ganze Überbau staatsbezogener Begriffe zu Ende geht - wie Carl Schmitt bereits 1963 schreibt - und damit das Politische nicht mehr in einer Ordnung von Staaten gehegt ist, sondern sich verselbstständigt und sich mit neuen Akteuren verbindet,[79] ist damit die klassische, klar erkennbare Unterscheidung von Krieg und Frieden aufgegeben und absichtlich verwischt.[80] Diese Betrachtung zeigt, dass die Entwicklung der Normen des Völkerrechtes nicht mit den Wandlungen der Vorstellungen der Akteure in modernen Zeiten Schritt halten konnte. Folglich stellt sich gerade heute die Frage, ob der Krieg nicht als Zustand *de jure*, sondern als Zustand *de facto* zu definieren und zu begreifen ist.[81]

Hier zeigt sich auch die Schwierigkeit, auf Grund unterschiedlicher Perspektiven und Motive vom völkerrechtlichen, staats- und strafrechtlichen, politischen und militärischen Standpunkt das Phänomen materiell einheitlich zu bestimmen, einzuordnen und zu behandeln.

Das schließt sowohl die Wahl der Mittel als auch den Umgang mit den Akteuren ein. Es ist die alte Rechtsauffassung zu überdenken, ob Terroristen als gewöhnliche Kriminelle behandelt und abgehandelt werden müssen oder als Kriegsverbrecher zu ahnden sind, was sie keineswegs zu Soldaten des bewaffneten Kampfes gegen Ungerechtigkeit aufwertet, sondern als Gewaltverbrecher mit besonderem Status ausweist.[82]

Das Problem der Definition des Phänomens „Terrorismus"

Die Frage, wie man Terrorismus eigentlich definieren könnte, gestaltet sich außerordentlich schwierig; es wird sogar die Ansicht vertreten, *„die semantische Wortklauberei habe die zweckbestimmte Theorie überflügelt"*[83] und sei „schon bis zur Langeweile durchgekaut".[84] Zudem decken sich die Kategorien politischer und historischer Analyse nicht mit denen polizeilicher, juristischer und amtspsychologischer Beschreibungen.[85] Weiterhin wird durch die politische und wissenschaftliche Auseinandersetzung mit den zahlreichen Phänomenen, auf die man den Begriff anwendet, die Bestimmung dieses politischen Schlag- und Reizwortes zusätzlich erschwert.[86] Eine zusätzliche Schwierigkeit bei der Erfassung des Phänomens liegt in den unterschiedlichen Erscheinungsformen, die von Land zu Land und von Generation zu Generation sehr verschieden sein können.[87]

Der internationale Terrorismus

Für den Begriff „Terrorismus" gibt es zur Zeit weder im Rahmen der UNO noch auf wissenschaftlicher Ebene eine einheitliche Definition. Dennoch werden an die Existenz des Terrorismus zum Teil konkrete Rechtsfolgen gebunden, wobei an die Erfüllung spezieller Delikte (z.B. Flugzeugentführung, Geiselnahme) oder die Schädigung bestimmter Personenkreise (z.B. Diplomaten) angeknüpft wird.[88] Dabei wurden bereits im Jahre 1937 in einem ein durch den Völkerbund erarbeiteten Übereinkommen Terrorakte als *„kriminelle Taten, die gegen einen Staat gerichtet sind und das Ziel verfolgen, bestimmte Personen, eine Gruppe von Menschen oder die Allgemeinheit in einen Zustand der Angst zu versetzen"*, definiert.[89] Diese Konvention ist allerdings nie in Kraft getreten.

Das Problem des Terrorismus ist für die UNO erst zu Beginn der 70er-Jahre in Reaktion auf zahlreiche vorangegangene Flugzeugentführungen, Geiselnahmen, Anschläge auf Diplomaten und insbesondere den Überfall auf die israelische Olympiamannschaft in München 1972 mit dem Entwurf einer Konvention zur Bekämpfung des internationalen Terrorismus wieder aktuell geworden.[90] Dieser amerikanische Vorschlag wurde v.a. von den Entwicklungsländern und den arabischen Staaten abgelehnt, die der Auffassung waren, dass mit der Bekämpfung des internationalen Terrorismus lediglich versucht werden sollte, den legitimen Kampf von Befreiungsbewegungen als Terrorismus zu brandmarken und zu verhindern.[91] Diese Staaten sahen hierin den Versuch des „neokolonialistischen Westens", den Kolonialkampf nachträglich als Verbrechen einzustufen.[92] Die im 20. Jahrhundert vereinbarte völkerrechtliche Norm des Selbstbestimmungsrechts der Völker hat somit auch ein dynamisches Element in das Völkerrecht eingebracht und zugleich viele Fragen aufgeworfen, die insbesondere mit der gewaltsamen Verwirklichung dieses Rechtes zusammenhängen.[93]

Der Interessenkonflikt bei der Einordnung und Bestimmung

Die überwunden geglaubte Lehre vom gerechten Krieg hatte mit dem nationalen Befreiungskampf einen neuen Anwendungsbereich erhalten, und die Differenzierung zwischen einer „gerechten" und einer „ungerechten" Gewaltanwendung kann in der gegenwärtigen Verfassung der Staatenwelt die Friedlosigkeit nicht überwinden.[94] Insofern gibt es heute mehr als hundert verschiedene Terrorismus-Definitionen, wobei es bei der Bewertung, ob eine Person oder eine Gruppe als terroristisch einzustufen ist, in der Praxis oftmals auf die jeweilige Perspektive bzw. das konkrete Interesse des Beurteilenden ankommt.[95] Insofern ist eine solche Einstufung oftmals von der gelegentlichen oder auch etablierten wechselseitigen Unterstützung und Zusammenarbeit bzw. ihrer fallweisen Nutzung durch interessierte Staaten abhängig. Diese könnten das Mittel des Terrorismus als „Ersatzkrieg" zur Schädigung oder Beeinflussung anderer Staaten einsetzen, ohne die Schwelle eines offenen Kampfes zu erreichen und ohne selber als Beteiligte in Erscheinung zu treten.[96] Insofern liegt die Schwierigkeit zunächst darin, den Begriff des Krieges zu fassen.

Die Einordnung und Bestimmung durch das Völkerrecht

Das klassische Kriegsvölkerrecht geht von einer scharfen Trennung von Kombattanten und Nichtkombattanten aus; durch diese klare Unterscheidung sollte im Kriegsfalle die Gewaltanwendung auf einen bestimmten Personenkreis beschränkt bleiben, die Zivilbevölkerung geschützt und der chaotische Volkskrieg vermieden werden.[97] Die Beschränkung der Gewaltanwendung auf bestimmte Personen und bestimmte Mittel ist Inhalt der ältesten Norm des Kriegsrechts und ist im Mittelpunkt des gesamten Kriegsrechts geblieben.[98] Aufständische Organisationen oder „Krieg führende Parteien" können nur eine partielle Völkerrechtssubjektivität erlangen, wenn sie eine De-facto-Herrschaft erlangt haben, indem sie sich auf einem bestimmten Gebiet längere Zeit behaupten, also ein Territorium effektiv beherrschen.[99]

Durch die Haager Landkriegsordnung von 1899 und 1907 waren die Freischaren, die als der regulären Armee angegliedert betrachtet wurden, dem Kriegsrecht unterstellt, und zugleich war die Bevölkerung eines noch nicht besetzten Gebietes, die sich beim Herannahen eines Gegners zum Waffenkampf erhebt, als *levée en masse* als Teil der Krieg führenden Macht anerkannt.[100] Die vier Genfer Abkommen vom 12.8.1949 und das Zusatzprotokoll von 1977 haben den Schutz des Kriegsrechts auf organisierte Widerstandsgruppen im besetzten Gebiet erweitert, wenn sie durch einen verantwortlichen Führer, ein bestimmtes, bleibendes, aus der Ferne erkennbares Zeichen, das offene Tragen der Waffen und die Beachtung der Regeln und Gebräuche des Krieges erkennbar sind.[101] Dieses Privileg gilt aber nur für den offenen Kampf.[102] Was allerdings diese Unterscheidungspflicht tatsächlich bedeutet, bleibt dunkel.[103] Mit dieser Entwicklung wurde eines der ursprünglichen Merkmale des Guerilla, ein „Irregulärer" zu sein, abgetragen und durch den Status des Regulären ersetzt und ihm somit Legalität und Legitimität zugesprochen.[104] Gleichzeitig wurden aber die wesentlichen Unterscheidungen von Krieg und Frieden, Militär und Zivil, Feind und Verbrecher, Staatenkrieg und Bürgerkrieg in Frage gestellt und somit einer Art von Krieg die Tür geöffnet, die diese klaren Trennungen bewusst zerstört[105] und die klare Unterscheidung zwischen legalem Kombattanten und Partisan durchlöchert.[106]

Folglich soll an dieser Stelle noch einmal der Versuch gestartet werden, sich dem Problem von seinem sprachlichen Ursprung her und seinem Gebrauch zu nähern.

Die Herkunft des Begriffes

Von seiner historischen Herkunft lässt sich der Begriff „Terrorismus" in die Zeit der französischen Revolution zurückverfolgen, in der die Schreckensherrschaft Robespierres und des Direktoriums mit dem Wort „terreur" umschrieben wurde.[107] Seither versteht man unter Terrorismus umgangssprachlich ein System, das auf Angst basiert, und vielfach werden auch politisch motivierte Gewalttaten im weitesten Sinne so bezeichnet.[108]

In der Literatur wird verschiedentlich zwischen „Terror" als staatlicher Schreckensherrschaft und „Terrorismus" als einer bestimmten Form des Angriffs gegen den Staat und die staatliche Ordnung unterschieden.[109] Mit Terror seien also auf der einen Seite Techniken systematischer Gewaltanwendung im Dienste der Erhaltung des Herrschaftssystems gemeint, und dementsprechend spiegelbildlich sei Terrorismus die Erzeugung von Furcht und Schrecken mit dem Ziel der Aushöhlung der bestehenden gesellschaftlich-politischen Ordnung und einer anschließenden tief greifenden Umwälzung.[110] Andere Autoren wollen hier zwischen „Terror von oben" und „Terror von unten" unterscheiden.[111] Als eine im Dienste extremistischer Ziele stehende Methode, die zur Festigung oder Destabilisierung und Beseitigung politischer Herrschaft den systematischen Einsatz massiver Machtmittel sieht, und in totalitären Systemen kann Terror von oben gängige Herrschaftspraxis sein.[112] Insofern stellt der Staatsterrorismus praktisch einen Missbrauch staatlicher Macht dar, indem ein Völkerrechtssubjekt gegen seine Pflichten hinsichtlich des Gewaltverbotes und der Menschenrechte verstößt, und der von Privaten oder Gruppen ausgehende Terrorismus richtet sich gegen die staatliche Ordnung, wobei es zu Überschneidungen kommen kann, wenn Staaten terroristische Aktionen Privater unterstützen.[113]

Diese Ansätze behandeln das Phänomen von seiner Erscheinungsform, der Erzeugung von Schrecken, wie er in seinem semantischen Ursprung zum Tragen kommt. Daher lässt sich Terrorismus zunächst wie folgt definieren:

Terrorismus ist jedes nach innerstaatlichem Recht und Völkerrecht rechtswidrige kriminelle Verhalten von Individuen bzw. einer Gruppe von Individuen, das subjektiv darauf gerichtet ist, mit dem Mittel der Angstverbreitung (gesellschafts-)politische Ziele bzw. Veränderungen zu erreichen. [114]

Terrorismus sind planmäßig vorbereitete, schockierende Gewaltanschläge gegen eine politische Ordnung aus dem Untergrund, die allgemeine Unsicherheit und Schrecken, daneben aber auch Sympathie und Unterstützungsbereitschaft erzeugen sollen. [115]

Motivlage und Zielsetzung der Terroristen

Wenn man das Problem von den Beweggründen und der Zielsetzung angeht, so lassen sich verschiedene Hauptgruppierungen einteilen:
- ethno-nationale[116],
- nationalrevolutionäre[117] und antikolonialistische Befreiungsbewegungen,
- regionale autonomistische oder separatistische Bewegungen,
- sozialrevolutionäre Bewegungen,
- „vigilantistische" „*Law and order*-Bewegungen" zur Absicherung von Gruppeninteressen und Opposition in Diktaturen[118],
- Ausprägungen religiös motivierter Heilsbewegungen und möglicherweise
- Mischformen aus den vorgenannten Selbstverständnissen und Selbstbildnissen[119].

Abgrenzung zu anderen Erscheinungen

Terrorismus wird oftmals mit Guerillakrieg gleich gesetzt oder als dessen Synonym behandelt.[120] Allerdings ist der Terrorist nach internationalem Verständnis ein Straftäter nach nationalem Recht.[121] Folglich fallen die Personen nicht unter den Begriff des „Terroristen", die auf Grund ihrer gesetzlich festgelegten Aufgabe (z.B. Armeeangehörige, Sicherheitskräfte) nach Rechtsüberzeugung aller Staaten strafrechtlich ohne Konsequenzen in bewaffneten Auseinandersetzungen Handlungen vornehmen müssen oder können. Einige Länder schufen sich daher in Ermangelung einer einheitlichen international gültigen Begriffsbestimmung und in pragmatischer Weise eigene Definitionen des Terrorismus-Begriffs, der dann in Gesetzen sowie militärischen und polizeilichen Handbüchern niedergelegt ist.

Die Bundeswehr hat demzufolge den Terminus des Terroristen gemeinsam mit denen des Partisanen, Guerillas, bewaffneter Banden, organisierter Kriminalität und verdeckt kämpfender Kräfte unter dem Begriff „irreguläre Kräfte" subsumiert. Demnach verfolgen irreguläre Kräfte in der Regel politische Ziele - mit oder ohne staatliche Lenkung - und unterscheiden sich selten im bewaffneten Kampf in der Wahl ihrer Mittel und Methoden.[122] Der Terminus „irregulär" grenzt also nach rechtlichen Kriterien zu den Kräften ab, die „regulär", d.h. nach den Regeln des Krieges, im Raum operieren. Allerdings steckt in der Bezeichnung „irregulär" auch wieder eine rechtliche Wertung.

Die völkerrechtliche Akzeptanz des nationalen Befreiungskrieges stellt allerdings die Aufgabe, Terrorismus von der Guerilla bzw. dem Partisanenkampf abzugrenzen,[123] da der internationale Terrorismus nicht vom Anwendungsbereich des humanitären Völkerrechts erfasst wird.[124] Für Werner Hahlweg hingegen sind Guerilla-, Partisanenkrieg, „kleiner" Krieg und der verdeckte Kampf Bezeichnungen für ein und dieselbe Form einer bestimmten bewaffneten Auseinandersetzung.[125] Guerilla- oder Partisanenkrieg bzw. Kleinkrieg praktiziert derjenige, der zunächst an Kräften dem Gegner unterlegen ist oder sich zumindest vorerst als Unterlegener fühlt und sich doch in einer (geistigen, materiellen oder psychologischen) Zwangslage befindet, aus der heraus er den bewaffneten Kampf führen zu müssen glaubt.[126] Terrorismus und Freiheits- bzw. Partisanenkampf entwickeln sich dort, wo reguläre konventionelle Kriegführung die eigenen Kapazitäten übersteigt,[127] als Ausweichmanöver, um die für konventionelle Kriege typischen massiven Truppenkonzentrationen zu um-gehen.[128]

Einige Definitionsansätze unterscheiden den Terrorismus vom Guerillero, Freiheitskämpfer und Partisanen, wobei der Guerillakampf eine militärische Strategie sei, die auf die Belästigung, Einkreisung und letztlich Vernichtung des Gegners ziele, und im Gegensatz dazu der Terrorismus eine Kommunikationsstrategie darstelle, nach der Gewalt nicht primär wegen ihres Zerstörungseffektes, sondern als „Signal" eingesetzt werde, um eine psychologische Öffentlichkeitswirkung zu erzielen.[129] Insofern stelle Terrorismus eine Weise der

Aggression dar, die darauf abziele, in den Angegriffenen einen Zustand der Angst, Nervosität oder Hysterie hervorzurufen, die den Angegriffenen zur Änderung seines Verhaltens veranlassen solle; und zwar solle die Gemeinschaft der Angegriffenen verleitet werden, für den und anstelle des Terroristen das zu tun, was der Terrorist auf Grund seiner Schwäche nicht unmittelbar erreichen kann.[130] Folglich sei Terrorismus die auf das Äußerste zugespitzte Form psychologischer Kriegführung, die ausgeübt werde von der organisatorisch auf das Äußerste verkleinerten, verborgenen Gruppe.[131]

Guerilla

Die Bezeichnung „Guerilla" (spanisch „kleiner Krieg") bezeichnet einerseits den Kampf kleiner (irregulärer) Verbände gegen eine feindliche Armee, Besatzungsmacht oder gegen die eigene Regierung; zugleich dient er auch zur Bezeichnung dieser Verbände selbst.[132] Nach dieser Terminologie steht der Kleinkrieg im Gegensatz zum großen Krieg; dabei betrifft der Unterschied von groß und klein nur mittelbar die Dimension von Zeit und Raum und meint vielmehr in erster Linie Strategie und Taktik der militärischen Aktion.[133] Guerillas richten sich mit bewaffneten Aktionen gegen die bestehende Staatsmacht mit dem Ziel, diese zu stürzen und die inneren Verhältnisse des Staatswesens neu zu ordnen.[134] Die Strategie der Guerilla hat die militärische Niederlage des Gegners zum Ziel,[135] wenngleich diese Strategie auf taktischer Ebene die Schlachtentscheidung meidet.[136] Von der Guerilla wird dabei, ungeachtet ihrer irregulären Kampfweise, die Scheidelinie zwischen Kombattanten und Zivilisten, zumindest im Prinzip, respektiert, während Terroristen sich nicht scheuen, im Extremfall beliebige Zivilpersonen zu Trägern ihrer blutigen Bot-schaften zu machen.[137]

Partisanen

Der Begriff des Partisanen, des kämpfenden Parteigängers, nicht nur des Kriegers, leitet sich aus Kampfformen des amerikanischen Unabhängigkeitskrieges ab.[138] Partisanen sind ein politisch organisierter und bewaffneter Teil der Bevölkerung, der gegen fremde Truppen im eigenen Land kämpft und dessen Ziel es ist, die Souveränität über das eigene Territorium wiederherzustellen und die fremden Truppen aus dem Land zu vertreiben.[139)] Der Partisan ist also nach klassischer Auffassung Angehöriger eines vom Feind eroberten Landes, der nicht Soldat ist und sich außerhalb des Kriegsrechtes stellt.[140)] Insofern ist der Partisanenkrieg ein Volkskrieg, in dem sich das unterdrückte Volk gegen Fremdherrschaft, Willkürherrschaft und Tyrannei auflehnt.[141)] Der Partisan ordnet seine Gewaltakte politischen Absichten unter, die ihn vom bloßen Mörder oder Räuber unterscheiden.[142)]

Unterschiede und Gemeinsamkeiten von Partisan und Guerilla
Nach diesen Ansätzen unterscheiden sich der Partisanen- und der Guerillakrieg im Wesentlichen nur dadurch, dass der Partisanenkrieg v.a. durch die Bevölkerung eines Landes getragen wird; während der Guerillakrieg auch von außen in das Land hineingetragen und auch gegen die (Mehrheit der) Bevölkerung geführt werden kann. Doch diese Unterscheidungen sind letztlich nur Nuancen, die im 20. Jahrhundert ständig an Bedeutung verloren haben.[143)] Demzufolge werden beide Begriffe auch häufig synonym verwendet.[144)] Beide Gruppierungen, Partisanen und Guerilleros, operieren immer im militärischen Hinterland.[145)] Ziel ihrer Unternehmungen sind in der Regel die rückwärtige Zone des Gegners, v.a. die Verbindungslinien, doch auch überraschende Überfälle auf Transporte, Stützpunkte, kleinere Abteilungen und Patrouillen.[146)]

Somit sind die Guerilla und der Partisanenkampf Arten des Krieges, mit denen das Volk seine Unabhängigkeit wieder erlangen oder erst erreichen will, und Terrorismus eine Form der Kriegführung, die sowohl im Rahmen dieser Guerilla wie auch durch einen anderen Staat zur Durchsetzung seiner Ziele im oder gegenüber dem gegnerischen Staat eingesetzt wird.[147)]

Die Abgrenzung von Partisanen und Guerilla vom Terroristen
Das Problem des „regulären" Kämpfers
Das irreguläre Handeln war immer auf eine Regularität bezogen, die sie einerseits untergruben und bekämpften.[148)] Aber der Unterschied zwischen regulärem und irregulärem Kampf hängt von der Präzision des Regulären ab,[149)] und insofern werden Partisanen- und Guerillaverbände zu Beginn eines bewaffneten Konfliktes oft als Terrorgrup-

pe organisiert und geführt,[150] und Guerillas betrachten den Terrorismus als eine Unterform ihrer Kampfmöglichkeiten[151] zumindest solange, wie sich der Guerillakampf nicht ausreichend stabilisiert hat.[152] Mithin ist die Identität dieser Kämpfer zu finden im weiten Bereich der Möglichkeiten gewaltsamer Konfliktaustragung, die zwischen dem Terroristen und dem regulären Soldaten liegen.[153]

Zudem liegt die Steigerung der Wirkungsmöglichkeit des Terrorismus in der engen Verbindung mit Guerillabewegungen.[154] In beiden Fällen wird Gewalt eingesetzt, um ein politisches Ziel zu erreichen.[155] Folglich lassen sich verdeckter und offener Kampf oftmals nicht klar und deutlich voneinander trennen, sodass die Frage nach der Rechtsstellung der Akteure eine ungelöste Problematik darstellt,[156] und zugleich wird deutlich, dass es eine Schnittmenge zwischen Terroristen und Guerilla gibt.[157] Somit lässt sich die Grenze zwischen den Phänomenen letztendlich nicht scharf ziehen, und die Begriffe verschwimmen wie auch die Konturen der Akteure.

Die normativ-wertende Belegung der Begriffe

Dabei ist „Terrorist" ein stark negativ besetzter Begriff, weshalb Terroristen für sich nicht selten das schmeichelhafte Etikett des „Guerilleros" und der „Guerilla" für sich in Anspruch nehmen,[158] und nicht selten ist im linksliberalen politischen Spektrum in der Bundesrepublik Deutschland die Forderung nach Abschaffung der „Terrorismusgesetze" mit der Behauptung erhoben worden, diese dienten der „Kriminalisierung politischen Widerstandes".[159] Dieser Punkt wirft auch das Problem auf, dass ein jeder Staat Widerstand gegen seine grundlegende Ordnung ablehnen muss. Denn wo ein Widerstandsrecht verfassungsmäßig verankert ist, soll eine Situation rechtlich geregelt werden, in der die rechtlichen Regelungen versagen: Die Abhilfe durch das Widerstandsrecht ist die Abhilfe in den rechtlich geregelten Bahnen der Verfassungs- und Rechtsordnung und gerade ihre Unmöglichkeit ist Voraussetzung für das Widerstandsrecht,[160] da die souveränen Staaten als Richter in eigener Sache entscheiden und jeder Staat sein Unternehmen als gerechte Sache ansehen wird.[161]

Für seine Akteure ist also Terrorismus oftmals eine Form der Kriegführung.[162] Dagegen bezeichnen Staaten Terrorismus für gewöhnlich als eine Sonderform des Verbrechens, um eine weltweite

Ächtung der Täter herbeizuführen und um zu verhindern, dass ihnen der respektierte Status von kämpfenden Soldaten eingeräumt wird.[163] Diese Ansätze betrachten den Terrorismus als einen Aspekt der internationalen organisierten Kriminalität und untersuchen seine Erscheinungsformen unter dem Gesichtspunkt der Verbrechensbekämpfung.[164] Damit spricht man dem Terrorismus zugleich jede politische Legitimität ab.[165]

Dabei liegen der Etikettierung als Freiheitskämpfer, Guerillero oder Terrorist oftmals nicht wissenschaftliche Präzision, sondern politische Sympathie oder Antipathie zu Grunde.[166] Der Begriff wird somit sowohl deskriptiv als auch wertend verwendet.[167] Folglich werden ethischer Wert oder Unwert durch das Ziel bestimmt, dem die Erscheinung dient.[168] Mithin dient das Wort „Terrorismus" auch weniger der Differenzierung als der Degradierung, weniger der Analyse als der Ächtung.[169] Insofern greift hier die Propaganda auf das bewährte Mittel zurück, den Feind zu verteufeln, indem er als brutales, gieriges, grausames und schonungsloses Wesen geschildert wird, das von Zerstörungswut und blindem Hass erfüllt ist.[170]

Folglich sind die beschriebenen Ansätze letztendlich normativer Art und werden somit durch ihre wertende Darstellung ihrerseits Teil einer Ideologie im Sinne einer politisch-weltanschaulichen Wertung. Dabei handelt es sich beim Terrorismus um einen politischen Begriff, bei dem es unvermeidlich um Macht geht: um das Streben nach Macht, um den Erwerb von Macht und den Gebrauch von Macht zur Durchsetzung politischen Wandels.[171] Der systematische Gebrauch des Terrors ist eine Methode[172] und dient mithin zumeist einem strategischen Ziel.[173]

Der materielle Verlust, den der Feind erleidet, spielt in dieser Strategie des Terrorismus eine untergeordnete Rolle: Nicht die physische Vernichtung von Menschen und Material und damit die unmittelbare Schädigung der Kampfkraft wird angestrebt, sondern die psychologische Auswirkung des terroristischen Aktes auf die Umgebung,[174] die Erschütterung des Willens.[175] Während Krieg das Mittel der Starken ist, ist Terrorismus das Mittel der Schwachen.[176] Der Terror entwickelte sich aus der Unfähigkeit, Krieg zu führen, und ist somit ein Mittel der Machtlosigkeit[177] mit einem - aus der Sicht des Täters - enormen Kosten-Nutzen-Faktor in der Beziehung von Aufwand und

Wirkung.[178)] Seine Taktik erweist sich mithin besonders wirksam in Zeiten des äußeren Friedens.[179)] Dabei zeichnet sich terroristische Gewalt durch den rücksichtslosen und verschlagenen, keine Konventionen respektierenden Gebrauch aller zur Verfügung stehenden Waffen und Methoden aus.[180)] Durch den Terror entdeckten diese Organisationen die Ohnmacht als Macht.[181)] Terrorismus kann somit auch verstanden werden als systematische Verletzung der Bestimmungen des humanitären Völkerrechts durch Angriffe auf militärische oder nichtmilitärische Ziele, um die (politische) Führung des Gegners zu zwingen, den Forderungen des Terroristen Folge zu leisten, indem sie durch diese Angriffe erpresst wird.[182)]

Schluss

Mithin lässt sich feststellen, das Terrorismus ein Phänomen darstellt, dessen Einordnung nicht zuletzt einer interessenbedingten Wertung unterliegt.

Entscheidend ist allerdings, dass sich der Terrorismus zur Durchsetzung seiner Ziele der Mittel bedient, die ihm zur Verfügung stehen und die nach Einschätzung seiner Akteure gewährleisten, diese Ziele zu erreichen. Entscheidender Orientierungspunkt bei der Wahl der Mittel und Vorgehensweisen ist also nicht die Frage des Rechts, sondern die Frage der Effektivität und Verfügbarkeit der Einsatzmittel und der mögliche Erfolg des taktisch-operativen Vorgehens. Daher können neben konventionellen Waffen auch alle anderen Waffen und Kampfmittel - einschließlich Massenvernichtungswaffen - zum Einsatz kommen.

Hier gilt es, ein komplexes Gefahrenmanagement zu etablieren, das die enormen Fortschritte von Wissenschaft, Forschung und Technik, v.a. in den Bereichen der Informations- und Kommunikationstechnologien sowie der Detektions- und Analyseverfahren, berücksichtigt[183)] und laufend dynamisch anpasst. Für das Sicherheitsdispositiv der Bundesrepublik Deutschland hat das Konsequenzen: Ein ganzheitlicher interministerieller Gesamtansatz von Bund und Ländern, der die Bemühungen von Polizei, Feuerwehr, Katastrophenschutz, Bundeswehr, Zollkriminalamt und Nachrichtendiensten auf nationaler und regionaler Ebene zusammenfügt und international abstimmt, erscheint dringend geboten.[184)] Folglich kommt auch den

Naturwissenschaften beim Umgang mit diesen Bedrohungen mehr als nur die Bedeutung von Hilfswissenschaften zu. Sowohl im präventiven Bereich des Schutzes vor terroristischen Attacken, bei der Abwehr und Bekämpfung der Auswirkungen und Schäden und auch bei der Nachsorge und Rehabilitation gewinnen die Naturwissenschaften insgesamt die Bedeutung von Schlüsselqualifikationen, die im Verbund mit anderen Kräften der Terrorismusbekämpfung für den Erfolg eine Conditio sine qua non darstellen.

Anmerkungen:

1) P.B.: Tendenzen im europäischen Terrorismus, in: ÖMZ 1985, S. 434 ff.

2) Hans-Joachim Müller-Borchert: Guerilla im Industriestaat. Ziele, Ansatzpunkte und Erfolgsaussichten, Hamburg 1973, S. 9.

3) Vgl. Dietrich Läpke: Vorwort, in: AKNZ (Hrsg.), Für eine neue Strategie zum Schutz der Bevölkerung in Deutschland. Überlegungen für eine gemeinsame Rahmenkonzeption zur Weiterentwicklung des Zivilschutzes. Entwurf eines Grundsatzpapiers für das BMI und den Arbeitskreis V der IMK, Bad Neuenahr-Ahrweiler 1.3.2002, S. 4f.

4) Vgl. Dieter Franke: Krisenmanagement: Aktuell, aber nicht neu, in: Notfallvorsorge 4/2002, S. 26ff.

5) Ulrich Schneckener: Trends des internationalen Terrorismus. Der Terrorismus-Bericht des US-Außenministeriums, in: SWP-Aktuell 21. Juni 2002, S. 1.

6) Oliver Fröhler: Grenzen legislativer Gestaltungsfreiheit in zentralen Fragen des Wehrverfassungsrechts. Eine staatsrechtliche Analyse unter vergleichender Berücksichtigung der schweizerischen Rechtslage, Berlin 1995, S. 51f.; vgl. Ekkehart Stein: Staatsrecht, 11. Aufl. Tübingen 1988, S. 7; vgl. Jörn Ipsen: Staatsorganisationsrecht (Staatsrecht I), 2. Aufl. 1989, S. 34.

7) Fröhler, a.a.O., S. 54f.

8) Vgl. Alfred Katz: Staatsrecht. Grundkurs im öffentlichen Recht, 8. Aufl. Heidelberg 1987, RN 45f.

9) Hans Frank: Bundessicherheitsrat muss erweitert werden, in: FOCUS vom 27. Mai 2002, S. 54.

10) Präsident George W. Bush, zitiert nach Lawrence Freedman: Die Auswirkung des Terrorismus auf die internationale Sicherheit, in: Erich Reiter (Hrsg.), Jahrbuch für internationale Sicherheitspolitik 2002, Bd. 2, Hamburg, Berlin, Bonn 2002, S. 483ff.

11) Alexander Koldobskij: Atom- und Strahlenterrorismus, in: ÖMZ 2/1997, S. 123ff.

12) Klaus Lange, Einführung, in: Michael Bauer, Terrorismus - Bedrohungsszenarien und Abwehrstrategien, München 2002, S. 5 f.; 5; vgl. Gustav Däniker: Die „neue" Dimension des Terrorismus - Ein strategisches Problem, in: Erich Reiter (Hrsg.), Jahrbuch für internationale Sicherheitspolitik 1999, Hamburg, Berlin, Bonn, S. 121 ff.

13) Götz Neuneck: Terrorismus und Masservernichtungswaffen: eine neue Symbiose?, in: Hans Frank, Kai Hirschmann (Hrsg.), Die weltweite Gefahr. Terrorismus als internationale Herausforderung, Berlin 2002, S. 169 ff.

14) Kai Hirschmann: Das Phänomen „Terrorismus": Entwicklungen und neue Herausforderungen, in: Bundesakademie für Sicherheitspolitik (Hrsg.), Sicherheitspolitik in neuen Dimensionen. Kompendium zum erweiterten Sicherheitsbegriff, S. 453 ff.

15) Kurt Langbein, Christian Skalnik, Inge Smolek: Bioterror. Die gefährlichsten Waffen der Welt. Wer sie besitzt. Was sie bewirken. Wie man sich schützen kann, Stuttgart, München 2002, S. 9f.

16) Karl-Heinz Kamp: Nuklearterrorismus - Fakten und Fiktionen, in: Kai Hirschmann, Peter Gerhard (Hrsg.), Terrorismus als weltweites Phänomen, Berlin 2000, S. 191 ff.; vgl. Christiane Rodenbücher: Zivilschutz. Gefahr im Blick, in: Y. Magazin der Bundeswehr, 3/2002, S. 18f.

17) Koldobskij, a.a.O.

18) Michael A. Levi, Henry C. Kelly, Schmutzige Bomben als Terrorwaffe, in: Spektrum der Wissenschaft, März 2003, S. 29f.; vgl. Koldobskij, a.a.O.; vgl. Alexander Koldobskij: Atom- und Strahlenterrorismus: Reale Option oder eingebildete Gefahr, in: ÖMZ 3/2003, S. 305 ff.

19) Koldobskij, ÖMZ 2/1997, a.a.O.

20) Alfred Schätz: Der transnationale Terrorismus nach dem 11. September. Sicherheitspolitische und nachrichtendienstliche Konsequenzen, in: ÖMZ 3/2002, S. 279 ff.

21) Peter J. Opitz: Zur Einführung, in: Peter J. Opitz (Hrsg.), Weltprobleme, Bonn 1995, S. 15 ff.; vgl. August Hanning: Proliferation, in: Bundesakademie für Sicherheitspolitik (Hrsg.), Sicherheitspolitik in neuen Dimensionen. Kompendium zum erweiterten Sicherheitsbegriff, S. 435 ff.

22) Hans Hamberger: Sicherheitspolitik und Rüstungskontrolle - Von nuklearer Rüstungskontrolle zum Verbot von „Klein-Waffen", in ÖMZ 6/1997, S. 621 ff.

23) Berndt Georg Thamm: Terrorismus. Ein Handbuch über Täter und Opfer, Hilden/Rhld. 2002, S. 148f.

24) Thomas Gandow: Exkurs: Das Beispiel der AUM Shinri-Kyo (Japan), in: Thamm, a.a.O., S. 351 ff.

25) Götz Neuneck: Terrorismus und Massenvernichtungswaffen: eine neue Symbiose, in: Kai Hirschmann, Peter Gerhard (Hrsg.), Terrorismus als weltweites Phänomen, Berlin 2000, S. 129 ff.

26) Oliver Thränert: Terrorismus mit biologischen und chemischen Kampfstoffen, in: Hirschmann, Gerhard, a.a.O., S. 199ff.

27) Thränert, a.a.O.; vgl. Markus Stemmler, Bioterroristische Aktivitäten, in: Bundesverwaltungsamt, Zentralstelle für Zivilschutz (Hrsg.), Kehren die Seuchen zurück? (Neue) Gefahren durch biologische Kampfstoffe. Workshop II, Bergheim 2002, S. 19ff.

28) Vgl. Werner Hahlweg: Moderner Guerillakrieg und Terrorismus. Probleme und Aspekte ihrer theoretischen Grundlagen als Widerspiegelung in der Praxis, in: Manfred Funke (Hrsg.), Terrorismus. Untersuchungen zur Strategie und Struktur revolutionärer Gewaltpolitik, Bonn 1977, S. 118ff.

29) Klaus Lange: Einführung, in: Michael Bauer, Terrorismus - Bedrohungsszenarien und Abwehrstrategien, München 2002, S. 5f.

30) Manfred Funke, Terrorismus - Ermittlungsversuch zu einer Herausforderung, in: Funke (Hrsg.), a.a.O., S. 9ff.; vgl. Langbein, Skalnik, Smolek, a.a.O., S. 10f.

31) Rainer Lagoni: Die Vereinten Nationen und der internationale Terrorismus, in: Manfred Funke (Hrsg.), a.a.O., S. 259ff.

32) Jan-Phillip Weisswange: Innere Sicherheit als Aspekt des erweiterten Sicherheitsbegriffs, in: ÖMZ 2/2002, S. 153 ff.

33) Vgl. Heinz Vetschera: Die militärische Dimension im neuen Terror. „Terrorismus" als sicherheitspolitische Herausforderung, in: ÖMZ 2/2002, S. 141ff.

34) Norbert Gottschalk: Neue strategische Trends - Herausforderungen für Strategie und Militärstrategie, Lehrgangsarbeit an der Führungsakademie der Bundeswehr Hamburg 1998, S. 22; vgl. John L. Clarke: Der Konflikt im Wandel der Zeit. Herausforderungen der sich wandelnden Kriegführung, in: ÖMZ 2/1997, S. 115ff.

35) Robert O'Neill: Europas Sicherheit in den neunziger Jahren. Eine neue Organisation für eine neue Herausforderung: Die Europäische Entwicklungsallianz, in: ÖMZ 2/1991, S. 102ff.; vgl. Peter Waldmann, Terrorismus im internationalen Umfeld, in Internationale Politik 11/1999, S. 21ff.

36) Herfried Münkler: Über den Krieg. Stationen der Kriegsgeschichte im Spiegel ihrer theoretischen Reflexion, Weilerswist 2002, S. 221; vgl. Martin van Creveld: Ohnmacht vor dem Terror, in: WamS vom 3.11.2002, S. 4; vgl. Martin van Creveld: Aufstieg und Untergang des Staates, München 1999, S. 373.

37) Clarke, a.a.O., S. 115ff.

38) Klaus Naumann: Rolle und Aufgaben der NATO in der Zukunft, Manfred Worner-Rede, veranstaltet vom Freundeskreis der Bundesakademie für Sicherheitspolitik am 20.3.1999 in Bonn, in: Internet vom 18.5.1999, http://www.baks.com/60HotSpot.html; vgl. Lutz Krake: das Schutzkonzept - Antworten

auf neue Bedrohungen bei Friedensmissionen, in: Wehrtechnischer Report 11/2000, S. 18ff.

39) Ebenda.

40) Frank Schirrmacher: Was gedacht werden kann, wird auch gemacht werden, in: FAZ vom 13.11.2001, S. 51.

41) Herfried Münkler: Die neuen Kriege, 1. Aufl., Reinbek bei Hamburg, 2002, S. 7.

42) Vgl. Eberhard Schmitt: Machiavelli, in: Maier, Rausch, Denzer (Hrsg.): Klassiker des Politischen Denkens I. Bd. Von Plato bis Hobbes, 6. Aufl. München 1986 S. 165ff.; vgl. Herfried Münkler, Das Ende des „klassischen" Krieges. Warlords, Terrornetzwerke und die Zukunft kriegerischer Gewalt, in: NZZ vom 14./15.9.2002, S. 49; vgl. Freudenberg, Greim, Neumeyer, a.a.O.

43) Vetschera, a.a.O.

44) Walter Feichtinger: Ein Jahr „Krieg gegen den Terror" in Afghanistan, in: ÖMZ 2/2003, S. 163ff.

45) Erich Vad: Strategie und Sicherheitspolitik. Perspektiven im Werk von Carl Schmitt, Opladen 1996, S. 137.

46) Martin Meyer: Es ist Krieg. Über die Fortsetzung der Politik mit anderen Mitteln, in: NZZ vom 22./23.3.2003, S. 49.

47) Freudenberg, Greim, Neumeyer, a.a.O.

48) Ebenda.

49) Karl Otto Hondrich: Risiken des Krieges - Chancen des Friedens, in: Zeitschrift für Politik 1997, S. 304ff.

50) Münkler, NZZ 14./15.09.2002, a.a.O.

51) Vgl. Heinrich Kreft: Vom Kalten Krieg zum „Grauen Krieg" - Paradigmenwechsel in der amerikanischen Außenpolitik, in: Aus Politik und Zeitgeschichte, B25/2002, S. 14ff.

52) Münkler, Über den Krieg, a.a.O., Münkler, NZZ 14./15.09.2002, a.a.O.

53) Erhard Eppler: Vom Gewaltmonopol zum Gewaltmarkt? Die Privatisierung und Kommerzialisierung der Gewalt, Frankfurt am Main 2002, S. 31.

54) Mary Kaldor: Neue und alte Kriege. Organisierte Gewalt im Zeitalter der Globalisierung, Frankfurt am Main 2000, S. 13; vgl. Fritz B. Simon: Tödliche Konflikte, Zur Selbstorganisation privater und öffentlicher Kriege, Kempten 2001, S. 79.

55) Otto Kimminich: Einführung in das Völkerrecht, 6. Aufl., Tübingen, Basel 1997, S. 323.

56) Christian Stadler, Andreas Stupka: Vom Wesen und Wert des Militärischen überhaupt. Militärwissenschaft im Zeichen der Polemologie, in: ÖMZ 6/2000, S. 699ff.

57) Jürgen Kaube: Gewalt als Manifestation, Schrecken ohne Botschaft, in: FAZ vom 18.9.2001, S. 57.

58) Martin van Creveld: Brave New World, in: ÖMZ 3/2003, S. 275; vgl. Martin Hoch: Krieg und Politik im 20. Jahrhundert, in: Aus Politik und Zeitgeschichte B20/2001, S. 17ff.

59) Vereinigung Schweizerischer Nachrichtenoffiziere: Armee-Einsätze unterhalb der Kriegsschwelle, Überlegungen, Fallbeispiele, Ausbildungsideen, Checklisten, 2. Aufl., Zürich 1996.

60) Martin van Creveld: Die Zukunft des Krieges, München 1998.

61) Clarke, a.a.O.

62) Dirk Freudenberg: Auf Sicherheit setzen: Gedanken über die Zukunft von Streitkräften, in: Notfallvorsorge 4/2002, S. 22ff.; vgl. Freudenberg, Greim, Neumeyer, a.a.O.

63) Carl Schmitt: Die Wendung zum diskriminierenden Kriegsbegriff, 2. Aufl., Berlin 1998.

64) Lothar Rühl: Strategische Stabilität und die politische Dimension militärischer Macht, in: Gerhard Fels, Rainer Huber, Werner Kaltefleiter, Rolf F. Pauls, Franz-Joseph Schulze (Hrsg.), Strategiehandbuch Bd. 1, Herford, Bonn 1990, S. 505ff.

65) Rüdiger Dingemann: Einführung, in: Rüdiger Dingemann, Westermann Lexikon, Krisenherde der Welt. Konflikte und Kriege seit 1945. Daten, Fakten, Hintergründe, Braunschweig 1996, S. 7.

66) Christopher Daase: Kleine Kriege - Große Wirkung. Wie konventionelle Kriegführung die internationale Politik verändert, Baden-Baden 1999, S. 11f.

67) Friedrich A. Frhr. von der Heydte: Der moderne Kleinkrieg als wehrpolitisches und militärisches Problem, Wiesbaden 1986, S. 11.

68) Werner Hahlweg: Typologie des modernen Kleinkrieges, Wiesbaden 1967, S. 7.

69) Ebenda.

70) Freudenberg, Notfallvorsorge 4/2002, a.a.O.

71) Kreft, a.a.O.

72) Krake, Schutzkonzept, a.a.O.

73) Daase, a.a.O.

74) Feichtinger, a.a.O.

75) Münkler, Über den Krieg, a.a.O., S. 260.

76) Franz F. Lanz, Harald Westermann: Überlegungen zu Bewaffnungsalternativen für künftige Kampfplattformen, in: Wehrtechnischer Report 11/2000, S. 54.

77) Feichtinger, a.a.O., S. 164.

78) Schmitt, a.a.O., S. 1.

79) Herfried Münkler: Die Kriege der Zukunft und die Zukunft der Kriege. Von der prekären Verständigung politischer Akteure und der Rolle der Gewalt, in: Wolfgang Knöbl, Gunnar Schmidt (Hrsg.), Die Gegenwart der Kriege. Staatliche Gewalt in der Moderne, S. 52ff.

80) Carl Schmitt: Der Begriff des Politischen, 6. Aufl., Berlin 1996, S. 10f.

81) Caleb Carr: Terrorismus - Die Sinnlose Gewalt. Historische Wurzeln und Möglichkeiten der Bekämpfung, München 2002, S. 204f.; vgl. Michaela Schneider: Der 11. September und die militärischen Reaktionen: Anwendbarkeit des humanitären Völkerrechts?, in: Humanitäres Völkerrecht - Informationsschriften, 2001, S. 222ff.

82) Gustav Däniker: Die „neue" Dimension des Terrorismus - Ein strategisches Problem, in: Erich Reiter (Hrsg.), Jahrbuch für internationale Sicherheitspolitik 1999, Hamburg, Berlin, Bonn, S. 121ff.

83) Samuel P. Huntington: Der Guerillakrieg in Theorie und Politik, in: Franklin Mark Osanka (Hrsg.), Der Krieg aus dem Dunkel, Köln 1963, S. 17.

84) Lawrence Freedman: Die Auswirkung des Terrorismus auf die internationale Sicherheit, in: Erich Reiter (Hrsg.), Jahrbuch für internationale Sicherheitspolitik 2002, Bd. 2, Hamburg, Berlin, Bonn 2002, S. 438ff.

85) Franz Wördemann: Terrorismus. Motive, Täter, Strategien, München, Zürich 1977, S. 7.

86) Karl Markus Kreis: Der internationale Terrorismus, in: Manfred Funke (Hrsg.), Terrorismus, a.a.O., S. 158.

87) Walter Laqueur: Interpretationen des Terrorismus: Fakten, Fiktionen und politische Wissenschaft, in: Manfred Funke (Hrsg.), Terrorismus. Untersuchungen zur Strategie und Struktur revolutionärer Gewaltpolitik, Bonn 1977, S. 37ff; vgl. David C. Wittaker: The Terrorism Reader London, New York 2001, S. 5.

88) Kirsten Schmalenbach: Der internationale Terrorismus. Ein Definitionsversuch, in: NZWehrr 1/2000, S. 15ff.

89) Doris König: Terrorismus, in: Rüdiger Wolfrum (Hrsg.), Handbuch Vereinte Nationen, 2. Aufl. München 1991, S. 847; vgl. Hans-Joachim Heintze: Völkerrecht und Terrorismus, in: Kai Hirschmann, Peter Gerhard (Hrsg.), Terrorismus als weltweites Phänomen, Berlin 2000, S. 220f.; vgl. Christian Tietje, Karsten Nowrot, Völkerrechtliche Aspekte militärischer Maßnahmen gegen den internationalen Terrorismus, in: NZWehrr 1/2002, S. 2.

90) König, a.a.O., S. 848; vgl. Rainer Lagoni, Die Vereinten Nationen und der internationale Terrorismus, in: Funke (Hrsg.), Terrorismus, a.a.O., S. 259.

91) König, Terrorismus, a.a.O. S. 848; vgl. Norman Peach, Gerhard Stuby: Völkerrecht und Machtpolitik in den internationalen Beziehungen, Hamburg 2001, S. 503f.; vgl. Herfried Münkler: Gewalt und Ordnung. Das Bild des Krieges im politischen Denken, Frankfurt am Main 1992, S. 146; vgl. Dieter Blumenwitz: Das universelle Gewaltanwendungsgebot und die Bekämpfung des internationalen Terrorismus, in: BayVBl. 1986, S. 741.

92) Sabine Bennigsen, Befreiungsbewegungen, in: Rüdiger Wolfrum (Hrsg.), Handbuch Vereinte Nationen,2. Aufl. München 1991, S. 40.

93) Heintze, a.a.O., S. 73.

94) Blumenwitz, a.a.O., S. 741.
95) Vgl. Peach, Stuby, a.a.O.
96) Karl Markus Kreis, Der internationale Terrorismus, in: Manfred Funke (Hrsg.), Terrorismus, a.a.O., S. 170f.
97) Blumenwitz, a.a.O.
98) von der Heydte, a.a.O., S. 23.
99 Alfred Verdross, Bruno Simma: Universelles Völkerrecht. Theorie und Praxis, 3. Aufl. Berlin 1984, §§ 404f.
100) Jürgen Schwarz: Guerilla, in: Görres-Gesellschaft (Hrsg.), Staatslexikon. Recht. Wirtschaft. Gesellschaft, Bd. 2, Freiburg, Basel, Wien 1995, Spalte 1149; vgl. Klemens Fischer: Humanitäts-, Kriegs- und Neutralitätsrecht sowie Kulturgüterschutz. Ein Leitfaden durch das Völkerrecht für die Truppe, Wien 1991, RN 123.
101) Schwarz, Guerilla, a.a.O.
102) von der Heydte, a.a.O., S. 248.
103) Blumenwitz, a.a.O.
104) Franz Wördemann: Terrorismus. Motive, Täter, Strategien, München, Zürich 1977, S. 53.
105) Carl Schmitt: Theorie des Partisanen. Zwischenbemerkung zum Begriff des Politischen, 4. Aufl., Berlin 1995, S. 37.
106) Blumenwitz, a.a.O.
107) König, Terrorismus, a.a.O., S. 847; vgl. Andreas Herberg Rothe, Der Krieg. Geschichte und Gegenwart, Frankfurt am Main 2003, S. 81.
108) Heintze, Völkerrecht, a.a.O., S. 220.
109) Peter Waldmann: Terrorismus. Provokation der Macht, München 1998, S. 15; vgl. Peter Waldmann, Terrorismus als weltweites Phänomen : Eine Einführung, in: Kai Hirschmann, Peter Gerhard (Hrsg.), Terrorismus als weltweites Phänomen, Berlin 2000, S. 15.
110) Peter Waldmann: Terrorismus, in: Dieter Nohlen (Hrsg.), Wörterbuch Staat und Politik, Bonn 1996, S. 779; vgl. Franz Wördemann: Terrorismus. Motive, Täter, Strategien, München, Zürich 1977, S. 24.
111) Hubert M. Mader, Edwin R. Micewski, Andreas B. Wieser: Terror und Terrorismus. Ideengeschichte und philosophisch-ethische Reflexionen, in: ÖMZ 2/2002, S. 131.
112) Uwe Backes: Terrorismus, in: Görres-Gesellschaft (Hrsg.), Staatslexikon. Recht. Wirtschaft. Gesellschaft, Bd. 5, Freiburg, Basel, Wien 1995, Spalte 439.
113) Heintze, Völkerrecht und Terrorismus, a.a.O., S. 222.
114) Kirsten Schmalenbach, Der internationale Terrorismus. Ein Definitionsversuch, in: NZWehrr 2000, Heft 1, S. 15 ff.; 20.
115) Peter Waldmann, Terrorismus als weltweites Phänomen, a.a.O., S. 11.

116) Vgl. Berndt Georg Thamm, Terrorismus. Ein Handbuch über Täter und Opfer, Hilden/Rhld. 2002, S. 169.

117) Ernst-Christoph Meier, Richard Roßmanith, Heinz Schäfer: Wörterbuch zur Sicherheitspolitik. Deutschland in einem veränderten sicherheitspolitischen Umfeld, S. 369.

118) Wördemann, a.a.O., S. 29; vgl. Kai Hirschmann: Das Phänomen ‚Terrorismus‘: Entwicklungen und neue Herausforderungen, in: Bundesakademie für Sicherheitspolitik (Hrsg.), Sicherheitspolitik in neuen Dimensionen. Kompendium zum erweiterten Sicherheitsbegriff, S. 470ff.

119) Waldmann, a.a.O., S. 19.

120) Bruce Hoffmann: Terrorismus. Der unerklärte Krieg. Neue Gefahren politischer Gewalt, Frankfurt am Main 1999, S. 52; vgl. Martin Möllers: Terroristen, in: Martin H.W. Möllers (Hrsg.), Wörterbuch der Polizei, München 2001, S. 1615.

121) Schmalenbach, a.a.O.

122) Infanterieschule, VN-AusbZ Bw, Bereich 3 / ExpGrp Schutz, Grundlagendokument für den Schutz von Räumen, Objekten, Konvois und anvertrauter Personen im Einsatz, 4. Entwurf, 17.7.2001, RN 101ff.

123) Heintze, a.a.O.

124) Michaela Schneider: Der 11. September und die militärischen Reaktionen: Anwendbarkeit des humanitären Völkerrechts?, in: Humanitäres Völkerrecht - Informationsschriften, 2001, S. 222.

125) Werner Hahlweg: Typologie des modernen Kleinkrieges, Wiesbaden 1967, S. 5.

126) Werner Hahlweg: Moderner Guerillakrieg und Terrorismus. Probleme und Aspekte ihrer theoretischen Grundlagen als Widerspiegelung in der Praxis, in: Manfred Funke (Hrsg.), Terrorismus. Untersuchungen zur Strategie und Struktur revolutionärer Gewaltpolitik, Bonn 1977, S. 127f.

127) Schätz, a.a.O.

128) Kaldor, a.a.O.

129) Hirschmann, a.a.O., S. 454; vgl. Waldmann, a.a.O.; vgl. Peter Waldmann, Terrorismus. Provokation der Macht, München 1998, S. 17.

130) Wördemann, a.a.O.

131) Ebenda.

132) Mader, Micewski, Wieser, a.a.O.; vgl. Karl Heinz Fuchs, Friedrich Wilhelm Kölper, Militärisches Taschenlexikon, 2. Aufl., Frankfurt am Main 1961, S. 168.

133) Peter Cornelius Mayer-Tasch, Guerillakrieg und Völkerrecht, Baden-Baden 1972, S. 9f.

134) Infanterieschule, VN-AusbZ Bw, Bereich 3 / ExpGrp Schutz, Grundlagendokument für den Schutz von Räumen, Objekten, Konvois und anvertrauter Personen im Einsatz, 4. Entwurf, 17.07.2001, RN 105.

135) P.B.: Tendenzen im europäischen Terrorismus, in: ÖMZ 4/1985, S. 434.

136) Johannes Kunisch: Der kleine Krieg. Studien zum Heerwesen des Absolutismus, Wiesbaden 1973, S. IX.

137) Waldmann, a.a.O.

138) Gerhard Schulz: Die Irregulären: Guerilla, Partisanen und die Wandlung des Krieges seit dem 18. Jahrhundert. Eine Einführung, in: Gerhard Schulz, Partisanen und Volkskrieg. Zur Revolutionierung des Volkskrieges im 20. Jahrhundert, Göttingen 1985, S. 11.

139) Infanterieschule, VN-AusbZ Bw, Bereich 3 / ExpGrp Schutz, Grundlagendokument für den Schutz von Räumen, Objekten, Konvois und anvertrauter Personen im Einsatz, 4. Entwurf, 17.07.2001, RN 104; Karl Heinz Fuchs, Friedrich Wilhelm Kölper, Militärisches Taschenlexikon, 2. Aufl., Frankfurt am Main, 1961, S. 296.

140) Klemens Fischer: Guerilla im Spiegel des Rechts, Solingen 1995, S. 1.

141) Hellmuth Rentsch: Partisanenkampf. Erfahrungen und Lehren, Frankfurt am Main 1962, S. 12.

142) Jürgen Kaube: Gewalt als Manifestation, Schrecken ohne Botschaft, in: FAZ vom 18.9.2001, S. 57.

143) Schulz, a.a.O.

144) Vgl. Fuchs, Kölper, Militärisches Taschenlexikon, a.a.O., S. 168.

145) Henning Ritter: Der Feind. Terror ohne Territorium, Vernichtung als Programm, in: FAZ vom 19.11.2001, S. 49; vgl. Fuchs, Kölper, a.a.O.

146) Georg Ortenberg: Waffe und Waffengebrauch im Zeitalter der Millionenheere, Bonn 1992, S. 243.

147) vgl. Albert A. Stahel: Terrorismus und Marxismus, Marxistisch-Leninistische Konzeptionen des Terrorismus und der Revolution, Frauenfeld 1987, S. 21.

148) Ritter, a.a.O., S. 49.

149) Carl Schmitt, Theorie des Partisanen, a.a.O., S. 11; vgl. Andreas Herberg Rothe, Der Krieg. Geschichte und Gegenwart, Frankfurt am Main 2003, S. 77.

150) Infanterieschule, VN-AusbZ Bw, Bereich 3/ExpGrp Schutz, Grundlagendokument für den Schutz von Räumen, Objekten, Konvois und anvertrauter Personen im Einsatz, 4. Entwurf, 17.7.2001, RN 113.

151) Wördemann, a.a.O., S. 27; vgl. Carlos Marighella: Minihandbuch des Stadtguerilleros, Hamburg 1972, S. 160.

152 Rolf Tophoven, Der internationale Terrorismus - Herausforderung und Abwehr, in: Manfred Funke (Hrsg.), Terrorismus. Untersuchungen zur Strategie und Struktur revolutionärer Gewaltpolitik, Bonn 1977, S. 240.

153) Münkler, Über den Krieg, a.a.O., S. 173.
154) Hahlweg, Moderner Guerillakrieg, a.a.O., S. 127.
155) Siehe Anm. 135.
156) von der Heydte, a.a.O.
157) Heintze, a.a.O.
158) Waldmann, a.a.O., Wördemann a.a.O.
159) Manfred Klink: Innere Sicherheit - Strategien zur polizeilichen Bekämpfung des Terrorismus, in: Hans Frank, Kai Hirschmann (Hrsg.), Die weltweite Gefahr. Terrorismus als internationale Herausforderung, Berlin 2002, S. 364.
160) Bodo Pieroth, Bernhard Schlink, Grundrechte, Staatsrecht II, 3. Aufl., Heidelberg 1987, RN 1116
161) Blumenwitz, a.a.O.
162) Caleb Carr: Terrorismus - Die Sinnlose Gewalt. Historische Wurzeln und Möglichkeiten der Bekämpfung, München 2002, S. 12.
163) Ebenda, S. 10.
164) Gerhard Zimmer: Terrorismus und Völkerrecht. Militärische Zwangsanwendung, Selbstverteidigung und Schutz der internationalen Sicherheit, Aachen 1998, S. 5; vgl. Rolf Schroers: Der Partisan. Mensch im Widerstand, Münster 1989, S. 19.
165) Münkler, Die neuen Kriege, a.a.O., S. 175.
166) Herfried Münkler: Gewalt und Ordnung. Das Bild des Krieges im politischen Denken, Frankfurt am Main 1992, S. 143; vgl. ders., Über den Krieg, Weilerswist 2002, S. 252.
167) Freedman, a.a.O.
168) von der Heydte, a.a.O., S. 263.
169) Sebastian Scherer: Die Zukunft des Terrorismus. Drei Szenarien. Lüneburg 2002, S. 19f.
170) Vgl. Heinrich von Stietencron: Töten im Krieg. Grundlagen und Entwicklungen in: Heinrich von Stietencron, Jörg Rüpke (Hrsg.), Töten im Krieg, Freiburg, München 1995, S. 47.
171) Bruce Hoffmann: Terrorismus. Der unerklärte Krieg. Neue Gefahren politischer Gewalt, Frankfurt am Main 1999, S. 15.
172) Erhard Eppler: Vom Gewaltmonopol zum Gewaltmarkt? Die Privatisierung und Kommerzialisierung der Gewalt, Frankfurt am Main 2002, S. 20.
173) Vgl. Funke, Terrorismus, a.a.O., S. 13.
174) Wie Anm. 135.
175) Rothe, a.a.O., S. 80.

176) Vgl. David Fromkin: Die Strategie des Terrorismus, in: Manfred Funke (Hrsg.), Terrorismus. Untersuchungen zur Strategie und Struktur revolutionärer Gewaltpolitik, Bonn 1977, S. 86.

177) Schätz, a.a.O.

178) Feichtinger, a.a.O.

179) Blumenwitz, a.a.O.

180) Vereinigung Schweizerischer Nachrichtenoffiziere, a.a.O., S. 152; vgl. Rothe, a.a.O., S. 77.

181) Schätz, a.a.O.

182) Fischer, Völkerrecht für die Truppe, a.a.O., RN 140.

183) AKNZ (Hrsg.), Für eine neue Strategie zum Schutz der Bevölkerung in Deutschland. Überlegungen für eine gemeinsame Rahmenkonzeption zur Weiterentwicklung des Zivilschutzes. Entwurf eines Grundsatzpapiers für das BMI und den Arbeitskreis V der IMK, Bad Neuenahr-Ahrweiler 1.3.2002, S. 11.

184) Elisabeth Hauschild: Bedrohung durch biologische Waffen, in: Europäische Sicherheit 1/2003, Heft 1, S. 12.

Das grundsätzliche Spannungsverhältnis zwischen der Auftragstaktik, Rules of Engagement (ROE) und der deutschen Strafrechtsordnung (ÖMZ 2006)
Dirk Freudenberg

Neben der internationalen Mandatierung sind v.a. die *Rules of Engagement* (ROE) von zentraler Bedeutung dafür, wie Militärangehörige in der konkreten Situation reagieren und welche Fehler sie machen, die dann auf die ganze Mission zurückschlagen können.[1] Die Ereignisse des 17./18. März 2004 im Rahmen der Unruhen in Prizren/Kosovo[2] haben deutlicher als je zuvor gezeigt, dass auch für die Bundeswehr die Illusion endgültig zu Ende ist, sich immer in einem Einsatzumfeld zu bewegen, in welchem eine „korrekt" auftretende Truppe allein mit „wave and smile" ihren Auftrag wird erfüllen können. Es wird nun offensichtlich, dass die Truppe auch in einem scheinbar befriedeten Umfeld immer damit rechnen muss, robust auftreten und lagebezogen ein- und durchgreifen zu müssen. Dazu bedarf sie der notwendigen Ausrüstung und Mittel, der entsprechenden Ausbildung und v.a. des Rückhaltes aller Führungsebenen bis hin zur Politik. Im Bereich der Ausrüstung hat die Bundeswehr hier schnell nachgesteuert: Inzwischen wurden Impuls-Patronen (Gummigeschosse) und Reizgas sowie „Riot-Control-Ausrüstung" eingeführt. Diese Maßnahme erweitert die Möglichkeiten, durch Schließen der Lücke zum Schusswaffengebrauch lageangemessen auf bestimmte Situationen zu reagieren. Das Einziehen neuer Handlungs- und Eskalationsebenen löst aber nicht das Grundproblem und geht möglicherweise an diesem vorbei: Der Glaube der militärpolitischen Führung, mit dem Erlass von ROE ließen sich alle Situationen regeln und die politischen und strategischen Auswirkungen militärischen Handelns auf der operativ-taktischen Ebene von vorneherein eingrenzen, muss einen deutlichen Dämpfer erfahren haben. Im Gegenteil: Es ist klarer als je zuvor offenbar geworden, dass die Tendenz zunehmender Verrechtlichung militärischen Handelns eben dies nicht leisten kann, sondern eher die Entscheidungsfreude militärischer Führer und Soldaten auf allen Ebenen aus Angst vor Fehlern bis zur Tatenlosigkeit einschränkt und das Ansehen der Truppe und den Respekt vor ihr als Ordnungsmacht bei allen Konfliktparteien und in der Öffentlichkeit nachhaltig beschädigt. Hieraus ergeben sich für das Gegenüber auch wieder Ansatzpunkte für neue Konflikte mit einer in dieser Weise moralisch und im Ansehen geschwächten Truppe und damit auch mittelbar wiederum die Gefährdung der Soldaten und des Gesamtauftrages. Folglich ist die Flucht in die zunehmende Verrechtlichung soldatischen Handelns am Ende sogar kontraproduktiv.

Führen mit Auftrag - ROE

Die aktuelle Heeresdienstvorschrift (HDv) 100/100 „Truppenführung" schränkt die Freiheit, im Sinne des Ganzen selbstständig zu handeln, für die Führung im neuen Aufgabenspektrum der Bundeswehr deutlich ein: *„Der Soldat muss Aufträge oft unter enger politischer Anbindung durchführen. Verhalten und Vorgehen für Soldaten aller Ebenen können durch Einzelrichtlinien bis ins Einzelne festgelegt sein und den Handlungsspielraum erheblich einengen."*[3] Und später heißt es dazu noch konkreter: *„In multi- oder internationalen Friedensmissionen unterliegt es* [das Führen mit Auftrag] *allerdings besonderen Rahmenbedingungen, die der Handlungsfreiheit vor Ort meist enge Grenzen setzen."*[4] Gleichzeitig räumt die Vorschrift in diesem Zusammenhang einen direkten Durchgriff der höheren und höchsten Führung ohne Berücksichtigung der Befehlskette auf die untersten Ebenen ein.[5] In der Literatur wird hierzu festgestellt, dass damit nicht die Auftragstaktik das Führungshandeln bestimmt, sondern die strikten Verhaltensregeln der ROE als Ausdruck der politischen Krisen und Konfliktkontrolle.[6] Damit steht das Führen durch Auftrag in einem direkten Spannungsverhältnis zu den ROE.[7]

Die Gegenmeinung vertritt die Ansicht, dass mit dieser Regelung das Führen durch Auftrag zwar eingeschränkt, aber nicht aufgehoben sei.[8] Dieses Verhalten wird in der Literatur damit begründet, dass der Soldat, der als Vermittler und Schlichter zwischen den Konfliktparteien eingesetzt ist, zur Unparteilichkeit verpflichtet ist.[9] Im Umkehrschluss bedeutet dies, dass das Führen durch Auftrag in Szenarien, in denen das „klassische Gefecht" der verbundenen Waffen abläuft, nach wie vor uneingeschränkt gelten müsste.[10] Allerdings gab es zu Zeiten des Kalten Krieges Argumentationslinien, die den Grundsatz vom Führen durch Auftrag mit ganz ähnlichen Argumenten einschränkten, indem sie auf die politische Bedeutung militärischer Vorgänge auf der untersten Ebene verwiesen, die auf Grund „*...der Eskalationsgefahr an und für sich geringfügiger militärischer Zwischenfälle...* " entstehe.[11] Insofern könne dem Auftragnehmer wegen der hohen Bedeutung des zu erreichenden Zieles kein Spielraum eingeräumt werden.[12] Also hat man auch früher schon unter einem ganz anderen Szenario Argumente gefunden, grundlegende Prinzipien des Führungsdenkens einzuschränken. Somit ist hier der Meinung zuzustimmen, die im Durchgriff auf die unterste taktische Ebene bei Einsätzen im neuen Aufgabenspektrum eine Überbetonung der politischen Verantwortung und eine Gefährdung der Auftragstaktik sieht.[13]

Tatsächlich ist hier der politische Einfluss auf Grund der Interdependenzen zwischen dem medialen Einfluss und politischen Entscheidungen stärker als im „klassischen Gefecht".[14] Mithin stehen hinter der Einschränkung des Führens durch Auftrag in der neuen Vorschrift auch ministerielle Vorbehalte.[15] Die Vorschrift wird gleichzeitig einem Fehlverhalten in der Praxis angepasst.[16] Folglich ist hier eine grundsätzliche Frage angesprochen, die, unabhängig vom vorherrschenden Kriegsbild, nach einer grundsätzlichen Entscheidung verlangt. Zumal gleichzeitig hervorgehoben wird, dass auch die besten Einsatzrichtlinien nicht in der Lage seien, alle möglichen Lageentwicklungen im Voraus zu erfassen und somit für die Führer, aber auch einzelne Soldaten, Bereiche der Ungewissheit und Freiräume blieben, die sie nur mit den Prinzipien des Führens durch Auftrag meistern und ausfüllen könnten.[17] Diese Ansicht berücksichtigt auch, dass Einsätze komplexer sein werden und sich in fremden Einsatzorten mit anderen Kulturen in internationaler Zusammenarbeit abspielen werden, in denen komplexe Informationssysteme und unklare Lagen die Regel sein werden und somit die Bedeutung der Auftragstaktik zunehmen wird.[18] Der verantwortliche militärische Führer, dessen Verhalten nicht bis ins Letzte geregelt werden kann, muss häufig unter Zeitdruck und ungeklärter Rechtslage entscheiden und handeln.[19] Auch verfügt er nicht immer über ein klares und in sich geschlossenes Lagebild und ist somit oftmals darauf angewiesen, den unterstellten Bereichen seine Absicht mitzuteilen, die seine „Direktiven" dann in seinem Sinne umsetzen müssen. Damit erhält das „Führen durch Auftrag" angesichts der erweiterten operativen Herausforderungen einerseits und der begrenzten Ressourcen andererseits insofern eine veränderte Qualität, als dass die künftigen Anforderungen an Flexibilität und Mobilität von Kräften und Mitteln auf allen Führungsebenen v.a. die Befähigung zu einer raschen horizontalen und vertikalen Schwerpunktverlagerung verlangen.[20]

Mithin ist die Auftragstaktik permanent herausgefordert.[21] Die täglich neuartigen Herausforderungen, oft kurzfristige, regional begrenzte Lageänderungen und Friktionen, machen das unbeirrte Festhalten an soliden, soldatischen Grundlagen deutlich.[22] Der Gefechtswert der Truppe wird gefährdet, wenn eine zentrale Führungsvorschrift den Gedanken der Bindung festschreibt und ein erheblicher Teil militärischer Effizienz nicht ins Ziel gebracht wird.[23] Die Auftragstaktik funktioniert allerdings nicht kraft Vorschrift, sondern nur unter der Voraussetzung und der Bereitschaft eines jeden Führers „vor der Front" oder eines in einem Stab tätigen Offiziers, Initiative zu entwickeln.[24] Das Durchgreifen durch die Hierarchien zerstört Vertrauen und lässt Kameradschaft nicht wachsen.[25]

Die Auftragstaktik darf auch nicht dazu benutzt werden, um klarer Befehlsgebung auszuweichen oder ein Missverhältnis zwischen Auftrag und Mitteln zu überspielen und so die Verantwortung nach unten wegzudrücken.[26] Die Aufnahme der Auftragstaktik in die Führungsvorschriften darf auch nicht zur Alibifunktion verkümmern, die den unterstellten Bereichen nur dann Verantwortung und Selbstständigkeit zugesteht, wenn sie selbst nicht in der Lage ist, die auftretenden Schwierigkeiten zu meistern, und sie somit „Zutrauen" in „Zumuten" verkehrt. Auftragstaktik erfordert Mut - auch von den Politikern.[27]

Strafrechtsordnung - ROE

Diese grundsätzliche Problematik in ihrer ganzen Breite und Tiefe zu erörtern würde den Rahmen des vorliegenden Aufsatzes sprengen; insofern wird im Nachfolgenden nur untersucht, inwieweit das traditionelle deutsche Führungsdenken hiervon betroffen ist. Die aktuelle HDv 100/100 unterstreicht, dass das Grundgesetz und sonstige nationale Rechtsvorschriften, im Einsatz v.a. das humanitäre Völkerrecht mit dem Kampfführungsrecht sowie die jedem Einsatz zu Grunde liegenden Einsatzregeln (ROE), die Rechtsgrundlagen jeglichen Handelns des militärischen Führers sind.[28] Aber genau in dieser Formulierung liegt das rechtliche Spannungsverhältnis.

Soldaten, die im Rahmen friedensunterstützender Militärmissionen eingesetzt sind, haben wie bei jeder militärischen Operation im gesamten Aufgabenspektrum regelmäßig klare Vorgaben, unter welchen Voraussetzungen und in welchem Umfang zur Abwehr von Angriffen bzw. zur Auftragsdurchsetzung unmittelbarer Zwang eingesetzt werden darf, wodurch grundsätzlich auch die Befugnis beschränkt wird, Nothilfe gem. § 32 Abs. 2 StGB zu Gunsten der Opfer rechtswidriger Angriffe zu leisten.[29] In der Literatur, aber auch in der Truppe bestehen Zweifel darüber, ob dieses Recht angesichts der staatlichen Verpflichtung zum Schutze der Menschenrechte aus Art. 1 Abs. 1 GG und der grundgesetzlichen Garantie des Lebens und der körperlichen Unversehrtheit gem. Art. 2 Abs. 2 GG durch Befehl beschränkbar ist und der Soldat, der diesem Folge leistet, sich nicht selbst der Gefahr strafrechtlicher Verfolgung wegen unterlassener Hilfeleistung gem. § 323c StGB aussetzt.[30] Darüber hinaus wird es in der Truppe vielfach als unerträglich empfunden, dass das Nichteinschreiten unter Umständen durch die ROE befohlen wird.[31]

Die Besonderheit militärischer Einsätze und Operationen, deren genauer Verlauf nie im Voraus prognostizierbar und damit auch einer rechtlich detaillierten Normierung nur sehr bedingt zugänglich ist, macht es notwendig, dass selbst an sich gebotene Schutz- und Hilfsmaßnahmen nur unter sorgfältiger Berücksichtigung der konkreten Lage und dem Ziel der übergeordneten Führung durchzuführen sind.[32] Darüber hinaus ist es nicht völlig unproblematisch, angesichts der Unübersichtlichkeit der faktischen Verhältnisse im Umfeld militärischer Einsätze allgemein gültige Aussagen zu treffen, zumal die Folgen eines bestimmten Reagierens auf Nothilfelagen es nur bedingt zulassen, das Ausmaß der den Angriffsopfern drohenden oder bereits zugefügten Rechtsgutverletzungen eindeutig abzuwägen, sodass ein militärischer Vorgesetzter höchstens auf der Basis seines aktuellen Kenntnisstandes befähigt sein dürfte, eine Prognoseentscheidung zu treffen, die wiederum das Wesensmerkmal in sich trägt, kaum jemals auf einer gesicherten Tatsachengrundlage getroffen werden zu können.[33] Allerdings endet die Befehlsbefugnis des Vorgesetzten gem. § 10 Abs. 4 SG an Recht und Gesetz.[34] Damit dreht sich die juristische Argumentation im Kreis und schiebt letztendlich die Verantwortung wiederum dem Soldaten zu.

Fraglich könnte hier im Übrigen sein, ob Soldaten, die im Einsatz in Ausübung ihrer Dienstpflichten von der Schusswaffe Gebrauch machen, überhaupt tatbestandlich im Sinne der Strafrechtsordnung handeln. Dabei ist unstreitig, dass das deutsche Strafrecht gem. 1 a WStG auch für die Soldaten gilt, die sich im dienstlichen Auftrag im Ausland befinden. Das Notwehrrecht ist Rechtfertigungsgrund bzw. Unrechtsausschließungsgrund im Sinne der Strafrechtsordnung, die der Tatbestandsverwirklichung die Rechtswidrigkeit nimmt. Wer aber schon keinen Tatbestand erfüllt, bedarf auch keiner Rechtfertigung. Allerdings stellt die herrschende Meinung in der Literatur darauf ab, dass das Handeln von Soldaten durch die Dienstrechte gerechtfertigt ist.[35]

Dass die Einschränkung des Notwehrrechts zu unbefriedigenden und rechtsfehlerhaften Ergebnissen führen kann, soll an dem nachfolgenden Beispiel herausgearbeitet werden:

In Auslegung der in der Taschenkarte für das Deutsche Einsatzkontingent der KFOR (DtEinsKtgt KFOR) festgelegten ROE für den Schusswaffengebrauch wird die Meinung vertreten, dass ein Schusswaffengebrauch von Angehörigen des DtEinsKtgt KFOR gegen „flüchtende Straftäter/feindselige Kräfte" im Gegensatz zum Schusswaffengebrauch gegen entsprechende Kräfte, die einen „Stellungswechsel" vollziehen, rechtswidrig ist. Diese Ansicht könnte rechtsfehlerhaft sein.

Diese Meinung könnte hier zunächst eine Einschränkung des Rechts auf Notwehr gem. § 32 Abs. 2, 1. Alternative StGB bedeuten, in dem dem Soldaten auf Befehl verboten wird, ein ihm gesetzlich zustehendes Recht zu nutzen. Allerdings endet gem. § 10 Abs. 4 SG - wie bereits oben erwähnt - die Befehlsbefugnis des Vorgesetzten an Recht und Gesetz. Ein Befehl bzw. eine Weisung als untergesetzliches Recht kann nach üblicher juristischer Systematik ohne eine ausdrückliche gesetzliche Ermächtigungsgrundlage ein gesetzliches Recht nicht auf rechtmäßige Weise einschränken.[36] Eine solche Ermächtigungsgrundlage liegt nicht vor. Gleichzeitig legt § 11 Abs. 2 SG zwischen Befehlsrecht und Strafrecht eine grundsätzliche Rangordnung fest, die dem Strafrecht eindeutig einen Vorrang einräumt. Eine Durchbrechung dieses gesetzlichen Wollens ist grundsätzlich rechtswidrig.

Gleiches soll eingeschränkt auch für Auslandseinsätze gelten: Die Verteidigung von fremden Rechtsgütern im Sinne der Nothilfe gem. § 32 Abs. 2, 2. Alternative StGB soll wegen des Nichtbestehens einer staatlichen Verteidigungsaufgabe der Rechtsordnung hier in Abhängigkeit und nach Maßgabe des Rechts des betreffenden Landes nur abgeschwächt bestehen.[37] Nach der hier vertretenen Ansicht ist allerdings noch einmal zu differenzieren, ob die Nothilfe zu Gunsten eines Deutschen bzw. eines Angehörigen des Einsatzkontingentes oder eines Dritten ausgeübt wird. Es ist gerade das Wesen eines militärischen Einsatzes, dass die (kleine) Kampfgemeinschaft nicht nur Härten und Entbehrungen teilt, sondern auch in Not und Gefahr füreinander einsteht. Genau das wird in § 12 SG ausdrücklich kodifiziert. Gleichzeitig wird in dieser Vorschrift festgestellt, dass gerade hierauf der Zusammenhalt der Truppe beruht. Insofern würde eine Einschränkung gegenseitiger Nothilfe für deutsche Soldaten im Auslandseinsatz den Kern soldatischer Gemeinschaft treffen. Demzufolge wäre die Moral und somit auch die Einsatzbereitschaft und Auftragserfüllung auf das Höchste gefährdet. Gerade bei der zunehmenden Praxis multinationaler Einsatzverbände und ihrer Bedeutung müssten diese Grundsätze zumindest analog anwendbar sein. Folglich kann das Nothilferecht für Soldaten im Auslandseinsatz allenfalls gegenüber Dritten (Bevölkerung, Kräften, die nicht dem Einsatzkontingent angehören) eingeschränkt werden. Allerdings ist dann auch zu fragen, wie sich beispielsweise deutsche Soldaten gegenüber deutschen Staatsangehörigen zu verhalten haben, die beispielsweise im Rahmen von Hilfsorganisationen tätig sind. In jedem Fall können Taschenkarten nur deklaratorisch die Rechtslage im Ausland verdeutlichen, aber nicht konstitutiv etwas verbieten. Mithin bleibt auch im Auslandseinsatz in jedem Fall zumindest die individualrechtliche Komponente des Rechtsgüterschutzes, die Notwehr gem. § 32 Abs. 2, 1. Alternative StGB, auch im Auslandseinsatz als Selbstverteidigungsrecht und Ausfluss von Art. 1 i.V.m. Art. 2 GG bestehen, dessen Ausübung auch nicht verboten werden kann. Das Recht auf Selbstverteidigung kann demzufolge auch nicht durch die ROE beschnitten werden.[38] Nach den obigen Ausführungen muss dies folgerichtig auch für die Nothilfe zumindest gegenüber Angehörigen anderer Nationen der eigenen Einsatzkontingente gelten.

Entgegen der oben dargestellten einschränkenden Meinung bedeutet dies, dass das Notwehrrecht gem. § 32 Abs. 2, 1. Alternative StGB nicht einschränkbar ist. Allerdings ist zu prüfen, ob die in der Weisung angesprochenen Straftäter Rechtsgüter deutscher Soldaten oder Angehörige anderer Nationen der eigenen Einsatzkontingente angegriffen haben. Dann ist die Ausübung des Notwehrrechts zu bejahen und richtet sich grundsätzlich nach dem oben Gesagten; die Art und Intensität der Ausübung ist dabei Tatfrage.

Bei Angriffen von feindseligen Kräften ist insofern zu prüfen, ob die Notwehrlage noch andauert bzw. das Verhalten des Angreifers unmittelbar in eine Rechtsgutverletzung umschlagen kann. Ob es sich beim Ausweichen des Angreifers um „Flucht" oder einen „Stellungswechsel" handelt, kann hierbei nicht maßgeblich sein. Zum einen ist es bereits fraglich, ob der durchschnittliche und pflichtbewusst handelnde Soldat in der physisch und psychisch fordernden Situation eines Gefechtes dies überhaupt rechtsfehlerfrei unterscheiden kann. Für den Soldaten bedeutet ein massiver Angriff auf sein Leben bzw. seine körperliche Unversehrtheit ungeachtet der völkerrechtlichen Einordnung des bewaffneten Konfliktes immer „Krieg". Die besondere Gefährlichkeit irregulärer Kräfte, die, wenn sie denn entdeckt sind, nur kurze Zeit zum Überlegen und raschen Reagieren zulassen, unterstreicht dies. Zum anderen ist es dem Soldaten nicht zuzumuten, sowohl das Risiko für eigenes Leib und Leben als auch das Risiko einer eventuellen strafrechtlichen Verfolgung[39] zu tragen, indem dieses durch die Abwehr eines Angriffs vom Angreifer auf ihn abgewälzt wird. Eine andere Ansicht hätte zur Folge, dass im Zweifel der Soldat bei einer einfachen Körperdrehung des Angreifers bereits das Feuer einstellen müsste. In der Konsequenz würde dies bedeuten, dass der Angreifer durch sein Verhalten nicht nur den Beginn, sondern einseitig auch das zeitliche Ende des Angriffs bestimmt. Das Problem, hier die Situation richtig zu erfassen, ist also praktischer und nicht rechtlicher Natur.[40] Darüber hinaus kann auch ohne weiteres unterstellt werden, dass der „Flüchtende" eine zeitlich und räumlich günstigere Gelegenheit suchen und nutzen wird, sein schädliches Tun fortzusetzen. Eine andere Ansicht führt hier zu wirklichkeitsfremden Ergebnissen und will dem Soldaten im Auslandseinsatz weniger Rechte einräumen, als dies die deutsche Rechtsordnung im sicheren Heimatland beispielsweise für einen Jäger vorsieht, der einen bewaffneten flüchtenden Wilderer auf eine nahe Deckung zulaufen sieht.[41]

Zudem ist es fraglich, ob jemand, der sich durch sein Tun in derartiger Weise bewusst weit außerhalb der Rechtsordnung stellt, den Schutz derselben durch eine enge Auslegung des Tatbestandmerkmals des andauernden Angriffs für sich geltend machen kann. Damit würde die ohnehin nicht vorhandene „Waffengleichheit" zwischen Angreifer und Angegriffenem noch weiter zu Ungunsten des Angegriffenen verschoben. Gleichzeitig würde das Opfer nun unversehens zum Täter. Entscheidend muss nach der hier vertretenen Ansicht vielmehr sein, ob der Angreifer seinen Angriff erkennbar aufgibt. Hier bietet die analoge Anwendung des Kriegsvölkerrechtes bzw. des humanitären Völkerrechtes in bewaffneten Konflikten klare Handlungsmuster, indem dort beispielsweise darauf abgestellt wird, dass der Angreifer seine Waffen niederlegt und seine Aufgabe durch Heben der Hände oder Schwenken einer weißen Fahne signalisiert. Eine andere Auffassung hätte das abstruse Ergebnis zur Folge, dass der Angreifer immer den wesentlichen Vorteil der Initiative auf seiner Seite hätte, er einseitig durch sein Verhalten den Verlauf des Gefechtes bestimmt, sich nach Belieben der Verfolgung (durch Feuer) entziehen kann und er nach eigenem Gutdünken zu einem nur durch ihn bestimmten Zeitpunkt den Wiedereintritt in ein Scharmützel, die Art und Weise, Mittel und Intensität bestimmt. In einem solchen Konflikt ist der sich rechtstreu verhaltende Soldat hoffnungslos unterlegen, sein Überleben fraglich und die Erfüllung des Auftrages ausgeschlossen.

Die Auflösung des Konfliktes
Der Konflikt könnte dahingehend aufgelöst werden, dass man im konkreten Fall zunächst die objektive Möglichkeit der Nothilfe prüft und dann die objektive Zumutbarkeit. Bei letzterem Merkmal werden v.a. die Gründe der „Staatsräson" mit der Verpflichtung zur Hilfe abzugrenzen sein. Die persönliche Gefährdung der Soldaten wird aus der Grundpflicht zur Tapferkeit dagegen weniger ins Gewicht fallen. Damit muss die Entscheidung über die Hilfeleistung aber in jedem Fall auf der Ebene gefällt werden, wo sie anfällt - auf der operativ-taktischen im Sinne der Auftragstaktik. Zudem ist in der deutschen

Verfassung in den Art. 1 bis 19 GG eine naturrechtlich-sittliche Werteordnung niedergelegt, und davon leiten sich in den anderen Artikeln des Grundgesetzes Normen ab, die dieser Werteordnung entsprechen.[42] Dieser Werteordnung sind die Soldaten der Bundeswehr durch ihren Eid bzw. ihr Gelöbnis und die entsprechende Grundpflicht des Soldaten gem. § 7 SG verpflichtet; sie ist zudem die Grundlage der Inneren Führung der Bundeswehr. Die Bindung an die grundgesetzliche Werteordnung beinhaltet gleichzeitig die Bindung an eine sittliche Überzeugung, die nicht unbedingt rechtlich zu kodifizieren ist bzw. die nicht auf alle Fragen in allen Situationen eine Antwort parat hat. Die Bindung an das Sittengesetz wird allerdings in der Literatur bestritten.[43] Dennoch ist in Situationen, in denen das Recht keine Antwort bietet oder selbst gegen das Recht steht, das Gewissen des Einzelnen gefragt, das in der Tradition des preußisch-deutschen Offiziers[44] verlangt, die Ehre zu wählen, wo Gehorsam Unehre bedeutet.

Ergebnis

In Anbetracht der vorstehend erörterten Problematik wird deutlich, dass nicht alle Situationen durch Gesetze und Vorschriften vorausschauend zu regeln und festzuschreiben sind. Gerade der militärische Bereich setzt andere Maßstäbe, die der Verantwortung des militärischen Führers eine besondere Bedeutung verleihen. Daher wird man nach Auswertung der aktuellen Einsätze im ehemaligen Jugoslawien überprüfen müssen, ob die angesprochene Einschränkung der Auftragstaktik in den deutschen Führungsvorschriften aufrechtzuerhalten ist.[45] Gerade auch in der Auseinandersetzung mit irregulären Kräften entscheidet ständiges Improvisieren den Kampf um die Initiative und damit um die Überlegenheit im Kampf.[46] Insofern ist diesen ein Führungsverhalten im Sinne eines dynamischen Prinzips entgegenzusetzen, das sich nicht allein auf Befehle, Verordnungen und starre ROE abstützt, sondern weit gehend auf die Selbstständigkeit der Unterstellten setzt[47] - die Auftragstaktik.

Anmerkungen

1) Wolfgang S. Heinz: Zu den Auslandseinsätzen der Bundeswehr in der Terrorismusbekämpfung. Analysen und Empfehlungen aus der Sicht des internationalen Menschenrechtsschutzes, in: Dieter Fleck (Hrsg.), Rechtsfragen der Terrorismusbekämpfung durch Streitkräfte, Leagal Issues of Military Counter-Terrorist Operations with English Executive Summary, Baden-Baden 2004, S. 67ff.; S. 80.

2) Vgl. Peter Carstens: Grob beschönigt. Aus dem Versagen lernen und schweigen: Die Bundeswehr nach den März-Pogromen im Kosovo, in: FAZ v. 26.8.2004, S. 3.

3) Bundesminister der Verteidigung, HDv 100/100. Truppenführung (TF), Bonn 1998, RN 320; vgl. Inspekteur des Heeres (Hrsg.), Gedanken zu Fragen der Operationsführung im deutschen Heer. Herausgegeben zur Truppenführerreise 1998, 1999, S. 69.

4) Bundesminister der Verteidigung, HDv 100/100. Truppenführung (TF), Bonn 1998, RN 3818.

5) Vgl. Bundesminister der Verteidigung, HDv 100/100. Truppenführung (TF), Bonn 1998, RN 3818.

6) Helge Hansen: Aufgaben und Anforderungen an den General- und Admiralstabsdienst in Gegenwart und Zukunft, in: Clausewitz-Studien, Jahresband 1997, S. 72ff.; S. 78.

7) Erich Vad: OTL i.G. Dr., bei BMVg FüS III 1 in einem Gespräch mit dem Verf. am 20.4.1999 in Bonn; dem zustimmend auch Manfred Eisele, GM a. D. und zuletzt Beigeordneter Generalsekretär für friedenserhaltende Maßnahmen der UNO, in einem Schreiben an den Verf. vom 27.6.1999.

8) Jürgen Unverhau, Norbert Hanisch, Dietrich Menzel: Bewährtes mit Neuem verbinden. Die HDv 100/100 „Truppenführung (TF)", in: Truppenpraxis/Wehrausbildung 1999, Heft 2, S. 100ff.

9) Christian Millotat: Das preußisch-deutsche Generalstabssystem, in: Clausewitz-Studien 1996, Heft 2, S. 35 ff.; S. 60.

10) So auch Friedrich Riechmann, GM, Kdr DtHKtgt u. NatBefh. i. E. in einem Gespräch mit dem Verf. am 21.9.1999 in Prizren (Kosovo).

11) Dieter Witt: Delegation, in: Günter Kirchhoff (Hrsg.), Handbuch zur Ökonomie der Verteidigungspolitik, Regensburg 1986, S. 192ff.; S. 194.

12) Vgl. Hans Felde, Peter May, Auftragstaktik oder Befehlstaktik? Lagebedingte Anwendung des jeweiligen Führungsbetriebs erforderlich, in: Truppenpraxis 1981, S. 91ff.; S. 92.

13) Vgl. Dirk W. Oetting: Die Grundlagen der Auftragstaktik und die Zulässigkeit eines Abweichens vom Auftrag, in: Führungsakademie der Bundeswehr (Hrsg.), Führen mit Auftrag. Führungsseminar vom 24.-27.11.1998 in Hamburg, S. 31ff.; S. 41f.

14) Wolf-Dieter Löser, BG, General der Infanterie und Schulkommandeur der Infanterieschule in einem Gespräch mit dem Verf. am 21.6.1999 in Hammelburg.

15) Christian Millotat, BG und Direktor Lehre an der Führungsakademie der Bundeswehr in einem Gespräch mit dem Verf. am 19.5.1999 in Hamburg; so auch Wolf-Dieter Langheld, O. und Kdr Pz-Brig 21, vormals Chef des Stabes MND (C) in einem Gespräch mit dem Verf. am 11.6.1999 in Augustdorf.

16) Hans-Jürgen Folkerts, O. i. G. und Bereichsleiter 2 am Zentrum Innere Führung (Menschenführung, Betreuung, Fürsorge) und ab dem 1.10.1999 Leiter VN-Ausbildungszentrum Hammelburg in einem Gespräch mit dem Verf. am 2.9.1999 in Prizren (Kosovo).

17) Inspekteur des Heeres (Hrsg.), Gedanken zu Fragen der Operationsführung im deutschen Heer. Herausgegeben zur Truppenführerreise 1998, 1999, S. 69; vgl. Inspekteur des Heeres (Hrsg.): Gedanken zu Operationsführung im Deutschen Heer. Der neue Ansatz, 1998, S. 68; vgl. Christian Millotat: Fit für die Zukunft. Die neuen Führungsvorschriften des Heeres - Die Reihe HDv 100 im Überblick, in: Truppenpraxis/Wehrausbildung 1999, Heft 2, S. 96ff.;

18) Vgl. Henk Morsink: Zusammenarbeit im I. Deutsch-Niederländischen Korps. Ein Vergleich zweier Unternehmenskulturen am Beispiel des deutschen und des niederländischen Heeres, Lehrgangsarbeit an der Führungsakademie der Bundeswehr, Hamburg 1995, S. 19.

19) Christian Millotat: Das deutsche Heer auf dem Weg in die Zukunft, in: Rissener Rundbrief 1999, Heft 2/3, S. 21ff.; S. 28.

20) NN.: Qualitative Anforderungen an das deutsche Heer, in: Forum Heer 1997, Heft 1, S. 39ff.; S. 43.

21) Erich Vad, OTL i.G. Dr., bei BMVg FüS III 1 in einem Gespräch mit dem Verf. am 20.4.1999 in Bonn.

22) Helmut Harff, BG, Kdr DtHKtgt u. NatBefh. i. E., Kommandeurbrief 3/1999, Prizren, 23.7.1999, S. 1.

23) Wie Anm. 16.

24) Gottfried Greiner, Die Führungsakademie der Bundeswehr - Gedanken zum 20-jährigen Bestehen, in: Wehrwissenschaftliche Rundschau 1977, S. 43ff.; S. 45.

25) Siehe Anm. 16.

26) Siegfried Storbeck: Mitdenken in geistiger Beweglichkeit. Ein Divisionskommandeur an seine Kommandeure, in: Europäische Wehrkunde - Wehrwissenschaftliche Rundschau 1985, S608 ff.; S. 608.

27) Wie Anm. 14.

28) Bundesminister der Verteidigung, HDv 100/100. Truppenführung (TF), Bonn 1998, RN 301.

29) Stefan Sohm: Rechtsfragen der Nothilfe bei friedensunterstützenden Einsätzen der Bundeswehr, in: NZWehrr 1996, S. 89 ff.; 89.

30) Stefan Sohm, Rechtsfragen der Nothilfe bei friedensunterstützenden Einsätzen der Bundeswehr, in: NZWehrr 1996, S. 89ff.; S. 90.

31) Vgl. Boris Wentzek: Zur Geltung des deutschen Strafrechts im Ausland, in: NZWehrr 1997, S. 25ff.; S. 2.

32) Sohm, a.a.O., S. 89ff.; S. 99.

33) Ebenda, S. 105.

34) Boris Wentzek: Zur Geltung des deutschen Strafrechts im Ausland, in: NZWehrr 1997, S. 25ff., S. 27.

35) Vgl. Herbert Tröndle, Thomas Fischer: Strafgesetzbuch und Nebengesetze, 52. Aufl., München 2004, § vor 32, RN 6.

36) Wentzek, a.a.O., S. 25 ff.; S. 28.

37) Ebenda, S. 29.

38) Richard Büllesbach: Rules of Engagement: Ein Paradigmenwechsel für Einsatz und Ausbildung?, in: Humanitäres Völkerrecht 2001, Heft 2, S. 76ff.; S. 78.

39) Die Bereitschaft der Bundesrepublik Deutschland, ihre Staatsangehörigen ggf. an den Internationalen Strafgerichtshof in Den Haag zu überstellen, verstärkt diese Bedrohung für den Soldaten.

40) Büllesbach, a.a.O., S. 76ff.; S. 81, FN 31.

41) Vgl. Mark G. von Pückler, Der Jäger und sein Recht, 4. Aufl., Singhofen 2000, S. 216.

42) Heinrich Walle: Tradition - Floskel oder Form? Neue Wege zu alten Werten, in: Heinrich Walle, (Hrsg.): Von der Friedenssicherung zur Friedensgestaltung. Deutsche Streitkräfte im Wandel, Herford, Bonn 1991, S. 233ff.; S. 244.

43) Wentzek, a.a.O., S. 38.

44) Vgl. im Überblick: Otto Heinrich von der Gablenz: Das preußisch-deutsche Offizierkorps, in: Bundesministerium der Verteidigung (Hrsg.), Schicksalsfragen der Gegenwart. Handbuch politisch-historischer Bildung, III. Bd., Über das Verhältnis der zivilen und militärischen Gewalt, Tübingen 1958, S. 47ff.

45) Christian Millotat, BG und Direktor Lehre an der Führungsakademie der Bundeswehr in einem Gespräch mit dem Verf. am 19.5.1999 in Hamburg.

46) Vgl. Helmuth Rentsch: Partisanenkampf. Erfahrungen und Lehren, 2. Aufl., Frankfurt am Main 1962, S. 75ff.

47) Rentsch, a.a.O., S. 109.

Multinationale Interagency Groups
Unterstützung der Sicherheitsvorsorge im gesamtstaatlichen Ansatz (ÖMZ 2006)
Dirk Freudenberg/ Hans Reimer

Der Begriff Globalisierung charakterisiert seit Mitte der 1990er-Jahre die zunehmende weltweite Verflechtung der Ökonomien sowie der Finanzmärkte und die davon ausgehenden Prozesse fortschreitender und beschleunigter Modernisierung von Kommunikation, Produktion von Wissen und Gütern sowie Transport, aber auch Problemfelder wie internationale Sicherheit, organisierte Kriminalität, Drogen-, Waffen- und Menschenhandel, Krieg und Migration.[1]

Im Zuge dieser Entwicklung sind zunehmend Konflikte zu beobachten, die nicht als Krieg zwischen Staaten und deren Armeen ausgetragen werden, sondern in denen sozial, ethnisch oder religiös definierte Bevölkerungsteile einander bekriegen und Partisanen, Banden, regionale Kriegsherren sowie internationale Söldnerfirmen die entscheidende Rolle spielen.[2] Feindselige Aktivitäten werden von Gruppen angeführt, die sich von Armeen wesentlich unterscheiden: Banden, Partisanen und Terroristen.[3] Insofern fehlt es weitgehend an klaren und konkreten Gegner- (oder Täter-) und Fähigkeitsprofilen, deren Potenziale und Einsatzgrundsätze bekannt sind und auf die sich die Stellen staatlicher Gefahrenabwehr personell, materiell und von den Abläufen des eigenen Krisenmanagements her verbindlich - checklistenartig - einstellen können.[4] Somit ist heute längst erkannt, dass die neuen Bedrohungen nicht mehr (nur) von Staaten ausgehen, deren Bedrohungspotenzial bekannt ist und auf die man sich durch nationale Vorsorge - eingebunden in supra- und internationale Strukturen - einstellen kann, sondern zunehmend von transnationalen nichtstaatlichen Akteuren, welche die Vorteile der Globalisierung nutzen und entsprechend an Staaten vorbei bzw. gegen Staaten aktiv sind.[5]

An die Stelle klassischer militärischer Konflikte treten in zunehmendem Maße kleine und asymmetrische Kriege, in denen das Handeln der nicht-staatlichen Akteure meist nicht gegen militärische Ziele gerichtet ist, sondern auf die Erzielung eines größtmöglichen - insbesondere psychologischen - Effektes in der Gesellschaft.[6] Die Akteure sind zunehmend weltweit vernetzt und transnational tätig mit der Folge, dass die Grenzen innerer und äußerer Sicherheit verschwimmen und nur unklar zu definieren sind. Innere und äußere Sicherheit sind demzufolge untrennbar miteinander verknüpft. Folglich erfordert die staatliche Sicherheitsvorsorge, dass zunächst Fähigkeiten zu definieren und zu entwickeln sind, die an alle möglichen Bedrohungen angepasst sind und die präventiven und reaktiven Antworten bereitstellen.[7] Solche Antworten müssen defensive und offensive Vorgehensweisen beinhalten, die interaktiv, komplex und v.a. wirkungsorientiert sind.[8] Eine konsequente Wirkungsorientierung muss anstelle der bisherigen Ressort- und Interessenorientierung gesetzt werden. Die aktuellen Konfliktbilder erfordern eine vermehrte Zusammenarbeit unterschiedlicher Organisationen und Ebenen, die es ihrerseits erfordert, den Bereich der zivil-militärischen Zusammenarbeit neu zu überdenken.[9] Es geht also darum, im weiten Spektrum heutiger und künftiger Sicherheits- und Stabilitätsrisiken mit ihren vielfältigen Ursachen ein politisches Konzept zu finden, das ganzheitlich vorausschauend diplomatische, wirtschaftliche, soziale, kulturelle und militärische Maßnahmen verbindet, um Krisen und Konflikten möglichst schon am Ort ihres Entstehens zu begegnen.[10]

Ansatzpunkte und Strategien
Die Ansatzpunkte und Strategien konstruktiver Konfliktbearbeitung in der Staaten- und Gesellschaftswelt können in Anlehnung an die Trias „Prävention - Eindämmung - Nachsorge" in drei Handlungsfelder eingeteilt werden: Gewaltprävention, Krisen- und Konfliktmanagement und Friedenskonsolidierung.[11] Die Problemlösungsansätze sind entsprechend den Herausforderungen komplexer geworden. Der Einsatz militärischer Mittel erfolgt in der Regel nicht mehr zeitlich als Ultima Ratio, sondern komplementär zu einem Policy-Mix aus Außen-, Innen-, Entwicklungs-, Finanz-, Rechts- und Justizpolitik.[12] Die Fähigkeitsorientierung ist somit nicht allein auf das Einsatzspektrum militärischer Streitkräfte beschränkt und soll alle sicherheitspolitischen Aufgaben und Akteure umfassen.[13] Ausdruck hierfür ist der „Inter-Agency-Prozess", d.h. die Vernetzung aller staatlichen Akteure und die mögliche Einbindung nicht-staatlicher Institutionen. Dies können wissenschaftliche Institute, Think-Tanks, Wirtschaftsunternehmen, Finanzdienstleister, aber auch Hilfsorganisationen sein. In den Überle-

gungen aller sicherheitspolitischen Akteure, Methoden, Strategien und Strukturen zu entwickeln, um Krisenbewältigung durchzuführen, ein hohes Maß an Stabilität zu erhalten bzw. wiederherzustellen, stellen die Streitkräfte neben anderen somit nur eine Komponente dar.[14] Militärische Stärke kann sich gegen asymmetrische Bedrohungen nur mehr im Verbund mit anderen staatlichen und internationalen Akteuren und Institutionen wirksam entfalten,[15] und umfassende militärische Fähigkeiten sind Teil eines mehrdimensionalen Ansatzes aus politischen, wirtschaftlichen, entwicklungspolitischen und sicherheitspolitischen Instrumenten, um im multilateralen Zusammenwirken mit Verbündeten und Partnern die regionale und/oder globale Sicherheit zu stärken.[16] Gleichzeitig sind auch innerstaatliche Szenarien denkbar, die eine enge Zusammenarbeit von Nachrichtendiensten, diplomatischen Diensten und die Koordination von Einsatzkräften der Polizeien, Rettungsdienste, Hilfsorganisationen und der Streitkräfte erfordern.[17]

Multinationalität und Interoperabilität

Fraglich könnte allerdings hier sein, ob es wirklich gelingen kann, die volle Komplexität und umfassende Form der Interoperabilität zwischen allen Sicherheitskräften sowie zwischen diesen und den zivilen Akteuren zu erreichen.[18] Die bejahende Ansicht sieht zwar, dass es bereits beim Zusammenwirken staatlicher Kräfte wie Polizei und Militär anspruchsvolle Schnittstellenprobleme gibt. Diese werden durch das Problem der Multinationalität und die hierdurch bedingten vielschichtigen und mehrdimensionalen Interoperabilitätsprobleme noch verstärkt.

Die Bundesrepublik Deutschland beteiligt sich durch Mitsprache und Mitgestaltung und mit einem substanziellen Ressourceneinsatz an der Anlage von Experimenten und der Erarbeitung von Konzepten und Doktrinen am US-initiierten *Multinational Joint Transformation Process*. Transformation ist ein permanenter Prozess der Anpassung an Veränderungen der sicherheitspolitischen Gegebenheiten, an technologische Innovationen und an vorhersehbare Trends in der Wissenschafts-, Technologie- und Gesellschaftsentwicklung.[19] Dabei beschreibt Transformation einen umfassenden gesamtstaatlichen Prozess der Neuausrichtung, der nahezu alle Bereiche staatlichen Handelns umfasst und in dem es um multinationale, kooperative Sicherheitsvorsorge, Krisenmanagement, Krisenprävention, aber - wenn erforderlich - auch um die Fähigkeit zur Eindämmung und Beendigung drohender oder bereits ausgebrochener Konflikte geht - unter Nutzung modernster Technologie und Integration militärischer Fähigkeiten in das Gesamtpaket „staatlicher Maßnahmen".[20] Dabei wird der Einsatz militärischer Mittel in den Gesamtkontext der diplomatischen, ökonomischen und militärischen Maßnahmen eingeordnet sowie mit den Wechselmechanismen im Informationsspektrum in Beziehung gesetzt.[21] Das übergeordnete Handlungsprinzip transformierter Streitkräfte als vernetzter teilstreitkräftegemeinsamer Truppen, die in der Lage sind, schnelle, entscheidende Operationen (*Rapid Decisive Operations*, RDO) an jedem Ort der Erde durchzuführen, ist das der wirkungsorientierten Operationen oder *Effects Based Operations* (EBO), die zum Erreichen der strategischen Ziele das ganze Spektrum gegnerischer Verwundbarkeiten und Schwächen ausnutzen und nach Möglichkeit auf ein direktes militärisches Kräftemessen oder gar einen Zermürbungskrieg verzichten.[22] Wirkung geht vor Zerstörung.[23] Dabei wird der potenzielle Gegner als komplexes System mit den Untersuchungsthemen Politik, Militär, Wirtschaft, Soziales, Infrastruktur und Information (*Political, Military, Economic, Social, Infrastructure, Information*, PMESII) analysiert und als Systemverbund definiert, um die wesentlichen Beziehungen, Abhängigkeiten und Verwundbarkeiten zu verstehen.[24] Folglich geht es in diesem Prozess um die rasche Generierung und Aufbereitung und damit um die schnelle Verfügbarmachung von Informationen. Informationsgewinnung und das rasche, zeitnahe Umsetzen von Informationen in Aktionen war in allen Epochen und zu allen Zeiten für effektives und erfolgreiches militärisches Handeln von entscheidender Bedeutung. Im Zeitalter des Wandels vom Industriezeitalter hin zum Informationszeitalter und zur Wissensgesellschaft unter den Bedingungen der zunehmenden Globalisierung ist diese Bedeutung von Informationen bei der Entscheidungsfindung von noch größerer Bedeutung, als dies in der Vergangenheit bereits schon der Fall gewesen ist. Informationsüberlegenheit und die Umsetzung in Entscheidungsüberlegenheit ist Voraussetzung, um zur Handlungsüberlegenheit über den Gegner gelangen zu können.[25] Allerdings soll direktes militärisches Wirken im Ziel im Sinne von kinetischer Energie zum Bekämpfen, Ausschalten oder Vernichten eines potenziellen Gegners ein subsidiäres Mittel zur Zielerreichung darstellen.

Der „Interagency Interaction Process"

In der Kurzform ausgedrückt ist die Transformation nichts anderes, als das Maß an Sicherheitsvorsorge für ein Land und seine Verbündeten und Partner stets ein kleines bisschen über dem Maß an akzeptierbaren Risiken zu halten. Dies zu erreichen kann keine Organisation leisten, und deshalb brauchen wir etwas wie den *Interagency Interaction Process.*

In diesem neu zu betrachtenden Feld zivil-militärischer Interaktion ist weit gehend unstrittig, dass Sicherheit nicht ohne Entwicklung und nachhaltige Entwicklung nicht ohne Sicherheit zu haben sind; in der Diskussion steht aber die Frage im Vordergrund, ob die zivil-militärische Interaktion an Rollendistanz, Wettbewerb, einer komplementären Kooperation oder am Modell einer zivil-militärischen Fusion im Namen „ganzheitlicher Politik" ausgerichtet sein soll.[26]

Deutschland setzt in diesem Bereich mehr auf die Veränderung von Kommunikationsstrukturen und -prozessen sowie die Anpassung von Informationsflüssen als auf die Gründung neuer Organisationen, wie es die USA mit dem *Department of Homeland Security* vorgemacht haben.

Auch weicht die deutsche Auffassung von den Handlungsfeldern gesamtstaatlicher Sicherheitsvorsorge vom US-Ansatz geringfügig, aber mit großer Wirkung für die *Interagency Interaction*-Idee ab: Deutschland spricht nicht von den Faktoren Diplomatie, Information, Militär und Wirtschaft, sondern ersetzt Militär durch „bewaffnete Organisationen", was der Einsatzrealität wesentlich näher kommt. Bewaffnete Organisationen in diesem Sinne sind alle nationalen, multinationalen und internationalen Organisationen, die mit der Befugnis ausgestattet sind, Recht und Ordnung nötigenfalls unter Anwendung von Gewalt durchzusetzen.

Um über das Thema *Interagency Interaction* überhaupt diskutieren zu können, wurde durch den Führungsstab der Streitkräfte im Rahmen von Prozessen der Konzeptentwicklung und deren experimentellen Überprüfung unter Einbeziehung nationaler und multinationaler Partner ein Positionspapier erarbeitet und als „Framework for Discussion" zur Verfügung gestellt.

Da hier von vornherein vereinbart wird, dass unabhängige Organisationen auf Grund eigener Entscheidung festlegen, wie sie mit anderen Organisationen interagieren wollen, könnte sich langfristig auch die Entwicklung einer verbesserten Interaktionsstruktur und damit verbunden eine umfassende Einbindung von Hilfsorganisationen und NGOs entwickeln.

Hilfsorganisationen und NGOs, die ihrerseits eine zutiefst inhomogene Gruppe mit zum Teil völlig unterschiedlichen Ausrichtungen, Zielsetzungen und Ansprüchen darstellen, umfassend in einen Einsatz bewaffneter Organisationen einzubinden, setzt allerdings voraus, dass diese auch willens und in der Lage sind, Teil einer gemeinsamen Operation zu werden.

Bisher muss man allerdings davon ausgehen, dass NGOs gerade das nicht wollen und bei objektiver Betrachtung eine volle Einbindung in Operationen bewaffneter Organisationen auch nicht wollen können. Die Gründe hierfür sind mehrschichtig:

Zum einen besteht bei einer Vielzahl der Hilfsorganisationen eine politisch-ideologische Ablehnung gegen alles Militärische; die Mitarbeiter dieser Organisationen sind oftmals nicht zuletzt aus diesem Grunde hier aktiv geworden. Hier besteht oftmals auch ein Anspruch auf „Definitionshoheit" der Entwicklungspolitik bzw. humanitärer Organisationen mit moralischem Alleinvertretungsanspruch.[27]

Zudem stehen hier auch handfeste finanzielle Interessen im Raum: Die Ressourcenverteilung zu Gunsten des Militärs wird als nicht problemadäquat in Frage gestellt und sollte zu Gunsten der humanitären Hilfe und der Entwicklungshilfe umverteilt werden.[28] Insofern sehen sich die Hilfsorganisationen in direkter Konkurrenz um Ressourcen und Einfluss, insbesondere zum Militär, aber auch anderen bewaffneten Organisationen gegenüber.

Des Weiteren verbieten die Grundsätze der Überparteilichkeit und Unabhängigkeit (*Code of Conduct*) den meisten NGOs eine solche Art der Zusammenarbeit. Militär und Polizei, Grenzschutz und andere sind dagegen immer im staatlichen Auftrag tätig, auch wenn dieses hoheitliche Handeln auf einen kleinsten gemeinsamen Nenner multinationaler oder internationaler Interessendurchsetzung gerichtet ist. Für viele humanitäre Organisationen hingegen ist es gerade keine Aufgabe, sich für die Prävention bewaffneter Konflikte, Friedenssicherung, Demokratisierung oder den Schutz der Menschenrechte einzusetzen, da dies zwar wichtige, aber nicht-humanitäre Ziele seien im Sinne der Sorge um Menschen in Not und das Bemühen um bedingungslose Menschlichkeit.[29] Dieser Ansicht wird kritisch entgegengehalten, dass bei einer solchen Betrachtung der sozialen Beziehungen von Kriegsgesellschaften die Menschen auf ihren Status als Opfer reduziert und die besonderen Macht- und Herrschaftsverhältnisse, durch die Menschen ins Elend gestürzt werden, fast immer außer Acht gelassen werden.[30] Gleichzeitig ist auch hier zu hinterfragen, wie es um die tatsächliche Unabhängigkeit der Hilfsorganisationen auf der internationalen Bühne bestellt ist, oder ob sie nicht zum privaten Arm der Entwicklungs- und Außenpolitik ihrer Heimatstaaten werden, zu bloßen Dienstleistern für Hilfsprogramme, die Hilfe als Geschäft betreiben.[31]

Eine Unterscheidung zwischen den Zielsetzungen der Regierungen bzw. Militärs der intervenierenden Staaten und der NGOs wird erschwert, wenn diese direkt oder indirekt in die Vorbereitung, Durchführung oder Nachbereitung von bewaffneten Interventionen einbezogen sind.[32] Nicht zuletzt ist es für die NGOs aus berechtigten Gründen der eigenen Sicherheit nicht geboten, zuviel Nähe zu bewaffneten Organisationen zu zeigen, um nicht mit diesen identifiziert zu werden. Eine solche Gleichsetzung könnte die Grenzen zwischen humanitärer Hilfe und bewaffneter Aktion auch in den Augen Dritter verschwimmen oder gar aufheben lassen - mit der Folge, dass Hilfsorganisationen damit auch mögliches Ziel werden können. Insofern ist hier der „Faktor Mensch" der limitierende Faktor in einem Prozess, in dem es bisher im Schwerpunkt um die Transformation militärischer Fähigkeiten ging.

Eine enge Kooperation der Akteure birgt aus entwicklungspolitischer Sicht v.a. das erhebliche Risiko, kurzfristigen militärischen Strategien untergeordnet zu werden.[33] Der Einsatz von bewaffneten Kräften (z.B. die *Provincial Reconstruction Teams*, PRTs, in Afghanistan) mit der Begründung, Hilfsorganisationen müssten geschützt werden, wird von Vertretern von Hilfsorganisationen als „gefährliche Wahrnehmungsverschiebung" angesehen; vielmehr sei es so, dass humanitäre Organisationen als Teil der westlichen politischen Strategie dargestellt und als Teil der westlichen Intervention (so z.B. im Irak) wahrgenommen werden.[34] Dabei werden von einer Gegenmeinung die PRTs als Präzedenzfall für die organisatorisch-politische Integration ziviler und militärischer Tätigkeiten im Rahmen einer gesamtstaatlichen Interventionsstrategie angesehen.[35]

Zusammenfassung

Zusammenfassend lässt sich feststellen, dass die Einbindung nichtmilitärischer Akteure aus verschiedenen Disziplinen die Bestrebungen zur Zielerreichung gewinnbringend katalysieren und unterstützen und oftmals sogar eine bessere Alternative zur Anwendung militärischer Gewalt darstellen könnte. Allerdings ist die totale Einbindung von Hilfsorganisationen in den *Interagency*-Prozess im Sinne einer Unterstellung oder Einbindung mit der Absicht, diese zu „koordinieren", auf Grund der vorgetragenen Argumente nicht möglich und auch gar nicht gewollt. Im Gegenteil: Ein solcher Ansatz könnte sich kontraproduktiv auswirken. Es kommt also darauf an, durch eine Sinn- und Zielvermittlung die Hilfsorganisationen in einer strategischen Abstimmung zu einem ergänzenden, kohärenten Handeln auf der operativen Ebene zu bewegen. Dies erscheint dann vorstellbar, wenn zweifelsfrei bleibt, dass unabhängige Organisationen eigenständige und selbstverantwortliche Entscheidungen treffen und auf eigenem Urteil basierend darüber befinden, wie sie mit anderen Organisationen interagieren wollen: unterstützend, neutral oder störend.

Hier setzt das Positionspapier „Interagency Interaction - A Framework for Discussion" an: Genauso, wie man nicht nicht-kommunizieren kann, können Organisationen nicht nicht-interagieren. Sie unterstützen oder stören sich gegenseitig in unterschiedlichen Ausprägungsgraden und häufig einzelfallbezogen oder verhalten sich neutral.

Es wird also darauf ankommen herauszufinden, wie eine günstige Interaktionsstruktur geschaffen werden kann, aus der alle inter-agierenden Organisationen gegenseitigen Vorteil ziehen können.

Deshalb wird konsequenterweise im Rahmen von Prozessen des *Concept Development & Experimentation* (CD&E-Prozesse) zur Unterstützung der Transformation gemeinsam nach Lösungen gesucht, welche die oben genannten Kriterien erfüllen. Unter Nutzung von CD&E-Prozessen werden Anwendungskonzepte für zukünftige Einsätze der Bundeswehr im Rahmen von Bündnis- und Koalitionsoperationen entwickelt. Parallel mit der Konzeptentwicklung werden einerseits daraus abgeleitete konkrete Problemstellungen als Vorgabe für die Suche technischer Lösungen formuliert, andererseits werden existierende bzw. kurz- bis mittelfristig verfügbare Technologien auf militärische Nutzbarkeit hin untersucht.

Die Methode CD&E stammt aus dem englischen Sprachraum und wurde für deutsche Besonderheiten so angepasst, dass die Zusammenarbeit mit multinationalen Partnern und der damit verbundene Erkenntnisgewinn weiterhin bestehen bleiben, aber deutschen Problemlösungsmechanismen im erforderlichen Umfang Rechnung getragen wird (Zuständigkeiten, Wettbewerbs- und Vergaberecht, Haushaltszyklen etc.). CD&E-Prozesse setzen auf schnelle Innovationszyklen durch Konzeptentwicklung und deren experimentelle Überprüfung.

Mit Hilfe von CD&E-Prozessen können wir es schaffen, ein *Interagency Interaction*-Konzept zu entwickeln, das, basierend auf der Erwartung gegenseitiger Vorteile, bei positiver Interaktion dazu beitragen kann, die Transformation gelingen zu lassen:

Wir wollen gemeinsam mit Verbündeten, Freunden und Partnern das Maß unserer Sicherheitsvorsorge immer ein kleines Stück über dem Maß an akzeptierbaren Risiken halten.

Anmerkungen:

1) Dieter Nohlen: Globalisierung, in: Dieter Nohlen, Rainer-Olaf Schultze (Hrsg.): Lexikon der Politikwissenschaft, Bd. 1, A-M, 2. Aufl. 2004, S. 301ff.

2) Dirk Freudenberg, Terrorismus, Grundsätzliche Überlegungen zu einem komplexen Phänomen, Teil 1: Was ist Krieg heute?, in: Notfallvorsorge 2003, Heft 3, S. 20ff; S. 22.

3) Ebenda.

4) Ebenda; vgl. auch Dirk Freudenberg: Terrorismus und Zivilschutz, in: Informationsdienst Terrorismus 2004, Heft 3, S. VII.

5) Ebenda.

6) Martin Neujahr: Vernetzte Operationsführung und das neue operative Umfeld: Gesteigerte Einsatzwirksamkeit durch verbesserte Führungsfähigkeit, in: Heiko Borchert (Hrsg.), Vernetzte Sicherheit. Leitidee der Sicherheit im 21. Jahrhundert, S. 38ff.

7) Freudenberg, Terrorismus und Zivilschutz, a.a.O., S. VII.

8) Ebenda.

9) Peter Vorhofer: Civil-Military Cooperation. Zur Evolution einer neuen Aufgabe in der Krisenbewältigung, in: ÖMZ 6/2003, S. 753.

10) Dirk Freudenberg: Auf Sicherheit setzen: Gedanken über die Zukunft von Streitkräften, in: Notfallvorsorge 2002, Heft 4, S. 23.

11) Tomas Debiel: Konfliktbearbeitung in Zeiten des Staatszerfalls, in: Ursula Blanke (Hrsg.): Krisen und Konflikte. Von der Prävention zur Friedenskonsolidierung, Berlin 2004, S. 24.

12) Engelhardt: Militärische Instrumente der Konfliktbearbeitung, in: Blanke (Hrsg.), a.a.O., S. 91.

13) Heiko Borchert, Reinhardt Rummel: Von segmentierter zu vernetzter Sicherheit in der EU der 25, in: ÖMZ 3/2004, S. 264.

14) Vorhofer, Civil-Military Cooperation, a.a.O., S. 753.

15) Lauring, a.a.O., S. 761.

16) Engelhardt: Militärische Instrumente der Konfliktbearbeitung, in: Blanke (Hrsg.), a.a.O., S. 92.

17) Vgl. Helmut Habermayer: Network-Centric Warfare - Der Ansatz eines Kleinstaates, in: ÖMZ 3/2004, S. 270f.

18) Vgl. Borchert, Rummel, a.a.O., S. 265.

19) Gerhard Schulz, Hans Reimer: Transformation der Bundeswehr - Der Weg in die Zukunft, in: Europäische Sicherheit 5/2004, S. 31.

20) Ralph Thiele: Innovation an der Spitze des Fortschritts. Die deutsche Beteiligung an US Multinational Joint Transformation, in: Europäische Sicherheit 11/2003, S. 25.

21) Ebenda, S. 27.

22) Burkhard Theile: Transformation: Veränderte Streitkräfte und neue Rüstungstechnik, in: Heiko Borchert (Hrsg.), Vernetzte Sicherheit. Leitidee der Sicherheit im 21. Jahrhundert, S. 25.

23) Michael Traut, Klaus Engel: Vernetzte Operationsführung - mit besonderer Bedeutung für Luftstreitkräfte, in: Europäische Sicherheit 3/2004, S. 51.

24) Theile, a.a.O., S. 26.

25) Vgl. Neujahr, a.a.O., S. 39.

26) Vgl. Andreas Heinemann-Grüder, Tobias Pietz: Zivil-militärische Intervention - Militärs als Entwicklungshelfer, in: Christoph Weller, Ulrich Ratsch, Rheinhard Mutz, Bruno Schoch, Corinna Hauswedell (Hrsg.): Friedensgutachten 2004, Münster 2004, S. 202.

27) Ebenda, S. 207.

28) Vgl. Michael Brzoska: Human Security - mehr als ein Schlagwort?, in: Friedensgutachten 2004, a.a.O., S. 156ff.

29) Vgl. Ulrike von Pilar: Konfliktprävention - (k)eine Aufgabe für humanitäre Organisationen?, in: Blanke (Hrsg.), a.a.O., S. 204.

30) Thomas Gebauer: Zwischen Befriedung und Eskalation. Zur Rolle der Hilfsorganisationen in Bürgerkriegsökonomien, in: Werner Ruf (Hrsg.): Politische Ökonomie der Gewalt. Staatszerfall und die Privatisierung von Gewalt und Krieg, S. 281.

31) Bernd Ludermann: Privater Arm der Geberstaaten? Widersprüchliche Funktionen von NGOs in der Not- und Entwicklungshilfe, in: Tanja Brühl, Thomas Debiel, Brigitte Hamm, Hartwig Hummel, Jens Martens (Hrsg.), Die Privatisierung der Weltpolitik. Entstaatlichung und Kommerzialisierung im Globalisierungsprozess, S. 176.

32) Heinemann-Grüder, Pietz: Friedensgutachten 2004, a.a.O., S. 202b.

33) Stephan Klingebiel, Katja Roeder: Das entwicklungspolitisch-militärische Verhältnis: Der Beginn einer neuen Allianz? in: Deutsches Institut für Entwicklungspolitik (DIE), Analysen und Studien 2004, Heft 1, S. 2.
34) Vgl. Pilar, Konfliktprävention, in: Blanke (Hrsg.), a.a.O., S. 210f.
35) Heinemann-Grüder, Pietz, a.a.O., S. 203.

„Wer wagt, gewinnt" - Kritische Anmerkungen zum Einsatz westlicher Militärspezialkräfte im Zeichen multipler Konfliktszenarien (ÖMZ 2006)
Stephan Maninger

Der zentrale Stellenwert von militärischen Spezialkräften ist eng mit den veränderten Rahmenbedingungen des „Krieges gegen den Terror" verknüpft. Ihre Schlüsselrolle beim Sieg der Koalitionsstreitkräfte über das *Taliban*-Regime während des Unternehmens *Enduring Freedom* im Jahr 2001 gilt unter Sicherheitsexperten als unbestritten. Auch US-Verteidigungsminister Donald Rumsfeld stellte den Anteil der US-Spezialkräfte am Sieg über die *Taliban* stark heraus.[1] Ihnen gelang in wenigen Wochen unter minimalen Verlusten ein militärischer Erfolg, der einer Supermacht wie der ehemaligen Sowjetunion trotz eines jahrelangen Engagements bei hohen Eigenverlusten verwehrt geblieben war.

Der vorliegende Artikel befasst sich mit der Transformation militärischer Spezialkräfte - insbesondere der US-Spezialkräfte als globale Hauptakteure - im militärhistorischen und aktuellen sicherheitspolitischen Kontext. Der Autor lässt sich von der zentralen These leiten, dass Spezialkräfte als proaktive Offensivwaffe verstanden werden müssen, um nachhaltige Erfolge im Kampf gegen Terroristen zu erzielen.

Rückblick Zweiter Weltkrieg

Der Einsatz von Spezialkräften wird gemeinhin mit besonderen Aufgaben und Fähigkeiten verbunden, die „gewöhnliche" Streitkräfte nicht leisten können. Spektakuläre Kommandounternehmen des Zweiten Weltkriegs, darunter der deutsche Handstreich gegen Fort Eben Emael 1940 oder der britische Kommandoangriff auf St. Nazaire 1942, waren Aktionen, die Spezialsoldaten einen hohen Bekanntheitsgrad verschafften. Doch die eigentlichen Unternehmen, die auch aus heutiger Sicht in der Transformation der Spezialkräfte eine zentrale Rolle spielen, fanden auf den „nicht-konventionellen" Kriegsschauplätzen des Zweiten Weltkrieges statt. So gelang es 1943 einem britischen Kommandotrupp, den Befehlshaber der deutschen Garnison auf Kreta, General Kreipe, zu entführen und auf abenteuerliche Weise nach Nordafrika in die Kriegsgefangenschaft zu verbringen.[2] Auf dem Balkan und im Kaukasus lassen sich weitere historische Beispiele für den erfolgreichen proaktiven Einsatz von Spezialsoldaten finden. Das Unternehmen Schamyl im Kaukasus 1942/43,[3] dessen Auftrag „Bildung von Aufstandsherden im mittleren Nordkaukasus zum Schutz der Ölindustrieanlagen" lautete, oder die Rolle von Einzelkämpfern wie Fred Brandt[4] in Albanien 1944 ähneln den heutigen und zukünftigen Kernaufgaben von Spezialkräften.[5] Hier handelt es sich weniger um klassische militärische Fertigkeiten, sondern um besondere Eigenschaften wie geistige Beweglichkeit, Besonnenheit und interkulturelle Kompetenz. Schon damals ging es darum, nichtstaatliche Akteure wie Ethnonationalisten, Stammes- oder Clanstrukturen für die eigene Sache zu gewinnen oder zumindest den Einfluss und den Wirkungsbereich des Gegners einzuschränken. Dazu schreibt der Militärhistoriker Franz Kurowski:[6] „Diese gewann Fred Brandt weniger durch Ausbildung und Schulung, sondern v.a. durch seine Erfahrung im Umgang mit fremden Volksgruppen und Religionen sowie einem untrüglichen Gespür für die richtige Vorgehensweise...". Gerade in der aktuellen sicherheitspolitischen Situation sind entsprechende Eigenschaften mehr denn je gefordert. Darüber verfügt allerdings unter Berücksichtigung ebenso wichtiger körperlicher und mentaler Anforderungen nur ein geringer Prozentsatz der Männer einer Durchschnittspopulation.

Weniger der Handstreich oder der Anschlag gegen Ziele wie Brücken, Bunker, Häfen etc. ist heutzutage entscheidend. Vielmehr geht es um Aufklärung und Hightech-Markierung von Zielen, das Gewinnen von Verbündeten, die Verfolgung von Terroristen in schwer zugänglichem Terrain oder in den unübersichtlichen Wellblechhütten-Meeren der Dritten Welt. Dabei sind die wichtigsten operativen Gebiete für Spezialeinheiten die wachsende Anzahl so genannter „gescheiterter Staaten".[7] In solchen Szenarien von *Insurgency* und *Counterinsurgency* bieten oftmals die charismatischen und interkulturellen Kompetenzen eines Lawrence von Arabien[8] oder eines Fred Brandt den Schlüssel zum Erfolg. Spezialkräfte müssen sich auf Grund dieser Anforderungen innerhalb der einheimischen Kulturen des Einsatzgebietes bewegen können. Dies erfordert eine Vielzahl von zusätzlichen Kompetenzen, die über Wagemut und Kampfgeist weit hinausgehen.

Vietnam

Insbesondere in Vietnam zeigte sich, dass Spezialkräfte weitaus besser für die Aufgabenvielfalt eines asymmetrischen Konflikts geeignet waren als „herkömmliche" Streitkräfte. Die *Green Berets* waren durchaus erfolgreich, dem Vietkong im Kampf um die „Herzen" der Bevölkerung in abgelegenen Gebieten die Stirn zu bieten. Eher war es die Einführung „konventioneller" Truppen, die in dieser Hinsicht die Arbeit der *Green Berets* konterkarierte. Noch effektiver waren die Teams der *Special Operations Group* (SOG). Diese operierten tief im Feindesland und organisierten den Widerstand von ethnischen Minderheiten oder observierten den Ho Chi Minh-Pfad. Auf Grund politischer Überlegungen und der „Lecks" im südvietnamesischen Geheimdienst waren sie allerdings massiv in ihrer Handlungsfähigkeit eingeschränkt, und nicht wenige dieser Teams gingen „verloren".[9] Wie wichtig ihre Rolle allerdings war und noch hätte sein können, sollte sich erst Jahrzehnte später in einem Gespräch zwischen einem Menschenrechtsaktivsten und dem nordvietnamesischen Veteranen Oberst Bui Tin zeigen. Dieser wies darauf hin, dass eine Unterbrechung des Pfades als Hauptversorgungsader des Nordens in den Süden die Aufrechterhaltung des militärischen Drucks der Nordvietnamesen auf das US-unterstützte Südvietnam ernsthaft gefährdet hätte.[10] Doch diese Lektion war zur Zeit des Vietnamkrieges untergegangen bzw. passte nicht in die politische Gesamtstrategie der USA.

Die 1970er- und 1980er-Jahre

Die 70er-Jahre sahen die spektakulären Befreiungsunternehmen von Son Tay (1970) und Entebbe (1976). Erstgenanntes Unternehmen *Kingpin* beabsichtigte die gewaltsame Befreiung von US-Kriegsgefangenen aus einem Gefangenenlager nahe Hanoi. Letztgenanntes Unternehmen *Thunderball* führte zur Befreiung israelischer Geiseln, die auf dem Flughafen Entebbe festgehalten wurden.[11] Diese „aggressiven" Kommandounternehmen fanden ihr vorläufiges Ende im Desaster von Operation *Eagle Claw*, dem gescheiterten Befreiungsversuch zur Rettung der US-Geiseln in Teheran 1980 durch die erst zwei Jahre zuvor gegründete *Delta Force*.[12] In der Folgezeit etablierte sich in den USA eine Politik der Vorsicht und der Zurückhaltung.[13] Verluste und mediale Bloßstellung sollten unter allen Umständen vermieden werden.[14]

Bis zum Afghanistaneinsatz im Jahr 2001 fanden Spezialkräfte der USA daher eine suboptimale Verwendung im Bereich der präventiven Terrorismusbekämpfung, während die Briten den konventionellen Kommandoeinsatz ihrer Spezialkräfte im Falklandkrieg beendeten und sie größtenteils schon im *Counterinsurgency*-Bereich einsetzten - v.a. im Kampf gegen die IRA.[15] Verlust- und Risikoaversion wurde v.a. ein Merkmal amerikanischer Machtprojektion, und so blieb auch während der Operation *Desert Storm* im Irak das Aufgabenspektrum der US-Spezialkräfte auf Aufklärungs- und Sabotageunternehmen beschränkt.

Die 1990er-Jahre
Als nach dem Ende des Kalten Krieges die Wahrscheinlichkeit klassisch-konventioneller Kriegführung stärker in den Hintergrund rückte, veränderte sich der Aufgabenkatalog der US-Spezialstreitkräfte. „Gescheiterte Staaten" und der Kampf gegen nicht-staatliche Akteure wie Terroristen, privat organisierte Kriegsherren, Stammesfürsten und Drogenbarone gewann an Bedeutung; militärische Spezialkräfte sahen sich zusätzlich mit ungewohnten Szenarien wie humanitären Missionen konfrontiert. Dazu zählte insbesondere der Mogadischu-Einsatz der US-*Rangers* und *Delta Force* im Jahr 1993. Bei dem missglückten Zugriff auf den somalischen Kriegsherrn Farrah Aideed und den anschließenden Kämpfen kamen insgesamt 18 Mitglieder der eingesetzten Kräfte zu Tode.[16] Dies reichte aus, die Clinton-Regierung zum Abzug der US-Truppen zu bewegen. Die damit demonstrierte Verlust- und Risikoaversion hatte eine nicht zu unterschätzende Signalwirkung - gerade im Hinblick auf spätere Aggressionen in Zentralafrika wie in Ruanda oder im Kongo.

Bei größeren Unternehmen gegen nicht-konventionelle Ziele wie Terrorbasen verließ man sich in den Folgejahren immer stärker auf Distanzoptionen wie Präzisionsluftschläge. So ließ die Clinton-Regierung im Jahr 1998 Ziele im Sudan als Reaktion auf die verheerenden Anschläge gegen US-Botschaften in Afrika bombardieren. Dieser Ansatz hat oft die Wirkung, dass Luftschläge zwar an Konflikte binden, sie aber nicht zur Entscheidung bringen.

Eine künftige Bewertung dieser Optionen wird vermutlich zeigen, dass sie zusätzlich insofern kontraproduktiv waren, als sie die Psyche des Gegners falsch einschätzten. Es ist nämlich das „Besiegt-Sein", das zu einem nachhaltigen Einstellungswandel führt, nicht das „Bombardiert-Werden".[17] Doch für Politiker und Regierungen, die sich vor ihren Wählern verantworten mussten, war es die attraktivste aller denkbar schlechten Optionen. Zu diesem Zeitpunkt fanden Spezialkräfte auch im Balkan Verwendung und sicherten das Dayton-Abkommen mit kleineren Einsätzen als Beobachter und durch Zugriffe auf gesuchte Personen.[18]

Schon zu diesem Zeitpunkt zeichnete sich zumindest in den USA und Großbritannien ein Paradigmenwechsel in der Sicherheitspolitik ab. Die Sicherheitslage Israels im Nahen Osten ließ erkennen, dass die Terrorismusbekämpfung zukünftig neue Dimensionen annehmen würde. Nachrichtendienstliche Erkenntnisse deuteten auf ein wachsendes Bedrohungspotenzial hin, während Anschläge auf US-Botschaften und Stützpunkte zeigten, dass die USA immer mehr in das Fadenkreuz islamistischer *Dschihadisten* rückten. Die Vielzahl der Herausforderungen führte dazu, dass US-Spezialkräfte schon allein für das Jahr 1996 2.325 Kommandounternehmen in 167 Ländern verbuchten, wobei 20.642 Soldaten zum Einsatz kamen, im Durchschnitt neun Mann pro Unternehmen.[19]

Die Situation heute
Aktuelle Einsatzszenarien

Im Jahr 2003 waren Spezialkräfte der USA in 65 Ländern stationiert, um ein weites Einsatzspektrum zu erfüllen. Dabei handelte es sich überwiegend um Aufgaben, die Militärkapazitäten von einheimischen Verbündeten ausbauen sollten, und weniger um die schon erwähnten klassischen Aufträge von Spezialkräften. US-Spezialsoldaten unterstützen beispielsweise die nepalesische Regierung gegen maoistische Rebellen, die Philippinen gegen islamistische und Kolumbien gegen die kartellartigen Strukturen so genannter Narkoterroristen. Dies leisten die Spezialkräfte unter strenger parlamentarischer Kontrolle und so genannter „force caps", die genau bestimmen, wie viele Truppen maximal in einem bestimmten Land eingesetzt werden dürfen. Die damit verbundene Hoffnung, Eskalationsspiralen zu vermeiden, stößt bei den Spezialsoldaten oft auf Kritik, da sich diese in ihrem Einsatzradius eingeengt sehen.

Gegenwärtig sind die Spezialkräfte der meisten westlichen Verbündeten in den beiden Hauptkrisenherden Irak und Afghanistan gebunden und haben ernsthafte Schwierigkeiten, ausreichende Kräfte zur Bewältigung ihrer Fülle von Aufgaben zu mobilisieren. Um den Herausforderungen im traditionalistischen Afghanistan gerecht zu werden, lassen sich US-Spezialtruppen und Angehörige des britischen *Special Air Service* (SAS) landesübliche Bärte wachsen und tragen einheimische Kluft.[20] Sie sind während der Kämpfe 2001/02 auf Pferden in den Kampf geritten und zeigten, dass sie Hochtechnologie mit den aufgabenspezifischen Notwendigkeiten verbinden können. Sie fungieren anderswo als Entwicklungshelfer, als „Bürgermeister" und gleichzeitig als Kämpfer - unterschiedliche Rollen jeweils entsprechend den aktuellen Umständen und Erfordernissen. Sie improvisieren und überwinden Hürden durch Eigeninitiative und mit Einfallsreichtum. Es ist diese Flexibilität und geistige Beweglichkeit, die als elementare Voraussetzung gilt, um Terroristen den Zugang zur Bevölkerung zu verwehren oder zumindest über deren Bewegungen informiert zu werden. Dazu bedarf es allerdings ebenso eines beweglichen Ausbildungsplans. Dies wird allein schon dadurch deutlich, dass Spezialsoldaten heute mehr denn je über Bildung und Wissen in den verschiedensten Disziplinen verfügen. Offiziere in westlichen Streitkräften sind deshalb gezwungen, mehr Zeit im Klassenzimmer zu verbringen als jede andere Profession.[21] Ein umfassendes Wissen zur Geografie, Politik, Geschichte und Kultur der Menschen im Einsatzgebiet gilt als entscheidende Voraussetzung für militärischen Erfolg.

Spezialkräfte in der Krise

In Zeiten des demografischen Wandels und des gesellschaftlichen Wertewandels sind westliche Spezialkräfte mit einer Reihe von tief greifenden Problemen konfrontiert. Dazu zählen in erster Linie:

- Rekrutenmangel,
- Mitgliederschwund und
- suboptimale Einsatzrahmenbedingungen.

Rekrutenmangel ist eine Folge des in qualitativer wie quantitativer Hinsicht schrumpfenden Humanvermögens westlicher Gesellschaften. V.a. den hohen körperlichen Anforderungen der Spezialkräfte bzw. jener Einheiten, aus denen Spezialkräftebewerber stammen, sind immer weniger junge Männer in Überflussgesellschaften gewachsen. Die Bundeswehr lehnt mittlerweile 40% eines Jahrganges ab, da die körperlichen Voraussetzungen für den Wehrdienst nicht gegeben sind. Während 1999 noch 7,5% der Gymnasiasten als voll wehrtauglich galten, waren es fünf Jahre später lediglich 4,6%.[22]

Die Rekrutierungsengpässe zwingen auch die Briten, unter ihren Commonwealth-Mitgliedern zu werben, während die USA seit einiger Zeit erwägen, eine „Freiheitslegion" zu bilden. Angesichts der wachsenden Bedeutung von Spezialkräften wird der Nachwuchsmangel in absehbarer Zeit ein ernsthaftes Problem in der Machtprojektion bzw. Terroristenbekämpfung darstellen.

Verschärft wird diese Situation durch den Mitgliederschwund unter den bestehenden Kräften. Hochrangige Offiziere unterschiedlicher westlicher Streitkräfte äußern sich besorgt, dass immer öfter ihre besten Experten zu privaten Sicherheitsfirmen abwandern.[23] Diese bieten nicht nur mehr Geld, sondern auch mehr Flexibilität in den operativen Handlungsspielräumen und der Auftragstaktik.

In der Terrorismusbekämpfung drohen Terroristen nämlich dann die Oberhand zu gewinnen, wenn gegen sie operierende Sicherheitskräfte daran gehindert werden, proaktiv und somit offensiv zu handeln. Diese grundsätzliche Erkenntnis wird unter Sicherheitsexperten weitgehend akzeptiert. Nur die wahrgenommene Realität der politischen Entscheidungsträger scheint eine andere zu sein."[24] Dabei zeichnen sich für Einsätze von Spezialkräften folgende Probleme ab:

(1) Welches Instrument gegen welchen Gegner?

Da man sich in den westlichen Staaten nicht einig ist, ob der Kampf gegen den Terror überhaupt als „Krieg" aufgefasst werden kann, bleibt unklar, ob das Militär überhaupt ein geeignetes Instrument darstellt. Obgleich de facto nur militärische Spezialkräfte in der Lage sind, in „gescheiterten Staaten" zu operieren, sind Fragen des Rechtsstatus von Terrorverdächtigen nach wie vor ungeklärt. Denn sind sie als „gewöhnliche Kriminelle" zu betrachten, stehen ihnen Rechte zu, die durch den Zugriff von Spezialkräften leicht verletzt und nicht mit den Realitäten des Gefechtsfeldes in Einklang gebracht werden können. Darüber hinaus besteht ein signifikanter Unterschied zwischen den Anforderungen eines Zugriffs innerhalb der Grenzen eines intakten Staates und einem Zugriff in Ländern, in denen Terroristen über Waffen- und Munitionsbestände, befestigte Basen und Unterstützung aus der einheimischen Bevölkerung verfügen.[25]

(2) „Legalismus" und die *Rules of Engagement*-Falle

Moderne Spezialkräfte operieren unter einem Einschränkungskatalog, der militärhistorisch einmalig und für den Verlauf von Antiterroreinsätzen womöglich entscheidend ist. Das in westlichen Staaten sehr stark ausgeprägte Vertrauen in rechtliche Regelsysteme wie auch das ebenso starke Misstrauen gegenüber Sicherheitskräften begünstigen einen lähmenden „Legalismus" unter nationalen Sicherheitsberatern und Politikern. In der Praxis führt dies zu einer Erosion der Auftragstaktik. Des Weiteren reagiert der Gegner schon jetzt auf diese Realität, indem beispielsweise *Al Qaida*-Kämpfer angewiesen werden, bei einer Verhaftung generell die Behauptung aufzustellen, sie seien gefoltert worden. Den Rest besorgen dann Menschrechtsorganisationen und die Berichterstattung der Medien.

Zudem beruht der „Legalismus" westlicher Entscheidungsträger auf der Annahme, westliche Werte seien universal und ein weltweiter Regelkatalog durchsetzbar. Asymmetrisch handelnde Gegner gewinnen dadurch operative Bewegungsspielräume, und die restriktiven Gefechtsregeln werden zu einer „Falle" für die Spezialkräfte, da ihnen Entscheidungsspielräume für ein initiatives Vorgehen versperrt werden. Selbst der 11. September 2001 hat anscheinend nur wenig zu einer Verbesserung der Wahrnehmung unter den politischen Entscheidungsträgern beigetragen. Schon in der „heißen Phase" des Konfliktes entzog sich *Taliban*-Führer Mullah Omar dem Zugriff eines „A-Teams", hauptsächlich infolge von Verzögerungen wegen ungeklärter völkerrechtlicher Bedenken.[26] Zu Beginn der zweiten Phase des Afghanistankonfliktes brauchten Spezialkräfte in abgelegenen Gebieten für Einsätze gegen Verdächtige grundsätzlich die Genehmigung des Hauptquartiers in Bagram. Bis dies nach Überprüfung aller gesetzlichen und politischen Gegebenheiten geschehen war, hatte sich die Lage verändert oder waren die Gegner oftmals schon entkommen. Eine weitere Auswirkung ist, dass völkerrechtlich oder politisch heikle Aufträge zunehmend an private Sicherheitsfirmen abgegeben werden. Dieser fragwürdige Ansatz ist die logische Konsequenz einer überzogenen „Zivilisierung" westlicher Streitkräfte, die in einem Bericht des britischen *Center for Policy Studies*[27] kritisch beschrieben wird. Darin heißt es zugespitzt, aber durchaus treffend: *„Apart from the French Foreign Legion, marine infantry, and airborne, plus the Dutch Marines, European armies are armed youth movements."*[28]

(3) Die wachsende Rolle militärischer „Bedenkensträger"

Diese Besorgnis erregende Entwicklung resultiert aus einer Kombination vieler schon erwähnter Faktoren, die dazu führen, dass gewagte Unternehmen selbst in Militärkreisen kaum noch in Betracht gezogen werden. Dies zumindest ist die Schlussfolgerung von Richard Shultz,[29] der eine Reihe von operativen Bremsfaktoren benennt, darunter auch die mangelnde Bereitschaft unter führenden Planern des Pentagon, ernsthaft Kommandounternehmen in Erwägung zu ziehen, bei denen Risiken in Kauf genommen werden müssten. Als sogar die Clinton-Regierung Kommandounternehmen gegen Terroristenlager in Afghanistan 1998 in Betracht zog, sträubte sich das Pentagon und ließ diese im Sand verlaufen. Einerseits hemmte der schon erwähnte Hang zum „Legalismus" bei westlichen Entscheidungsträgern, andererseits aber stieg der Druck, „perfekte Unternehmen" zu planen, bei denen Verluste und Scheitern gänzlich ausgeschlossen sein sollten. General Hugh Shelton, ehemaliger Befehlshaber der US-Spezialkräfte, bemerkte dazu kritisch: *„It got to a point where the uniforms had become suits, they were more the bureaucrats than the civilians."*[30] Selbst der Leiter der *National Security Council's Counterterrorism and Security Group*, Richard Clarke, stieß auf Widerstand unter den Militärplanern, als er schon frühzeitig dafür plädierte, die Initiative zu ergreifen und proaktiv zu handeln. Diese erklärten solche Vorhaben als „Hollywoodkram" und gaben ihre Bedenken sofort weiter, indem sie darauf verwiesen, dass mit Verlusten zu rechnen sei.[31] Das Resultat war, dass bis zu den Anschlägen in New York und Washington im September 2001 keine ernsthaften Präventivschläge durchgeplant wurden. Die „Zivilisierung" der Streitkräfte zeigte Wirkung, und keine westliche Nation ist von dieser Entwicklung verschont geblieben.

In der Praxis ergeben sich häufig zusätzliche Probleme dadurch, dass die taktischen Ziele der Spezialkräfte oftmals mit den strategischen Zielen der politischen Entscheidungsträger kollidieren. US-Spezialkräfte in Afghanistan kooperieren beispielsweise intensiv mit den *Afghan Militia Forces* (AMF), überwiegend Lokalkriegsfürsten und Stammeskämpfern, die erfolgreich zu Sicherungsaufgaben herangezogen werden. Die Karsai-Regierung aber möchte gerade diese Kräfte schwächen, um die Zentralgewalt in Kabul zu stärken.[32]

Ein weiteres schwer wiegendes Sicherheitsproblem ist die wachsende Gefahr für Spezialkräfte und deren Familien in den jeweiligen Heimatstandorten. Durch die Migrationsmuster der vergangenen Jahrzehnte sind die rückwärtigen Gebiete der westlichen Entsendestaaten in Reichweite des Gegners bzw. potenzieller Gegner gerückt. Lebenspartner und Kinder von Mitgliedern der Spezialkräfte können nicht nur zum Opfer von Anschlägen werden, sondern auch schon beim Schulbesuch Probleme mit Mitschülern erfahren, die kulturell und ideologisch im Einsatzgebiet verwurzelt sind. Eine Studie des Nixon-Center zu den in Europa ansässigen *Mudschaheddin* ergab, dass mittlerweile jeder vierte Dschihadist EU-Staatsbürger ist.[33] Schon jetzt sind die meisten Spezialeinheiten gezwungen, besondere Sicherheitsmaßnahmen zu ergreifen, um beispielsweise Truppenbewegungen zu verschleiern, da signifikante Minderheiten in der Nähe der Kasernen wohnhaft sind.

Ausblick

Obgleich die USA für ihr strategisches Globalprojekt „Demokratisierung" häufig in der Kritik stehen und die kulturelle Empfänglichkeit der Zielländer für diesen Ansatz auch tatsächlich mehr als fraglich scheint, besitzen die Amerikaner zumindest eine Strategie. Die EU dagegen hat kein kohärentes strategisches Anti-Terror-Konzept, nicht zuletzt deswegen, weil ihre Mitgliedstaaten in Krisenzeiten offenbar über eine zu geringe Konsensfähigkeit verfügen. Infolgedessen beschränken sich die Europäer gezwungenermaßen auf taktische Improvisation. Somit scheint es eher unwahrscheinlich, dass ihre Erweiterung Richtung Osten an diesem Sachverhalt etwas positiv verändern könnte. Es wird voraussichtlich ein struktureller Nachteil in der EU-Sicherheitspolitik bleiben, dass Machtprojektion weder mit der nötigen Geschwindigkeit noch mit der notwendigen Entschlossenheit und Nachhaltigkeit verfolgt wird. Mangelnder Selbstbehauptungswille, bedingtes Verständnis für die „Logik von Gewalt" und die Realitätsverweigerung gesellschaftlicher Multiplikatoren behindern Erfolg versprechende Einsätze der Streitkräfte im Allgemeinen und von Spezialkräften im Besonderen.

Doch auch die USA zeigen Hemmungen in entscheidenden Punkten. Der politische Druck, risikoarme Einsätze durchzuführen, behindert die Entfaltungsmöglichkeiten der Spezialkräfte erheblich, während sie gleichzeitig stark überdehnt sind. Dennoch gelang es ihnen, mit dem *Close Air Support* (CAS) im Kosovo, in Afghanistan und im Irak hervorragende Leistungen zu erbringen und durchschlagende Resultate durch die von ihnen gelenkten Luftschläge und Schadens-observation zu erzielen.

Auch kanadische Spezialkräfte erwiesen sich v.a. durch ihre Scharfschützenfunktion als hervorragend geeignet für *Counterinsurgency*-Unternehmen. Sie zeichneten sich während der Kämpfe im Rahmen der Operation *Anaconda* besonders dadurch aus, dass sie zusammen mit US-Scharfschützen auf 1.500 m Distanz den Widerstand in *Al Qaida*-Stellungen brachen.[34] Diese Fähigkeiten beeindruckten auch die jeweiligen einheimischen Verbündeten aus den „Kriegerkulturen" des Hindukusch und wirkten vertrauensbildend, was wiederum für die weitere Zusammenarbeit oft entscheidend war.[35]

Doch ist Skepsis angebracht, ob die „Gezeiten" der politischen Vernunft im Hinblick auf den Einsatz von Spezialkräften irgendwann bessere Rahmenbedingungen ermöglichen können. Ein Erfolg versprechender Einsatz hängt zukünftig v.a. von der Umsetzung folgender Erfolgsfaktoren ab:

(1) Die Bedingungen zur operativen Integration der Spezialkräfte in konventionelle Einheiten sind konsequent zu verbessern.

Auf Grund der erwähnten Aufgabenvielfalt wurde es seit den Balkanszenarien immer öfter aus taktischen Gründen notwendig, Spezialkräfte in konventionellen Einheiten vorübergehend zu integrieren. Dies misslang oder blieb suboptimal, da zwei unterschiedliche Militärkulturen, eine zentralistische und eine zutiefst dezentrale, aufeinander trafen. Unterschiedliche Aufgaben und Rollenverständnisse zwischen „konventionellen" und „speziellen" Soldaten führten v.a. auf Befehlshaberebene zu Spannungen, Misstrauen, Reibungsverlusten, Verständnis- und Disziplinproblemen.[36] Dies kann sich künftig nur ändern, wenn sich Streitkräfte institutionell auf die neue Sicherheitslage und notwendige Streitkräftekonstellation einstellen.

(2) Es sind Anwerbeanreize zu schaffen, die den Rekrutierungsengpässen konsequent entgegenwirken.

Hier wäre neben materiellen Anreizen eine gezielte Aufwertung des gesellschaftlichen Status von Soldaten der Streitkräfte im Allgemeinen und der Spezialkräfte im Besonderen ein wegweisender Schritt.

(3) Die Ausbildung der Truppe muss auf die Herausforderungen der Gegenwart und der Zukunft zugeschnitten werden, d.h. ideologische Denkverbote in der Szenarienentwicklung sind zu vermeiden.

(4) Stützpunkte und Familien der Spezialkräfte sind in der Sicherheitsplanung noch stärker zu berücksichtigen als bisher.

(5) Im Einsatz ist eine maximale Auftragstaktik zu gewährleisten.

(6) Spezialkräfte sind als Offensivwaffe zu begreifen und einzusetzen.

Sie sind nicht in der Lage, bei einem reaktiven oder auf Abwehr beschränkten Sicherheitskonzept die Rolle zu spielen, die zu einem „Mehr" an Sicherheit für die von Terrorismus bedrohten Gesellschaften führen könnte. Erst wenn ihre Offensivtätigkeiten ausgebaut werden und Terroristen über keinerlei sichere Rückzugsgebiete verfügen, wird zumindest ein Bedrohungsfaktor des modernen, religiösapokalyptischen Terrorismus eingedämmt werden.

Anmerkungen:

1) Transforming the Military, Foreign Affairs, May-June 2002, S. 20-32.

2) Vgl. Antony Beevor: Crete - The Battle and the Resistance, Penguin Books, London 1992, S. 307-311.

3) Ein militärisches Unternehmen der „Brandenburger" (deutsche Kommandotruppe) zur Destabilisierung des sowjetischen Hinterlandes durch Unterstützung ethnischer Minderheiten bzw. Widerstandsbewegungen.

4) „Brandenburger", der vor allem in Albanien während des Zweiten Weltkrieges Unternehmen leitete.

5) Diese Unternehmen finden selten Erwähnung, weil sie nicht spektakulär waren und keine unmittelbare Wirkung zeigten.

6) Vgl. Franz Kurowski: Deutsche Kommandotrupps 1939-1945 - Brandenburger und Abwehr im weltweiten Einsatz (Band II), Motorbuch Verlag, Stuttgart 2003, S. 151, 228.

7) Deren Anzahl wächst auf Grund mehrerer konvergierender Faktoren, darunter insbesondere Bevölkerungswachstum, schwindender Einfluss des Westens und damit verbundene Reethnisierung zahlreicher Vielvölkerstaaten.

8) Englischer Kommandosoldat, dem es während des Ersten Weltkrieges gelang, die arabischen Stämme gegen die Türken zu vereinen und zu führen.

9) Bis auf wenige Geheimunternehmen hielten sich die USA an das 1962 unterzeichnete Genfer Abkommen, demzufolge die Neutralität von Laos zu respektieren war. Hingegen verletzte Nordvietnam dieses Abkommen systematisch und benutzte den Pfad als „Rollbahn", um seine militärischen Ziele zu erreichen und den Vietkong logistisch zu unterstützen.

10) Vgl. Richard Schultz: The Secret War Against Hanoi - Kennedy's and Johnson's Use of Spies, Saboteurs, and Covert Warriors in North Vietnam, Harper Collins, New York 1999, S. 205-206.

11) Vgl. Kaj-Gunnar Sievert: Kommandounternehmen - Spezialeinheiten im weltweiten Einsatz, Mittler&Sohn, Hamburg 2004, S. 60-70; 118-124.

12) Ebd., S. 154.

13) Die Briten führten in den Falklands gegen die Argentinier und bei der Terrorismusbekämpfung gegen die IRA noch eine Reihe erfolgreicher Unternehmen durch.

14) Die Iran-Kontra-Affäre um Colonel Oliver North war der Tiefpunkt der Geheimoperationen des Jahrzehnts bis zum Zusammenbruch des Ostblocks, während der Höhepunkt wohl die Unterstützung des Widerstandes in Afghanistan gegen die Sowjets darstellte.

15) Dabei war der Kommandoeinsatz gegen die IRA in Gibraltar 1988 ein besonders gelungenes Unternehmen.

16) Die Verluste der Gegenseite werden auf ca. 1.300 geschätzt.

17) Weder die britische noch die deutsche Bevölkerung von Zielstädten der jeweils gegnerischen Luftstreitkräfte während des Zweiten Weltkrieges wurden durch Luftschläge in ihrem Durchhaltewillen ernsthaft erschüttert.

18) Dabei handelte es sich konkret um einen „Search and Rescue"-Auftrag nach dem Verlust eines US-Piloten und mehrerer Hubschrauber und Luftschläge gegen Stellungen der jeweiligen Parteien, die ihre vertraglichen Verpflichtungen zum Räumen nicht nachkamen. Später kam es zu Unternehmen, die auf die Verhaftung von gesuchten Kriegsverbrechern abzielten.

19) Vgl. Robert Kaplan: The Coming Anarchy, Random House, New York 2000, S. 106.

20) Das US-Militär unternahm den Versuch, diese Praxis zu unterbinden. Die Spezialkräfte konnten sich durchsetzen, indem es ihnen gelang, die Entscheidungsträger davon zu überzeugen, dass sie nur mit Bärten den kulturellen Zugang zu der Bevölkerung behalten können. Dieser Vorfall zeigt exemplarisch die Fehlwahrnehmung von politischen Entscheidungsträgern, die nicht vertraut sind mit den Herausforderungen und Vorgehensweisen von Spezialkräften.

21) Offiziere verbringen nur 30% ihrer Zeit "im Felde". Dies hat auch Nachteile, insofern sie sehr oft zu Generalisten werden und über zu wenig Erfahrung im Einsatz verfügen. Dazu vgl. Eliot Cohen: A Tale of Two Secretaries, Foreign Affairs, May/June 2002, S. 44.

22) Focus Online, 6. Oktober 2005.

23) P. W. Singer: Outsourcing War, Foreign Affairs, March/April 2005, S. 129.

24) Jedes „Srebrenica" hat seine Ursachen in Faktoren, die zur „Force Degradation" führen. Militärhistorisch ist dies ein weit verbreitetes Phänomen, das besonders in „dekadenten" Gesellschaften vorkommt. „Dekadenz" im Sinne von Realitäts- oder Wirklichkeitsverweigerung ist auf sicherheitspolitischem Gebiet unweigerlich mit menschlichen Katastrophen bzw. militärischen Desastern verbunden.

25) Eine CIA-Analyse der Fatwa, die Osama bin Laden 1998 ausrief und der eine Serie von Anschlägen auf US-Botschaften folgte, ergab, dass dies als Kriegserklärung betrachtet worden wäre, wäre der Absender ein Staat gewesen. So wurde es als islamistische „Propaganda" abgetan, und erst nach den Anschlägen des 11. September 2001 wurde ernsthaft über militärische Optionen nachgedacht.

26) Max Boot: The Struggle to Transform the Military, Foreign Affairs, March/April 2005, S. 105.

27) Richard North: The Wrong Side of the Hill - The Secret Realignment of UK Defence Policy with the EU, Centre for Policy Studies, London, Oktober 2005, S. 1.

28) Die Kritik bezieht sich nicht auf die Spezialkräfte der jeweiligen Länder, sondern ausdrücklich auf die konventionellen Streitkräfte.

29) Showstoppers - Nine Reasons why we never sent our Special Operations Forces after al Qaeda before 9/11, The Weekly Standard, 26 January 2004, S. 25-33.

30) Vgl. ebd. S. 31.

31) Vgl. ebd.

32) Vgl. Robert Kaplan: Imperial Grunts - The American military on the Ground, Random House, New York 2005, S. 251.

33) Robert Leiken: Europe's Angry Muslims, Foreign Affairs, July/August 2005, S. 121.

34) Wobei ein Mitglied des Princess Patricia's Light Regiment, ein Unteroffizier aus Neufundland, auf 2.430 m einen bestätigten Abschuss erzielte und damit den vorherigen jahrzehntelangen Rekord von 2.215 m des US-Vietnam-Scharfschützen Carlos Hathcock übertraf. Dazu Martin Pegler: Out of Nowhere - A History of the Military Sniper, Osprey Publishing, Oxford 2004, S. 326.

35) Vgl. Armando Ramirez: From Bosnia to Baghdad: The Evolution of US Army Special Forces from 1995-2004, Naval Postgraduate School, Monterey, September 2004, S. 67.

36) Vgl. ebd., S. 70.

Wenn Kinder kämpfen
Militärsoziologische Aspekte des Einsatzes von Minderjährigen auf dem Schlachtfeld (ÖMZ 2007)
Stephan Maninger

In nichtstaatlichen Konflikten werden Kinder immer stärker zu Akteuren - nicht in der Rolle als Opfer, sondern als Täter. Schätzungen gehen von circa 300.000 minderjährigen Kämpfern aus, die weltweit in einer Vielzahl von Konflikten im Einsatz sind. 60% aller nichtstaatlichen Kriegsparteien rekrutieren zielstrebig Kinder, die in drei Viertel aller momentan wütenden Konflikte involviert sind.[1] Dadurch erhöht sich die Wahrscheinlichkeit, dass Interventionskräfte immer öfter mit Kindern als militärischen Gegenspielern konfrontiert werden. Insbesondere erleichtern moderne Handfeuerwaffen auf Grund ihrer Gewicht sparenden und kompakten Konstruktion bei gleichzeitig erhöhter Effizienz den Einsatz von Kindern als Kämpfer. Die Allgegenwärtigkeit sozialpädagogisierter Erklärungsmuster erlaubt nur wenig Spielraum für eine nüchterne Betrachtung jenseits der gängigen Deprivationstheorien. Wer den Krieg grundsätzlich als seltenen Ausnahmezustand sieht, dessen Ursachen ausschließlich in Ungerechtigkeit oder in manipulierenden dunklen Mächten liegen, dem bleibt eine Vielzahl von zusätzlichen Faktoren und Erklärungen verborgen. Dieser Beitrag beabsichtigt die Beleuchtung zusätzlicher Bestimmungsfaktoren, die das Phänomen „Kindersoldaten" ausmachen.

Militärhistorischer Rückblick

Die Annahme, dass Kinder vorzugsweise in den letzten Jahrzehnten und dann nur widerwillig zu Kämpfern wurden, entbehrt der militärhistorischen Grundlage. Kinder verfügen keineswegs über eine natürliche Unschuld oder besondere kindliche Hemmschwellen, wie es in westlichen Gesellschaften gerne gesehen wird. Im Gegenteil, Kinder fanden schon im klassischen Sparta, einer hochmilitarisierten Gesellschaft, früh zur Waffe. Das Sozialisationsziel war dabei der Kriegerstatus, und als Teil ihrer martialischen Erziehung schlichen spartanische Knaben nachts durch die Straßen und erdolchten ihnen gesellschaftlich untergeordnete Heloten als Mutprobe.[2]

Zeitgenössische Berichte schildern, wie die Ureinwohner Amerikas ihre Kinder ermutigten, sich an der ritualisierten Marter und dem damit oftmals verbundenen Kannibalismus an Gefangenen zu beteiligen.[3] Ebenso waren Jugendliche in den meisten Naturvölkern der Welt ab der Pubertät an Kriegszügen beteiligt oder spielten eine aktive Rolle in der Verteidigung ihrer Dörfer. Gerade in nichtstaatlichen Gesellschaften war bzw. ist die aktive Rolle von Frauen und Kindern im Existenzkampf deutlicher ausgeprägt. In solchen Gesellschaften bestand und besteht daher auch keine klare Trennung zwischen „Kombattanten" und „Nichtkombattanten", wie sie im Westen schon seit Jahrhunderten praktiziert wird. Dies zeigt sich durch die außergewöhnlich hohe militärische Partizipationsrate unter nichtstaatlichen Gesellschaften bzw. so genannten „Kriegerkulturen". Noch im 19. Jahrhundert berichten Soldaten der US-Kavallerie in ihren privaten Aufzeichnungen über die außerordentliche Kampfbereitschaft von Jugendlichen und Kindern bei Angriffen auf Indianerdörfer.[4] Hier mussten in Gefangenschaft geratene Gegner v.a. die Gewalt und den grausamen Einfallsreichtum von Kindern fürchten.[5]

Im 19. und 20. Jahrhundert fanden infolge der Verstaatlichung der Erziehung in westlichen Ländern auch verstärkt Jugendliche den Weg auf das konventionelle Schlachtfeld, und das nicht nur in totalitären Systemen. So entstanden Jugendbewegungen wie die auf einen Vorschlag des ehemaligen Offiziers Robert Baden-Powell zurückgehenden „Boy Scouts", später staatlich-totalitär organisierte Bewegungen wie die „Hitlerjugend" oder „Stalinschüler". Die beiden Letztgenannten erfüllten zunächst ein politisch-militärisches Erziehungsziel, stellten aber im Verlauf des Zweiten Weltkrieges auch kampfkräftige Einheiten. Ihre Mitglieder waren - im Gegensatz zur Mehrheit der Kindersoldaten des postideologischen Zeitalters - sehr stark in militärische Disziplin und Tugenden eingebunden. Somit wurde ein Teil ihrer jugendlichen Unreife und Energie durch feste Strukturen und Verhaltensvorgaben kanalisiert.

Im Kampf erwiesen sich die Jugendverbände der jeweiligen Diktaturen als motivierte, unerbittliche, zähe und lernfähige Gegner, wenn sie gut geführt wurden. Sie zu unterschätzen - wie z.B. die *12. SS-Panzerdivision* „Hitlerjugend", die von der US-amerikanischen Zeitschrift „Stars and Stripes" als „Babydivision" verspottet wurde - war tödlich.[6] Dabei ist allerdings zu berücksichtigen, dass diese Militärverbände fast immer Alters- und Eignungseinschränkungen aufstellten, z.B. ein Minimum an körperlichen Fähigkeiten, die sich an den Anforderungen konventioneller Kriege orientierten.[7] Selbst dieser geringfügige Schutz blieb vielen Kindersoldaten der Dekaden zwischen dem Ende des Zweiten Weltkrieges und der Gegenwart nicht. Daher waren bzw. sind diese oftmals viel jünger.

Ob als menschliche „Rammböcke" in revolutionären Umwälzungen - wie in der Kulturrevolution des maoistischen Chinas, den Mordbrigaden von Pol Pot in dessen steinzeitkommunistischem Kambodscha - oder als tödliche Unruhestifter in Apartheid-Südafrikas Townships und den besetzten Palästinensergebieten: Kinder erwiesen sich während des Zeitalters ideologischer Konflikte oft als willige und erfinderische Akteure bzw. Täter. Diese irregulären Konfliktszenarien waren und sind „ideale" Betätigungsfelder von Jugendlichen, weil sie gerade hier ihr noch nicht vollständig entwickeltes Verantwortungsbewusstsein und jugendlichen Tatendrang unter Bedingungen einbringen können, bei denen die Gefahr, getötet zu werden, geringer ist als auf einem physisch und psychisch ungleich strapaziöseren konventionellen Schlachtfeld. In vielerlei Hinsicht bieten solche Szenarien eine attraktive Mischung aus Jugenddelinquenz und Idealen, die sich durch Straßenkampf und Verfolgung von gesellschaftlichen Zielen, manchmal aber auch nur in ethnokulturellen, schichtungs-, milieu- oder ideologiebedingten Gewaltausbrüchen äußert. So war Mao Zedongs Kulturrevolution der 1960er-Jahre eine Entfesselung unreifer Jugendlicher, die der Historiker Marc Frey[8] folgendermaßen beschreibt: *„Kinder wurden auf ihre Eltern gehetzt oder für vermeintliches Fehlverhalten ihrer Eltern bestraft, Lehrer von ihren Schülern geschlagen, Vorgesetzte von Angestellten gedemütigt. Jahrelang wüteten Soldaten und Rote Garden, paramilitärische Jugendverbände und zerstörten Bücher, Tempel und Kunstgegenstände aller Art. Millionen kamen in diesem entfesselten Wüten fanatisierter Jugendlicher ums Leben, Hunderttausende begingen Selbstmord..."*.

Beobachtet man die Entwicklung der Gewaltbereitschaft in westlichen Innenstädten bzw. Ghettos, so zeigt sich auch hier eine wachsende Bereitschaft unter Jugendlichen zu kämpfen und zu töten.[9] Dies geschieht oft ohne eine übergeordnete Ideologie, sondern ist auf Gruppendynamik, Rangordnungs- und Regelkonflikte zurückzuführen. Andererseits zeigten die Mini-*Intifadas* in Frankreichs Großstädten im Herbst 2005, dass übergeordnete Identifikationsradien wie Glaube oder Herkunft auch zusätzliche Gewaltimpulse darstellen können. Im Oktober 2006 sah sich eine französische Polizeigewerkschaft gezwungen, den Innenminister um Panzerfahrzeuge zu bitten, nachdem seit Ende der Unruhen des Vorjahres 2.500 Polizisten im alltäglichen Einsatz durch Jugendliche verletzt worden waren.[10]

Ein militärhistorischer Rückblick und eine Betrachtung der gegenwärtigen migrationsbedingten Entwicklungen in europäischen Großstädten führen vor Augen, dass es Jugendlichen bei einem vollen Einsatz als Kämpfer meist nicht an Kampf- oder Tötungsbereitschaft, sondern lediglich an der körperlichen und psychischen Kraft fehlt, den Gesamtanforderungen eines konventionellen Schlachtfeldes gerecht zu werden. In allen anderen Szenarien waren und sind sie ernst zu nehmende Gegner.

Die neue Realität

Der verstärkte militärische Einsatz von Kindern ist - wie schon erwähnt - zunehmend auf die verbesserte Waffentechnik zurückzuführen. Wo das Gewicht von Rüstung und Waffe wie auch die damit verbundene Anstrengung und erforderliche Ausdauer über Jahrhunderte den massenhaften Kampfeinsatz von Kindern zumindest einschränkte, bestehen heute kaum solche Schranken. Moderne Feuerwaffen wiegen wenig und sind oft rückstoßfrei, wodurch die körperlichen Anforderungen weitaus geringer sind als in der Vergangenheit. Sie sind somit „kinderleicht" zu bedienen; dadurch sind Kinder in vielen Ländern noch viel mehr eine „kostengünstige" Alternative zu Erwachsenen geworden.

Aus Sicht der Rekrutierer stellen Kinder geringere Versorgungs-, Besoldungs- und Führungsansprüche an die Truppenführung. Sie sind zudem vielfältig einsetzbar, v.a. im Rahmen asymmetrischer Konfliktszenarien, in denen die Unterschiede zwischen Militär und Zivilbevölkerung einerseits, aber auch zwischen militärischen, terroristischen und kriminellen Bedrohungen andererseits immer unklarer sind.

Wichtigster Faktor für die Ausbeutung von Kindern als Kämpfer ist der schwindende Einfluss des Westens, auch wenn dies medial eher wenig beleuchtet wird. Vorbei sind die Zeiten, als die britische Marine Killi- und Tegriakriege sowie Menschenopfer in Afrika beendete bzw. unterdrückte und das Ende der Sklaverei im 19. Jahrhundert größtenteils militärisch durchsetzte, oder eine Karawane unter dem alleinigen Schutz einer europäischen Fahne durch das gesamte Nordafrika unbehelligt reisen konnte. Die Entkolonialisierung des 20. Jahrhunderts brachte - zumindest was den Missbrauch von Kinderkriegern betrifft - weder mehr Freiheit noch Frieden, sondern leider das Gegenteil. Die vergreisten westlichen Gesellschaften des 21. Jahrhunderts scheinen gleichzeitig immer weniger in der Lage, die Afrikanisierung und Islamisierung ihrer eigenen Großstädte zu verhindern, geschweige denn westliche Wertvorstellungen von Demokratie und Menschenrechten entlang der Entwicklungsperipherie durchzusetzen. Der ehemalige Befehlshaber der UNO-Truppen während des ruandischen Genozids, Romeo Dallaire,[11] schildert seinen Eindruck diesbezüglicher Fähigkeiten folgendermaßen: *„I believe they had already concluded that the West did not have the will, as it had already demonstrated in Bosnia, Croatia and Somalia, to police the world, to expend resources or to take the necessary casualties... They knew us better than we knew ourselves."* Insofern werden auch die Versuche, durch internationales Engagement die Unterdrückung des Phänomens „Kindersoldaten" zu bewirken, daran scheitern, dass der strategische Epochenwechsel ein westliches Engagement nur sporadisch und begrenzt ermöglicht.

Ebenso vielfältig wie die Motive für den Einsatz von Kindern auf den Schlachtfeldern der Gegenwart erweisen sich die Rekrutierungs- und Einsatzmethoden. In Lateinamerika, so etwa in Kolumbien, werden Kinder aus ärmlichen Familien von Drogenbanden als Narkoterroristen und Attentäter eingesetzt. Gegen Belohnung begehen sie Attentate oder Anschläge. Überleben sie, sind sie vor Strafverfolgung, insofern der Staat diese Funktion noch ausüben kann, auf Grund ihres Alters geschützt; sollten sie umkommen, so werden ihre Familien dennoch durch die Auftraggeber belohnt.[12]

Weitaus weniger materielle Anreize bestehen bei der Rekrutierung von Kindern und Jugendlichen im Rahmen der *Intifada* bzw. islamistischer Terrorbewegungen der Gegenwart. Hier überwiegen religiöse und somit intrinsische Motive, zudem der Zugewinn an Sozialprestige, der mit der Beteiligung an terroristischen Anschlägen oder Straßenkämpfen verbunden ist. Jugendliche und deren Angehörige empfinden es oft als eine große Ehre, für die Durchführung eines Anschlags auserwählt worden zu sein. Zwang spielt hier eine weitaus geringere Rolle, obwohl weniger opferbereite Familien durchaus sozialen Druck und Sanktionen zu spüren bekommen. Auch Ethnonationalisten wie z.B. die tamilische Rebellenbewegung auf Sri Lanka bevorzugen Freiwilligkeit bei der Rekrutierung, greifen aber notfalls auch zu anderen Methoden.

Besonders brutal sind die Rekrutierungs- und Bestrafungsmethoden v.a. in Afrika und Teilen Südamerikas. In Kolumbien, so Robert Kaplan,[13] reagiert die linksgerichtete FARC auf die Desertion von Zwangsrekrutierten, indem deren Familien als Repressalie ermordet werden. In Afrika werden Kinder oft unter bestialischen Aufnahmeriten gezwungen, sich den jeweiligen Bewegungen anzuschließen. Solche Rituale beinhalten - unter der Androhung, selbst umgebracht zu werden - das Töten, Vergewaltigen, ja sogar die Kannibalisierung von Familienmitgliedern oder Nachbarn, um den Rekrutierten die spätere Flucht und Rückkehr zu erschweren. Fluchtversuche werden meist mit dem Tod bestraft. Kinder berichten ausführlich über den Zwang, drakonische Strafen für Fluchtversuche mit auszuführen, d.h. Flüchtige auf möglichst grausame und somit einprägsame Weise zu ermorden.[14] Diese traumatisierende Brutalität, ergänzt durch mangelnde Reife, überträgt sich auch auf die Kampfweise der Kinder.

Doch Afrika erlebt auch durch die Folgen von HIV/AIDS eine Rekrutierungsflut von Kindern. Seine Armeen, egal ob Regierungs- oder Rebellentruppen, verfügen über hohe Ansteckungsraten, die im Durchschnitt um die 50% der Gesamttruppenstärke ausmachen. Demgegenüber verfügt der Kontinent über ein wachsendes Heer von AIDS-Waisen, die als künftige Humanressource verstärkt Verwendung finden, teilweise sogar aus Waisenhäusern oder Schulen direkt zwangsrekrutiert werden.[15] Bewegungen, die zu ihren eigenen Zwecken Kinder rekrutieren, stellen oft ein Abhängigkeitsverhältnis her. Der Zugang zu Verpflegung und Drogen bindet die Kinder an die jeweiligen Einheiten und Bewegungen. Doch es entstehen auch emotionale Bindungen, die für viele Kinder den Ausstieg aus ihrem Kriegerdasein erschweren. Erwachsene Anführer von Kinderverbänden werden zu den einzigen Bezugspersonen mit Vorbildfunktion, während zu den Mitkämpfern eine familiäre Kameradschaftsbeziehung entsteht. Die Kampfgemeinschaft wird zur Ersatzfamilie.

Ausbildung
Die Kampfausbildung von Kindern orientiert sich an dem zu erwartenden operativen Einsatz und ist vom Niveau her sehr unterschiedlich. Bei Vorbereitungen auf Attentate oder Terroranschläge werden Kinder meist nur kurz an den Waffen bzw. Wirkmitteln instruiert. Strukturierte und ausführliche Ausbildungsprogramme kommen auch vor, wobei die militärischen Fähigkeiten und Standards der jeweiligen Bewegungen wie auch deren verfügbare Ressourcen bestimmende Faktoren sind. V.a. bei Ethnonationalisten, für die Kinder oft - mehr oder weniger freiwillig - an der Seite ihrer älteren Brüder bzw. Väter kämpfen, ist der Ausbildungsaufwand keineswegs unerheblich, weil ihr Leben generell als wertvoll eingestuft wird. In Kriegerkulturen kann allerdings schon die Sekundärsozialisation der Kinder als Ausbildungsbestandteil oder informelle Ausbildung betrachtet werden.

Gut organisierte Bewegungen - v.a. die Tamilen auf Sri Lanka - strukturieren die Ausbildung der Kindersoldaten auf militärisch professionellere Art und Weise. Es bestehen zeitlich genau geregelte Tagesabläufe und formelle Lehrpläne, die bis ins Detail militärische Fertigkeiten vermitteln. Das Ausbildungsprogramm nimmt die besonderen Eigenschaften von Kindern bewusst zum Anlass, das noch nicht ausgereifte Bewusstsein um die eigene Sterblichkeit zu nutzen und sie zu besonders kühnem und risikobereitem Verhalten zu erziehen.[16] Die Folgen sind ein hohes Ausbildungsniveau, ausgeprägte Motivation, taktisches Können und Disziplin, wodurch sie zumindest dem Begriff „Kindersoldaten" im militärischen Sinne gerecht werden.

Bei Zwangsrekrutierten - v.a. in Afrika - setzen die Machthaber weniger auf formelle Ausbildung als auf das Sammeln von Erfahrung. Es besteht oft eine Aufgabenhierarchie, bei der ein Kind zuerst Verwendung findet als unbewaffnete Wache, Koch oder Träger. Wer sich bewährt oder über besondere Fähigkeiten verfügt, wird zu Aufklärungs- bzw. Spionagezwecken ins gegnerische Gebiet entsandt, um nach wiederholter Bewährung im Anschluss bei der kämpfenden Truppe eingegliedert zu werden. Dort erwerben sie grundlegende Kenntnisse, was den Einsatz und die Instandhaltung von Waffen betrifft. Die formalen Ausbildungszeiten sind in manchen Fällen auf nur einen Tag begrenzt.[17] Insofern sind es diejenigen Kinder, die immer wieder überleben, die im Kampf stärker auf gemachte Erfahrungen zurückgreifen und sich über Zeit zu gefährlichen Gegnern entwickeln. Allerdings ist der Mangel an Formaldisziplin auffällig und spiegelt die jeweilige lokale Kriegskultur in den Strukturen wider. Loyalität zu charismatischen Anführern ist meist stärker ausgeprägt als eine verbindende Ideologie bzw. übergeordnete Idee; dies führt oft zu Kohäsionsschwächen und Fraktionen innerhalb der Organisation.

Ein weiterer Schlüsselfaktor in der Ausbildung ist die psychologische Vorbereitung der Kinder auf das Töten. Dabei nutzen einige Organisationen klassische Propaganda durch Filmmaterial, bei dem es sich z.B. um tote Zivilisten handelt, deren Tod dem jeweiligen Gegner zugeschrieben wird und zur Tötungsmotivation beitragen soll. Andere werden wiederum mit so viel Mord und Totschlag konfrontiert, bis hin zum erzwungenen Kannibalismus, dass sie abstumpfen und erhebliche psychologische Folgewirkungen bei Kindersoldaten zu beobachten sind. Klassisches Konditionieren als Lernmethode spielt hier eine wichtige Rolle und gruppendynamische Prozesse werden zielgerichtet benutzt, um Hemmschwellen abzubauen. So werden beispielsweise Gefangene oder Deserteure durch die Gruppe zu Tode geprügelt, um damit wiederum die Bindung des Einzelnen durch Angst an die Organisation und gleichzeitig die Gruppenkohäsion zu stärken.[18] Verbrechen unbeschreiblichen Ausmaßes sind die Folge.

Kinder im Kampf

Bei terroristischen Einsätzen haben Kinder den Vorteil, von den Sicherheitskräften fälschlicherweise als ungefährlich wahrgenommen zu werden. Dadurch erhöht sich die Wahrscheinlichkeit, an bewachte Ziele zu gelangen. In den letzten Jahren fanden sich v.a. Mädchen zunehmend in der Rolle von Selbstmordattentätern, weil gerade sie sich am Ende der Sicherheitsprioritätenkette befinden. Sicherheitskräfte verfügen diesen gegenüber über eine besondere Hemmschwelle und handeln nur zögerlich. Diese Hemmschwelle zeigt sich als mehr oder weniger zutreffend in allen Konfliktszenarien mit Kindern als Kombattanten. In Sierra Leone sah sich im Jahre 2000 ein britischer Unteroffizier nicht in der Lage, den notwendigen Schießbefehl zu erteilen, als er und seine Gruppe von Rebellen im Kindesalter umstellt und entwaffnet wurden. Elitesoldaten und ein vierstündiges Gefecht wurden benötigt, um die gefangenen Briten blutig zu befreien. Der erste US-Soldat, der in Afghanistan fiel, wurde von einem 14-Jährigen erschossen, ein US-Sanitäter durch einen 15-jährigen *Al Qaida*-„Mann", während Hunderte von Jugendlichen unter siebzehn bei Kämpfen im Irak gefangen genommen wurden.[19] Im Kongo sind Fälle dokumentiert, in denen Kinder nackt gegen die Linien der Blauhelme geschickt worden sind, um die UNO-Soldaten bei Gegenwehr des Kriegsverbrechens zu beschuldigen. Frontalangriffe mit Kindern als „Menschenwelle", um den Gegner zu demoralisieren, haben schon mit Erfolg die Tamilen auf Sri Lanka eingesetzt, um Stützpunkte der Regierungstruppen zu erobern.[20]

Im letztgenannten Fall handelte es sich jedoch - wie die oben erwähnte Ausbildungsrealität zeigte - um die weltweit am besten ausgebildeten und disziplinierten Kindersoldaten. Sie erwiesen sich gegen die Abwehrmaßnahmen der Stützpunktbesatzung beständig, was in den meisten anderen Teilen der Welt eher nicht der Fall gewesen wäre. Auf Grund der starken persönlichen Bindung an charismatische Führungspersönlichkeiten zeigen Kindersoldaten anderswo eher eine Neigung zum Totalverlust der Kampfmoral, wenn ihre Anführer ausfallen oder aufgeben. Zudem zeigen sie sich beim Einsatz überlegener Feuerkraft, v.a. bei Artilleriefeuer und Luftunterstützung, als unbeständig auf Grund der meist unzureichenden Ausbildung und ungeeigneter Militärhierarchien.

Sie erweisen sich dann als gefährliche Gegner, wenn ihre Kontrahenten keine überzeugende Feuerkraft zur Geltung bringen können und die eigenen Führungsstrukturen intakt bleiben. Dabei spielen in Afrika oftmals auch Aspekte wie Aberglaube und „Zauberei" eine wichtige Rolle. Unbesiegbarkeitszeremonien und zum Teil menschenverachtende Rituale sind weit verbreitet, und der vermeintlich „magische" Wert von Waffen, Amuletten oder Bekleidung steht nicht selten im Vordergrund. Operative Rückschläge werden oft als Unterlegenheit des eigenen Zaubers betrachtet und resultieren in fluchtartigen Rückzügen oder gar vorübergehenden Auflösungserscheinungen. Häufig abgestumpft durch Drogen und im Taumel von der Macht, die sie durch die Kriegssituation gegenüber Erwachsenen, Zivilisten oder Gefangenen ausüben können, werden minderjährige Krieger sogar von Nachbareinheiten, die aus Älteren oder Erwachsenen bestehen, auf Grund ihrer extremen Tötungsbereitschaft gemieden.

Kämpfen gegen Kindersoldaten
Gegen Europäer wären Masseneinsätze von Kindern von verheerender Wirkung; es wäre vermessen zu glauben, die Gegner westlicher Interventionstruppen wüssten dies nicht. Sie setzen darauf, dass reguläre Soldaten psychisch diesem Phänomen nicht gewachsen wären und westliche Mediengesellschaften sich die Tödlichkeit von Kindern mit Waffen kaum vorstellen können. Die psychologischen Kosten des Einsatzes westlicher Interventionstruppen würden im Ernstfall den politischen Nutzen mehr als aufwiegen, und es scheint fraglich, ob in solchen Szenarien nachhaltig und erfolgreich operiert werden kann.

Der Krieg unterliegt Gesetzmäßigkeiten, die nur bedingt moralisch zu kategorisieren sind. Dass das Phänomen der „Kindersoldaten" somit als moralisch besonders verwerflich erscheint und einer internationalen Ächtung bedarf, ist in westlichen Gesellschaften zwar unbestritten, aber womöglich trotzdem von nur geringer praktischer Relevanz. Die internationale Gemeinschaft ist sich grundsätzlich einig, dass das wachsende Kindersoldatenphänomen angesprochen werden soll, verfügt aber über geringe Instrumente, um es ernsthaft zu unterbinden. Insofern werden westliche Interventionsstreitkräfte auch weiterhin in Situationen geraten, in denen sie gezwungen sind, militärische Gewalt gegen Kinder einzusetzen. Um darin zu bestehen, v.a. im jeweiligen Heimatland die medialen und gesellschaftlichen Folgen zu überstehen, werden in solchen Szenarien folgende Maßnahmen verstärkt zum Einsatz kommen:

1. Die präventive und gezielte Ausschaltung von Führungselementen möglichst vor einem Kampfeinsatz gegen die breite Masse einer Kindereinheit. Die Erfahrung zeigt, dass bei Kindersoldaten mit geringer Ausbildung und Formaldisziplin der Kampfgeist sehr stark mit dem des Anführers verbunden ist. Gefechtsregeln, die dessen gezielte Tötung erlauben, würden die fast unblutige Reduktion der Kampffähigkeit solcher Einheiten ermöglichen. Der Einsatz von Spezialkräften, um selektiv die Führungscliquen zu verhaften bzw. auszuschalten, ist eine Methode, um den Einsatz von Kindersoldaten in man-

chen Erdteilen einzudämmen. Dennoch ist es realistisch anzunehmen, dass die Fähigkeit zu solchen Unternehmen auf bestimmte Gebiete begrenzt bleibt und v.a. bei besser organisierten Bewegungen an die Grenzen der Durchführbarkeit stoßen wird.

2. Der Einsatz von beeindruckender und dem Kriegsschauplatz fremder Militärtechnologie, um deutlich die eigene Schlagkraft zur Schau zu stellen. Wenn auch Politiker und Journalisten die Notwendigkeit solcher Machtdemonstrationen nicht immer verstehen, so haben die potenziellen Gegner von Interventionstruppen diesbezüglich meist geringere Verständnisprobleme. *Shock and Awe* ist eine wirksame Waffe, die zum rapiden Kampfkraftverlust v.a. bei abergläubischen und unzureichend ausgebildeten und disziplinierten Gegnern führen kann.

3. Der verstärkte Einsatz nicht-tödlicher Waffen und Gewalt wird unvermeidlich sein. Es ist illusorisch zu glauben, dass der Tod von Kindersoldaten in signifikanter Zahl durch die eigenen Streitkräfte und die öffentliche Meinung auf Dauer tragbar wäre. „Kollateralschäden" oder auch nur die besonders „effektive" Bekämpfung des Gegners, wie es 1991 in der Schlussphase des Unternehmens *Desert Storm* der Fall war, sind für das westliche Publikum unerträglich und erschüttern den politischen Willen der jeweiligen Regierungen. Der Westen befindet sich in einem Zustand strategischer Paralyse und operativer Überdehnung, der keinen Spielraum für Fehler mehr lässt. Somit bieten Wirkmittel, die auf Akustik, Schallwellen oder Gasen beruhen, die Möglichkeit, effektiv zu handeln und die Verluste zumindest in Grenzen zu halten.[21]

4. Die Zusammenarbeit mit zivilen Einrichtungen, die sich mit der Resozialisation und Reintegration von Kindersoldaten beschäftigen, muss ausgebaut werden, um v.a. Maßnahmeabbrecher an der Rückkehr zum Kämpferdasein zu hindern.

Viele Kindersoldaten sind Opfer, und dies in mehrfacher Hinsicht. Doch viele andere sind sich ihrer Opferrolle nicht immer bewusst, und Erwachsene, die schon als Kindersoldaten aktiv für ihre Sache gekämpft haben, sehen sich auch selten rückblickend als Opfer. Ihre militärische Partizipation ist Teil ihrer Sozialisation hin zur Männerrolle, und sie sehen dies als „normal" an. Insofern scheint es sinnvoll, zunächst zu erkennen, dass nicht alle Kindersoldaten außerhalb des westlichen Verständnisses als „Opfer" zu betrachten sind oder zumindest in der Selbstdefinition einer solchen Wertung vehement widersprechen würden. Sie sind dort Opfer, wo sie zwangsrekrutiert werden oder durch Perspektivlosigkeit zum Kriegerdasein gezwungen sind. Nur hier lassen sich konstruktive Maßnahmen durch externe Einwirkung überhaupt entwickeln. Ansonsten ist zu beobachten, dass Kindersoldaten sich in vielen Fällen, auch nach Beendigung der Kampfhandlungen, der Demobilisierung verweigern und über Grenzen hinweg zu benachbarten Konflikten ziehen oder in anderer Weise „rückfällig" werden.

Anmerkungen:

1) Vgl. www.un.org/special-rep/children-armed-conflict/.

2) Vgl. Nick Sekunda: The Spartan Army, Osprey Publishing, Oxford 1998, S. 11-12.

3) Vgl. T. R. Fehrenbach: Comanches - The History of a People, Anchor Books, New York 2003, S. 444.

4) Vgl. Thomas Goodrich: Scalp Dance: Indian Warfare on the High Plains 1865-1879, Stackpole Books, Mechanicsburg 2002, S. 190-191.

5) Die Indianerkriege bieten in dieser Hinsicht eine Fülle von oft sehr gut dokumentierten Fällen, in denen Kinder und Jugendliche eine wichtige Rolle im Kampfgeschehen spielten.

6) Vgl. Alan Dearn: The Hitler Youth 1933-45, Osprey Publishing, Oxford 2006, S. 12.

7) Gegen Kriegsende kamen auch vereinzelt Zehn- bis Fünfzehnjährige zum Einsatz. Dies blieb allerdings die unterste Altersgrenze und stellt daher eine andere Kategorie dar, als dies in Drittweltstaaten oft der Fall ist, in denen Sieben- und Achtjährige unter Waffen stehen.

8) „Nationalist und Despot, Mao Zedong (1893-1976)." In: Markus Förster, Walter Stig, Dierk Pöhlmann: Kriegsherren der Weltgeschichte, C.H. Beck Verlag, München 2006, S. 371.

9) Die Bereitschaft zu töten verzeichnet in westlichen Ländern eine rasante Zunahme seit Mitte der 60er-Jahre.

10) Michel Thoomis, als Gewerkschaftssprecher, wird von der Tageszeitung Daily Telegraph (5. Oktober 2006) wie folgt zitiert: „We are in a state of civil war, orchestrated by radical Islamists. This is not a question of urban violence any more, it is an intifada, with stones and Molotov cocktails. You no longer see two or three youths confronting police, you see whole tower blocks emptying into the streets to set their „comrades" free when they are arrested."

11) Shake Hands with the Devil - The Failure of Humanity in Rwanda, Arrow Books, London 2004, S. 79.

12) Vgl. Robert Kaplan: Imperial Grunts - The American Military on the Ground, Random House, New York, S. 50, 62-63.

13) Ebd. S. 50.

14) Vgl. P. W Singer: Children at War, Pantheon Books, New York 2005, S. 4-6.

15) www.un.org/rights/concerns.htm.

16) Vgl. Singer, S. 85.

17) Vgl. Singer, S. 77.

18) www.un.org/special-rep/children-armed-conflict/.

19) Vgl. Singer, S. 4-6.

20) Ebid.

21) John Alexander: Future War - Non-lethal Weapons in Twenty-First-Century Warfare, Thomas Dunne books, New York 1999, S. 143.

Staaten und parastaatliche Systeme in Interaktion
Neue Konzepte für die internationale Sicherheit
(ÖMZ 2007)
Dirk Freudenberg

Im internationalen System hat man es zunehmend mit Akteuren zu tun, die keinen „staatlichen Körper" haben. Möglicherweise muss sich die Staatenwelt - Nationalstaaten und staatliche Gemeinschaften - darauf einstellen, zukünftig oftmals kein entsprechendes bzw. staatliches Gegenüber zu haben. Das hat Auswirkungen auf das Völkerrecht; geht doch die UNO-Charta grundsätzlich vom Prinzip der Staaten als Akteure aus und ist mit ihrem Instrumentarium hierauf ausgerichtet. Als diametrale Erscheinung der Globalisierung bilden sich regionale und örtliche Machtstrukturen heraus, die als neue Akteure aus zerfallenden Staaten hervorgehen oder aus bereits zuvor bestehenden Subsystemen aufsteigen. Daher ist es auch fraglich, ob diese Akteure überkommene völkerrechtliche und staatsrechtliche Kodifikationen und Gewohnheiten akzeptieren, ja oftmals überhaupt kennen.

Hier sieht sich die gegenwärtige juristische Staatslehre[1] mit einem politologischen Konzept konfrontiert, das im Hinblick auf die Wechselabhängigkeit der Elemente seiner Binnenstruktur und in Anbetracht einer davon abzugrenzenden Umwelt als „politisches System"[2] moduliert wird.[3] Es ist sowohl geeignet, herkömmliche Staaten wie auch solche Akteure zu beschreiben, die nicht im überkommenen Sinne staatlich verfasst sind, die aber faktisch Macht und Herrschaft ausüben und den Staaten insofern asymmetrisch entgegenstehen, als sie anders organisiert sind und ihnen andere kultur- und religionsbedingte Mechanismen und Ordnungsfunktionen zugrunde liegen. Um einen Kommunikationsstillstand zu vermeiden, ist es notwendig, die hinter den Ordnungsfunktionen liegenden Netzwerke zu erkennen und in der Komplexität ihrer Gesamterscheinung, d.h. als System des Politischen, zu begreifen. Dabei ist auch der Staat als politologische Form der Betrachtung des Staates und der Staatlichkeit einzubeziehen.

Netzwerke und Systeme des Politischen
„Netzwerk" ist ein politisch-soziologischer Begriff für ein Geflecht sozialer, wirtschaftlicher und/oder politischer Beziehungen, das mehr oder weniger auf Kontinuität angelegt ist, mehr auf Freiwilligkeit und Gegenseitigkeit beruht und (neben den freien, in der Regel anonymen Marktbeziehungen und den hierarchischen, auf Über- und Unterordnung beruhenden Beziehungen) auf eine dritte Kategorie von Beziehungen verweist: Personen oder Organisationen unterhalten oder streben Beziehungen zu anderen Personen oder Organisationen an, mit dem Ziel der Kooperation, der Unterstützung, des Austauschs etc.[4]

Das bedeutet, dass die Phänomene des dreidimensionalen Politikbegriffs nicht isoliert zu betrachten sind, sondern in Zusammenhang mit dem von Weinacht durch den Begriff der „Politicians" (Politiker) zum Politikwissenschaftlichen Viereck[5] ausgebauten Dreieck[6] aus „Polity", „Politics" und „Policies" stehen. Weinacht erweitert hiermit das bis dahin auf Sachdimensionen beschränkte „politologische Dreieck" um die persönliche Mittlerebene des „Politician" (und des „Citizen"/Bürgers) und damit den Politik-Begriff um die Dimension der Person, die ihn befähigt, dem Grundverhältnis von Befehl und Gehorsam, Führung und Fügsamkeit Raum zu geben.[7] Damit bringt Weinacht die Dinge, um die es im Politischen gerade geht, und ihre Handlungsweisen mit den politischen Akteuren in untrennbare Beziehung. Doch diese Akteure agieren nicht in einem Vakuum, sondern sind auch in ihren Wechselbeziehungen im und zum Raum zu betrachten. In diesem Raum entstehen an den Kontaktpunkten der Beziehungsgeflechte Netzknoten. Die Beziehungen, die hier zu untersuchen sind, sind in ihren Wechselbeziehungen und Vernetzungen mehrdimensional aktiv. Gleichzeitig sind sie auch von unterschiedlicher Kontinuität und Intensität, wobei auch die „Spannungsstärke" variabel ist. Zudem sind hier die kulturellen und religiösen Hintergründe sowie die jeweiligen sozialen Umwelten einzubeziehen.

Es bedarf also eines komplexen, mehrdimensionalen räumlichen Modells, einer Art von Pentagon, in dem die Interaktionen der politischen Akteure, die miteinander mehr oder weniger vernetzt sind, stattfinden. Dieses politikwissenschaftliche Pentagon ist allerdings auch kein starrer, unbeweglicher Körper, der für sich allein und ohne Außenbeziehungen stehen muss. An den Netzknoten hängen somit heute Akteure, welche die Vorteile der Globalisierung nutzen und entsprechend an Staaten vorbei bzw. gegen Staaten aktiv sind.[8] Demzufolge sind diese Netzwerke die Systeme des Politischen.

Neue Ansätze der Interaktion

Diese Erkenntnisse führen zwangsläufig zu neuen Ansätzen in der Interaktion mit diesen Netzwerken. Das staatliche Handeln mit den klassischen Instrumenten der (Außen-)Politik ist möglicherweise nicht mehr (allein) zielführend. Das gilt insbesondere für das Handeln auf sicherheitspolitischem Gebiet. Interaktion mit einem Akteur an diesem Netzknoten bedeutet immer Bewegung oder gar Veränderung des Netzwerks. Das impliziert zugleich, dass ein Eingriff in dieses komplexe Netzwerk, die Veränderung seiner inneren Struktur oder gar das Herausnehmen, das „Ausschalten" oder gar „Vernichten" eines der Akteure Auswirkungen auf das Beziehungsgeflecht und das Gesamtgefüge als Ganzes haben muss. Das zunächst unabhängig davon, ob der Eingriff mit kinetischer Energie, also Waffengewalt, oder mit anderen, nichtmilitärischen Mitteln stattfindet. Aber auch das Mittel der Wahl ist nicht nur von seiner direkten Auswirkung im Ziel, also an einem der Netzknoten innerhalb des politikwissenschaftlichen Pentagons zu betrachten, sondern es muss auch beachtet werden, welche mittelbaren Einflüsse sich auf das Pentagon ergeben und welche Verzerrungen und Verschiebungen mit welchen weiterreichenden Auswirkungen und Folgen auf die unterschiedlichen Ebenen des Systems hier wiederum stattfinden und das Pentagon möglicherweise erweitern.

Militärische Wirkmittel als Ultima Ratio einer Gesamtstrategie

Die Ansatzpunkte und Strategien konstruktiver Konfliktbearbeitung in der Staaten- und Gesellschaftswelt können in Anlehnung an die Trias „Prävention - Eindämmung - Nachsorge" in drei Handlungsfelder eingeteilt werden: Gewaltprävention, Krisen- und Konfliktmanagement und Friedenskonsolidierung.[9] Die Problemlösungsansätze sind entsprechend den Herausforderungen komplexer geworden. Der Einsatz militärischer Mittel erfolgt in der Regel nicht mehr zeitlich als Ultima Ratio, sondern komplementär zu einem *Policy*-Mix aus Außen-,

Innen-, Entwicklungs-, Finanz-, Rechts- und Justizpolitik.[10] Die Fähigkeitsorientierung ist somit nicht allein auf das Einsatzspektrum der Streitkräfte beschränkt und soll alle sicherheitspolitischen Aufgaben und Akteure umfassen.[11] Ausdruck hierfür ist der *Interagency*-Prozess, d.h. die Vernetzung aller staatlichen Akteure und die mögliche Einbindung nichtstaatlicher Institutionen.[12] Diese können wissenschaftliche Institute, *Think Tanks*, Wirtschaftunternehmen, Finanzdienstleister, aber auch Hilfsorganisationen sein.[13] In den Überlegungen aller sicherheitspolitischen Akteure, Methoden, Strategien und Strukturen zu entwickeln, um Krisenbewältigung durchzuführen und ein hohes Maß an Stabilität zu erhalten bzw. wiederherzustellen, stellen die Streitkräfte, neben anderen, insofern nur eine Komponente dar.[14]

Militärische Stärke kann sich gegen asymmetrische Bedrohungen nur mehr im Verbund mit anderen staatlichen und internationalen Akteuren und Institutionen wirksam entfalten,[15] und umfassende militärische Fähigkeiten sind Teil eines mehrdimensionalen Ansatzes aus politischen, wirtschaftlichen, entwicklungspolitischen und sicherheitspolitischen Instrumenten, um im multilateralen Zusammenwirken mit Verbündeten und Partnern die regionale und/oder globale Sicherheit zu stärken.[16]

Gleichzeitig sind auch innerstaatliche Szenarien denkbar, die eine enge Zusammenarbeit von Nachrichtendiensten, diplomatischen Diensten und die Koordination von Einsatzkräften der Polizeien, Rettungsdienste, Hilfsorganisationen und der Streitkräfte erfordern.[17] Fraglich könnte allerdings hier sein, ob es wirklich gelingen kann, die volle Komplexität und umfassende Form der Interoperabilität zwischen allen Sicherheitskräften sowie zwischen diesen und den zivilen Akteuren zu erreichen.[18] Die bejahende Ansicht sieht zwar, dass es bereits beim Zusammenwirken staatlicher Kräfte wie Polizei und Militär anspruchsvolle Schnittstellenprobleme gibt. Diese werden durch das Problem der Multinationalität und die hierdurch bedingten vielschichtigen und mehrdimensionalen Interoperabilitätsprobleme noch verstärkt.[19]

Dementsprechend soll - nach einem neuen, wirkungsorientierten Ansatz - der Schwerpunkt nicht auf einem engen militärischen Fokus liegen, sondern es ist vielmehr ein systemischer Ansatz gefordert, der Ziele, Instrumente, Fähigkeiten und Ressourcen in umfassender Weise und damit

97

die unterschiedlichen staatlichen Wirkmittel aus den Bereichen Diplomatie, Information, Militär und Wirtschaft (DIME-Spektrum) aufeinander abstimmt.[20] Somit sollen also Kollateralschäden und andere unerwünschte Nebeneffekte, Begleiterscheinungen und mittelbare Auswirkungen vermieden werden. Damit ist die physische Gewalt möglicherweise nicht mehr der Kern der kriegerischen Auseinandersetzung.[21] Gleichzeitig ändert sich unter Umständen die Wirkrichtung des Eingriffs: An Stelle des Gravitationspunktes, als die verwundbarste Stelle des Gegenübers, kann die Wirkung auch an der Peripherie der Systeme ansetzen, um den Gegner von Handlungsoptionen abzuschneiden.

Notwendigkeit zur Transformation
Die Bundesrepublik Deutschland beteiligt sich durch Mitsprache und Mitgestaltung und mit einem substanziellen Ressourceneinsatz an der Anlage von Experimenten und der Erarbeitung von Konzepten und Doktrinen am US-initiierten *Multinational Joint Transformation Process*. Transformation ist ein permanenter Prozess der Anpassung an Veränderung der sicherheitspolitischen Gegebenheiten, an technologische Innovationen und an vorhersehbare Trends in der Wissenschafts-, Technologie- und Gesellschaftsentwicklung.[22] Dabei beschreibt Transformation einen umfassenden gesamtstaatlichen Prozess der Neuausrichtung, der nahezu alle Bereiche staatlichen Handelns umfasst, und in dem es um multinationale, kooperative Sicherheitsvorsorge, Krisenmanagement, Krisenprävention, aber - wenn erforderlich - auch um die Fähigkeit zur Eindämmung und Beendigung drohender oder bereits ausgebrochener Konflikte geht - unter Nutzung modernster Technologie und Integration militärischer Fähigkeiten in das Gesamtpaket „staatlicher Maßnahmen".[23] Hierbei wird der Einsatz militärischer Mittel in den Gesamtkontext der diplomatischen, ökonomischen und militärischen Maßnahmen eingeordnet sowie mit den Wechselmechanismen im Informationsspektrum in Beziehung gesetzt.[24]

Das übergeordnete Handlungsprinzip transformierter Streitkräfte als vernetzte teilstreitkräftegemeinsame Truppen, die in der Lage sind, schnelle, entscheidende Operationen (*Rapid Decisive Operations*, RDO) an jedem Ort der Erde durchzuführen, ist das der wirkungsorientierten Operationen oder *Effects-Based Operations* (EBO), die zum Erreichen der strategischen Ziele das ganze Spektrum gegnerischer Verwundbarkeiten und Schwächen ausnutzen und nach Möglichkeit auf ein direktes militärisches Kräftemessen oder gar einen Zermürbungskrieg verzichten.[25] Wirkung geht vor Zerstörung.[26] Mithin soll direktes militärisches Wirken im Ziel, im Sinne von kinetischer Energie zum Bekämpfen, Ausschalten oder Vernichten eines potenziellen Gegners ein subsidiäres Mittel zur Zielerreichung darstellen.

Dabei wird der potenzielle Gegner als komplexes System mit den Untersuchungsthemen Politik, Militär, Wirtschaft, Soziales, Infrastruktur und Information (*Political, Military, Economic, Social, Infrastructure, Information,* PMESII) analysiert und als Systemverbund definiert, um die wesentlichen Beziehungen, Abhängigkeiten und Verwundbarkeiten zu verstehen.[27] Folglich geht es in diesem Prozess um die rasche Generierung und Aufbereitung und damit um das schnelle Verfügbarmachen von Informationen.

Informationsgewinnung war in allen Epochen und zu allen Zeiten für effektives und erfolgreiches militärisches Handeln von entscheidender Bedeutung. Im Zeitalter des Wandels vom Industriezeitalter hin zum Informationszeitalter und zur Wissensgesellschaft unter den Bedingungen der zunehmenden Globalisierung ist diese Bedeutung von Informationen bei der Entscheidungsfindung von noch größerer Bedeutung, als dies in der Vergangenheit der Fall war. Informationsüberlegenheit und die Umsetzung in Entscheidungsüberlegenheit ist Voraussetzung, um zur Handlungsüberlegenheit über den Gegner gelangen zu können.[28] Zugleich geht es auch um das rasche, zeitnahe Umsetzen von Informationen in Aktionen.

Doch die Umsetzung von schnell verfügbaren Informationen in diesem Kontext ist kein Knopfdruckunternehmen im Sinne einer *Quick-Impact*-Wirkung. Voraussetzung für den Erfolg sind vielmehr Ansätze, die auf Grund einer langfristig angelegten Strategie auf eine nachhaltige und dauerhafte Wirkung angelegt sind. Dabei besteht die Schwierigkeit des Staates und von Staatenverbindungen darin, mit diesen Netzwerken und Systemen in Dialog und Austausch zu treten. Die Herausforderung liegt v.a. darin, das Gegenüber mit seinen Potenzialen und Fähigkeiten, Umfang und Grenzen seines räumlichen und sozialen Machtbereichs zu erkennen, zu identifizieren und die geeignete Schnittstelle für die Durchführung zu finden, um zu einem verlässlichen und dauerhaft belastbaren Austausch zu kommen. Folglich handelt es sich um ein Problem der Ordnung, in dem die unterschiedlichen Akteure in ein System gebracht werden müssen, um entsprechende Interaktion und Zusammenarbeit überhaupt erst zu ermöglichen. Allerdings setzt ein Dialog eine - wie auch immer geartete - Anerkennung voraus.

Im Umgang mit den unterschiedlichen Akteuren bedarf es somit Kräfte, die durch ihre Ausbildung auf die entsprechenden kulturellen, religiösen und sozialen Hintergründe und Umwelten eingestellt sind. Konzeptionell müssen diese Kräfte so aufgestellt werden, dass sie, mit den entsprechenden landeskundlichen und sprachlichen Fähigkeiten ausgestattet, am besten im Vorfeld eines Konfliktes in einen möglichen Einsatzraum entsandt werden, dort zu bestimmten alliierten oder zumindest gleichgesinnten Akteuren Verbindungen aufbauen und halten, diese beraten, ggf. auch ausbilden und unter Umständen auch in der Führung unterstützen. Von der Idee her gibt es hier in der Geschichte entsprechende Vorbilder: so bei den Briten T.E. Lawrence, der seine Erfahrungen während des Aufstandes der arabischen Völker in Weltliteratur umsetzte.[29] Weniger bekannt sind die deutschen historischen Ansätze auf diesem Gebiet.[30] Aber es kommt nicht nur auf das Wissen an. Gleichzeitig sind diese Kräfte anstatt mit *Rules of Engagement* (ROE), bei denen das Recht des Heimatlandes der Fahne folgt, mit kulturangepassten Einsatzregeln auszustatten, die auf die landeskundlichen Gegebenheiten und Besonderheiten des Einsatzlandes Rücksicht nehmen und so angepasst sind, dass sie im Umfeld auch akzeptiert werden und somit die Glaubwürdigkeit und damit schlussendlich auch der Erfolg der Kräfte gewährleistet sind.

Conclusio

Aus der vorgestellten Analyse ergeben sich nachstehende Folgerungen:
- Staaten moderner westlicher Prägung haben sich auf neuartige Akteure einzustellen, die nur begrenzt staatlichen Charakter haben;
- wenn Staaten moderner westlicher Prägung mit politischen Systemen anderer Art erfolgreich interagieren sollen, müssen sie deren kulturelle und insofern neue (völker-)rechtliche und kulturrechtliche Gegebenheiten berücksichtigen, das Recht kann also nicht ohne Weiteres der Fahne folgen;

- die Interaktion mit einem „andersartig verorteten Gegenüber" verlangt Mittel, die auf ein entsprechend angepasstes und abgestimmtes Spektrum von Maßnahmen und Wirkmitteln abgestimmt sind;
- Kompetenz zur interkulturellen Kommunikation erfordert bis zu einem gewissen Grad kulturangepasstes Auftreten, Benehmen und Verhalten, was seinerseits voraussetzt, dass Klarheit und Bewusstsein über die eigene Kultur und Geschichte bestehen. Auf diese Weise gewinnt man die Chance, als sowohl erkennbares wie verstehendes Gegenüber erfolgreich zu agieren;
- dementsprechend muss hier eine Auswahl und Ausbildung von Kräften stattfinden, die bereit und fähig sind, sich einer vertieften landeskundlichen Ausbildung zu unterziehen und sich zur Erfüllung ihres Auftrages für längere Zeit auf ein entsprechendes Umfeld einlassen;
- gleichzeitig müssen die Verwendungen und der Verwendungsaufbau dieser Kräfte langfristig auf diesen Kontext und die landeskundliche Umwelt ausgerichtet sein.

Anmerkungen:

1) Alfred Katz: Staatsrecht, Grundkurs im öffentlichen Recht, 15. Aufl., Heidelberg 2002; Reinhold Zippelius: Allgemeine Staatslehre (Politikwissenschaft), 12. Aufl. 1994; Ekkehart Stein: Staatsrecht, 11. Aufl., Tübingen 1988; Ina Kerner: Globalisierung. In: Gerhard Göhler, Mattias Iser, Ina Kerner (Hrsg.), Politische Theorie. 22 umkämpfte Begriffe zur Einführung, Wiesbaden 2004; Rainer-Olaf Schultze: Staat. In: Dieter Nohlen (Hrsg.), Lexikon der Politik, Bd. 7. Politische Begriffe, S. 606ff.

2) Als politisches System wird im allgemein politikwissenschaftlichen Verständnis ein für die Analyse des Politischen grundlegender Terminus verstanden, der entsprechend dem dreidimensionalen Politikbegriff die Gesamtheit der politischen Institutionen (Polity), der politischen Prozesse (Politics) und der Inhalte politischer Entscheidungen (Policy) umfasst (dazu Klaus Schuberts Beiträge in: Dieter Nohlen [Hrsg.], Lexikon der Politik, Bd. 7, Politische Begriffe, S. 513f., S. 487, u. S. 484, Dieter Nohlen, Bernhard Thibaut: Politisches System. In: Dieter Nohlen [Hrsg.], Lexikon der Politik, Bd. 7. Politische Begriffe, S. 511ff., 511). Dabei wird „System" verstanden als ein Komplex interdependenter, interagierender Teile, der nach außen abgrenzbar ist, also als ein Gefüge von Teilen gegenseitiger Abhängigkeit. Dementsprechend kann das gesellschaftliche und politische Handeln unter Begriffen der Leistung (Funktion), des Leistungsaustausches und des Beitrages zur Zielerreichung

analysiert werden (Udo Kempf, Paul-Ludwig Weinacht: Die Lehre vom politischen System - am Beispiel der Bundesrepublik Deutschland. In: Paul-Ludwig Weinacht, Udo Kempf, Hans-Georg Merz [Hrsg.], Einführung in die Politische Wissenschaft, S. 79ff., 82).

3) Vgl. ebd. S. 79ff., 80.

4) Klaus Schubert: Netzwerk. In: Nohlen (Hrsg.), a.a.O., S. 418f., 418.

5) Paul-Ludwig Weinacht, Die politische Person und das Persönliche an der Politik. In: Karl Graf Ballestrem, Heinz Buchheim, Manfred Hättich, Heinz Hürten (Hrsg.): Sozialethik und Politische Bildung, Festschrift für Bernhard Sutor zum 65. Geburtstag, Paderborn, München, Wien, Zürich 1995, S. 55ff., 61ff.

6) Vgl. Dirk Berg-Schlosser, Theo Stammen, Einführung in die Politikwissenschaft, 6. Aufl., München 1995, S. 33.

7) Vgl. Weinacht, a.a.O., S. 55ff., 61ff.

8) Vgl. Dirk Freudenberg: Veränderte Rahmenbedingungen der Internationalen Zusammenarbeit. Einführung in die Sicherheitssituation. In: Notfallvorsorge 2005, Heft 4, S. 10ff., 10; vgl. Dirk Freudenberg: Terrorismus und Zivilschutz. In: Informationsdienst Terrorismus 2004, Heft 3, S. VII.

9) Tomas Debiel: Konfliktbearbeitung in Zeiten des Staatszerfalls. In: Ursula Blanke (Hrsg.), Krisen und Konflikte. Von der Prävention zur Friedenskonsolidierung, Berlin 2004, S. 21ff., 24.

10) Manfred Engelhardt: Militärische Instrumente der Konfliktbearbeitung. In: Ursula Blanke (Hrsg.), Krisen und Konflikte. Von der Prävention zur Friedenskonsolidierung, Berlin 2004, S. 91ff, 91.

11) Heiko Borchert, Reinhardt Rummel: Von segmentierter zu vernetzter Sicherheit in der EU der 25. In: ÖMZ 3/2004, S. 259ff., 264.

12) Freudenberg: Rahmenbedingungen, a.a.O., S. 10ff., 11.

13) Hans Reimer, Dirk Freudenberg: Multinationale Interagency Groups - Unterstützung der Sicherheitsvorsorge im gesamtstaatlichen Ansatz. Zu Hintergrund, Sachstand und Perspektiven im Themenfeld „Interagency Interaction", Internet vom 4.11.2004, www.baks.com/transformation/mi.doc.

14) Peter Vorhofer: Civil-Military Cooperation. Zur Evolution einer neuen Aufgabe in der Krisenbewältigung. In: ÖMZ 6/2003, S. 753, 753.

15) Bernhard Lauring: Network Centric Warfare. Die Supermacht Amerika hebt endgültig ab. In: ÖMZ 6/2003, S. 760ff., 761.

16) Engelhardt: Konfliktbearbeitung, a.a.O., S. 91ff, 92.

17) Vgl. Helmut Habermayer: Network-Centric Warfare - Der Ansatz eines Kleinstaates. In: ÖMZ 3/2004, S. 269ff., 270f.

18) Vgl. Borchert, Rummel, a.a.O., S. 259ff., 265.

19) Reimer, Freudenberg: Multinationale Interagency Groups, a.a.O.

20) Franz-Josef Schulz, Raoul Gruninger: Wirkungsorientierte Operationsführung. Neue Anforderungen an die sicherheitspolitische Wissensgrundlage. In: Heiko Borchert (Hrsg.), Verstehen, dass die Welt sich verändert hat. Neue Risiken, neue Anforderungen und die Transformation der Nachrichtendienste, Baden-Baden 2005, S. 34ff., 34. Der Begriff „DIME" steht hierbei für die zusammengesetzten englischen Begriffe „Diplomacy, Information, Military, Economy".

21) Stefan Kaufmann: Der Soldat im Netz digitalisierter Gefechtsfelder. Zur Anthropologie des Kriegers im Zeichen des Network Centric Warfare. In: Steffen Martus, Marina Münkler, Werner Röcke (Hrsg.): Schlachtfelder. Zur Codierung militärischer Gewalt im medialen Wandel, Berlin 2003, S. 285ff., 288.

22) Gerhard Schulz, Hans Reimer: Transformation der Bundeswehr - Der Weg in die Zukunft. In: Europäische Sicherheit 5/2004, S. 31ff., 31.

23) Ralph Thiele: Innovation an der Spitze des Fortschritts. Die deutsche Beteiligung an US Multinational Joint Transformation. In: Europäische Sicherheit 11/2003, S. 25ff., 25.

24) Ebd. S. 25ff., 27.

25) Burkhard Theile: Transformation: Veränderte Streitkräfte und neue Rüstungstechnik. In: Heiko Borchert (Hrsg.), Vernetzte Sicherheit. Leitidee der Sicherheit im 21. Jahrhundert, S. 20ff., 25.

26) Michael Traut, Klaus Engel: Vernetzte Operationsführung - mit besonderer Bedeutung für Luftstreitkräfte. In: Europäische Sicherheit 3/2004, S. 48ff., 51.

27) Theile, Transformation, a.a.O., S. 20ff., 26.

28) Vgl. Martin Neujahr: Vernetzte Operationsführung und das neue operative Umfeld: Gesteigerte Einsatzwirksamkeit durch verbesserte Führungsfähigkeit. In: Borchert (Hrsg.), a.a.O., S. 38ff., 39.

29) T.E Lawrence: Die sieben Säulen der Weisheit, 15. Aufl., München 2005.

30) Insofern haben einige Autoren auf diese Zusammenhänge hingewiesen (vgl. Hans-Ulrich Seidt, Berlin, Kabul, Moskau. Oskar Ritter von Niedermayer und Deutschlands Geopolitik, München 2002, vgl. Matthias Friese, Stefan Geilen [Hrsg.], Deutsche in Afghanistan. Die Abenteuer des Oskar von Niedermayer am Hindukusch, Köln 2002).

Der Strategiebegriff bei Clausewitz, Jomini und Erzherzog Karl
Eine vergleichende Untersuchung (ÖMZ 2008)
Dirk Freudenberg

Vorbemerkung

Der Österreicher Erzherzog Karl (5.9.1771-30.4.1847) ist neben dem Preußen Carl von Clausewitz (1.6.1780-16.11.1831) und dem Schweizer Antoine-Henri Jomini (6.3.1779-22.3.1869) einer der drei wesentlichen Militärschriftsteller der nachnapoleonischen Epoche.[1] Alle drei lebten zur Zeit der größten Umbrüche, als die Französische Revolution und die napoleonischen Feldzüge das Antlitz Europas veränderten, und jeder von ihnen war ein scharfer Beobachter, und ihrer Natur nach und ihrer Vorstellung, aber v.a. ihrem geistigen Herkommen nach, zogen sie verschiedene Schlüsse, deren grundsätzliche Überlegungen auch heute noch Gültigkeit haben.[2] Wie bereits Manfried Rauchensteiner vor einigen Jahren in dieser Zeitschrift festgestellt hat, ist in der Trinität Clausewitz, Jomini, Erzherzog Karl auch eine Reihung der Bekanntheit zu erblicken, nach der Karl der am wenigsten Bekannte ist,[3] obgleich dieser „Meister der Kriegskunst"[4] im Schrifttum hinsichtlich seiner Bedeutung für die österreichische Armee mit der Scharnhorsts für die preußischen Streitkräfte annähernd gleichgesetzt wird[5] und er in den ersten Jahrzehnten des 19. Jahrhunderts nicht nur eine Schlüsselfigur der mitteleuropäischen Militärgeschichte, sondern neben Clausewitz und Jomini auch die dritte Hauptgestalt des europäischen militärischen Denkens war.[6] Der Zugriff auf die „alten" Autoren ist methodologisch gerechtfertigt, weil diese drei Denker - jeder nach eigener Weise und theoretischem Vermögen - bereits Grundzüge derjenigen Epoche erkannt haben, in deren Folgewirkung wir uns nach wie vor befinden[7] und welche auch nach dem Zerfall der bipolaren (Staaten-) Ordnung fortwirkt. Allerdings beschränkt sich dieser Aufsatz auf das Feld der Strategie. Die Aufgabe der nachstehenden Betrachtung soll es denn auch sein, die Strategiebegriffe dieser drei „Klassiker der Kriegskunst"[8] gegenüberzustellen und zu vergleichen. Die Überlegungen sollen auch helfen, einen Ansatz zu bilden, um grundlegende Klarheit über das grundsätzliche

Verhältnis und die Wechselwirkungen von Sicherheitspolitik und Strategie zu schaffen.[9]

Der Strategiebegriff Clausewitz'

Zweck, Ziel und Mittel sind die Kernbegriffe der clausewitzschen Theorie.[10] Für Clausewitz erreicht die Strategie *„[v]ermittels [des] Sieges […] den Zweck, welchen sie dem Gefecht gegeben hat und der seine eigentliche Bedeutung ausmacht".* [11] Auf diese Definition der Strategie verweist er gleich zu Beginn des ersten Kapitels des dritten Buches „Von der Strategie überhaupt", in dem er versucht, den Begriff der Strategie zu fassen. *„Die Strategie ist der Gebrauch des Gefechts zum Zweck des Krieges; sie muß also dem ganzen kriegerischen Akt ein Ziel setzen, welches dem Zweck desselben entspricht, d.h. sie entwirft den Kriegsplan, und an dieses Ziel knüpft sie eine Reihe der Handlungen an, welche zu demselben führen sollen, d.h. sie macht die Entwürfe zu den einzelnen Feldzügen und ordnet in diesen die einzelnen Gefechte an."* An anderer Stelle wird Clausewitz – in Abgrenzung zur Taktik - noch deutlicher: *„Daraus entspringt nun die ganz verschiedene Tätigkeit, diese Gefechte in sich anzuordnen und zu führen und sie sich zum Zweck des Krieges zu verbinden. Das eine ist die Taktik, das andere die Strategie genannt worden. … Es ist nun nach unserer Einteilung die Taktik die Lehre vom Gebrauch der Streitkräfte im Gefecht, die Strategie die Lehre vom Gebrauch der Gefechte zum Zweck des Krieges."* [12] Nach Clausewitz' Vorstellung ist die Strategie keine starre Festlegung, sondern steht in ständigen Wechselwirkungsbeziehungen mit ihren Umsetzungen und Ergebnissen. Mithin ist sie an diese gebunden und muss ständig agieren und reagieren. *„Die Strategie … muß also dem ganzen kriegerischen Akt ein Ziel setzen, welches dem Zweck desselben entspricht, d.h. sie entwirft den Kriegsplan, und an dieses Ziel knüpft sie die Reihe der Handlungen an, welche zu demselben führen sollen, d.h. sie macht die Entwürfe zu den einzelnen Feldzügen und ordnet in diesen die einzelnen Gefechte an. Da sich alle diese Dinge meistens nur nach Voraussetzungen bestimmen lassen, die nicht alle zutreffen, eine Menge anderer, mehr ins einzelne gehender Bestimmungen sich aber gar nicht vorher geben lassen, so folgt von selbst, daß die Strategie mit ins Feld ziehen muß, um das Einzelne vor Ort und Stelle anzuordnen und für das Ganze die Modifikationen zu treffen, die unaufhörlich erforderlich werden. Sie kann also ihre Hand in keinem Augenblicke von dem Werke abziehen."* [13] Gleichzeitig ordnet Clausewitz den Schwerpunkt der Strategie auf der politischen Ebene an der Schnittstelle zur militärstrategischen Ebene - aber oberhalb dieser - an „... *wo sie an die Politik oder Staatskunst grenzt oder vielmehr beides selbst wird ...*"[14)] Mithin bringt Clausewitz seinen Strategiebegriff wieder in eine Zweck-Ziel-Mittel-Relation. „*Vermittels [des] Sieges erreicht die Strategie den Zweck, welchen sie dem Gefecht gegeben hat und der seine eigentliche Bedeutung ausmacht. ...Die Strategie hat ursprünglich nur den Sieg, d.h. den taktischen Erfolg, als Mittel und in letzter Instanz, die Gegenstände, welche unmittelbar zum Frieden führen sollen, als Zweck. Die Anwendung ihres Mittels zu diesem Zweck ist gleichfalls von Umständen begleitet, die mehr oder weniger Einfluß darauf haben.*"[15)] Daher ist das rechte Verhältnis von Zweck, Ziel und Mittel zueinander für Clausewitz Gegenstand eingehender Überlegungen, die wiederum von der Politik ausgehen.[16)] Der Zweck wird durch die Politik bestimmt.[17)] Weiterhin ordnet Clausewitz der Strategie fünf Einheiten zu, welche für diese von grundlegendem Einfluss sind. „*Man kann die in der Strategie den Gebrauch des Gefechts bedingenden Ursachen füglich in Elemente verschiedener Art abteilen, nämlich in die moralischen, die physischen, die mathematischen, die geographischen und die statistischen Elemente.*"[18)] Schlussendlich setzt Clausewitz die Strategie in einen Gesamtzusammenhang; sie steht somit niemals isoliert für sich allein. „*Die Erhaltung der eigenen Streitkräfte, die Vernichtung der feindlichen, mit anderen Worten der Sieg ist der Gegenstand des Kampfes; aber er ist freilich nicht der letzte Zweck. Die Erhaltung des eigenen Staates und die Niederwerfung des feindlichen ist dieser Zweck, und wieder mit einem Wort: der beabsichtigte Friede, weil in ihm sich dieser Konflikt ausgleicht und in einem gemeinschaftlichen Resultat endigt.*"[19)] Dabei betrachtet Clausewitz das gesamte politische Umfeld. [20)] Clausewitz erarbeitet folglich mit seiner Theorie des Krieges, der Herausarbeitung prinzipieller Relationen von Politik, Gesellschaft, Krieg und Friedensordnung eine zukunftsweisende Studie,[21)] welche bereits hier die Zusammenhänge gesamtgesellschaftlicher Wechsel- und Außenwirkungen hervorhebt. Den Krieg mit seinen Elementen und seinem „Instrumentalcharakter der Politik" stellt er dabei besonders heraus.[22)] Clausewitz hat Richtpunkte überliefert, die auch heute als Maßstäbe Geltung haben und zukunftsweisend sein können; und das gilt nicht nur für Politik und Strategie, sondern auch für das Verhältnis von Zweck und Mittel und selbst für den Bereich militärischer Operationsführung.[23)]

Der Strategiebegriff Jominis

Für Jomini hingegen ist die Strategie ein Teil der „Kriegswissenschaft", die er mit der „Kriegskunst" gleichsetzt. Bei der Erklärung des Begriffs der „Kriegskunst" teilt er diese in sechs Teile ein: *„Der erste ist die Politik des Krieges. Der zweite ist die Strategie, oder die Kunst, die Massen auf dem Kriegsschauplatz zu leiten. Der dritte, die höhere Taktik der Schlachten und Gefechte. Der vierte ist die Logistik oder die praktische Anwendung der Kunst, die Armeen in Bewegung zu setzten. Die fünfte ist die Ingenieurskunst, der Angriff und die Vertheidigung der Plätze. Der sechste ist die niedere Taktik."* Im dritten Kapitel seines Werkes „Von der Strategie" wiederholt Jomini noch einmal die Unterteilung der Kriegskunst *„...in 5 Hauptzweige: die Strategie; die große Taktik; die Logistik; die kleine Taktik und die Ingenieurkunst"*.[24] Mit der hier enthaltenen begrenzenden Definition der Strategie auf die *„... Kunst, die Massen auf dem Kriegsschauplatz zu leiten"* reduziert Jomini seine Auflistung um die Politik des Krieges und grenzt gleichzeitig den Begriff der Strategie aus dem Feld der Politik aus. Allerdings verkennt Jomini nicht den grundsätzlichen Einfluss der Politik auf den Krieg; er grenzt hier aber zwischen der „militärischen Politik", welche er auch als „Philosophie des Krieges" bezeichnet, und einer „Politik des Krieges" ab: *„...unter Politik [werden] alle Beziehungen der Diplomatik auf den Krieg verstanden ... während die militärische Politik nur die militärischen Kombinationen einer Regierung oder eines Feldherrn bezeichnet. Die militärische Politik kann alle Kombinationen eines Kriegsplanes umfassen, die es außer denen der diplomatischen Politik und der Strategie noch giebt."*[25] Geopolitische, historische, landeskundliche und kulturelle Aspekte sowie auch militärische Fähigkeiten, verfassungsmäßige Konstitutionen und weitere Gesichtspunkte unterwirft Jomini ebenfalls der militärischen Politik und grenzt sie gleichfalls von der „Diplomatik" wie auch der Strategie ab. *„...die Leidenschaften der Völker ...; ihr militärisches System; ihre kriegerischen Mittel der ersten Linie und der Reserve; die Hülfsquellen ihrer Finanzen; die Anhänglichkeit an ihre Regierung oder Einrichtungen. Außerdem: den Charakter des Staats-Oberhauptes; den der Heerführer und ihre militärischen Fähigkeiten; den Einfluß, den das Kabinett oder der Kriegsrath von der Hauptstadt aus auf die Operationen üben; das im feindlichen Generalstab herrschende Kriegssystem; den Unterschied in der Stärke der Verfassung der beiderseitigen Armeen und ihrer Bewaffnung; die militärische Geographie und Statistik des Landes, in welches man eindringen soll; endlich die*

Hülfsquellen und Hindernisse aller Art, welche man daselbst antreffen kann ...(26)

Diese Kriegstypen unterliegen nach Jominis Darstellungen bestimmten Begründungen oder (politischen) Kriegsgründen; sie liefern aber keine grundlegenden Ausführungen eines umfassenden Strategiebegriffs. Es ging ihm nicht um den Krieg als Ganzes, als gesellschaftlich-politisches Phänomen, sondern um den vernunftgemäßen Umgang mit den Anforderungen an die militärische Führung, die ein Krieg stellt.[27] Mithin untersucht Jomini in seinen anschließenden Ausführungen den Begriff der Strategie nur aus einem militärischen Blickwinkel. Die „Philosophie des Krieges oder auch diesbezügliche „moralische" Fragestellungen will Jomini daher auch „*...mit der Politik in einem Abschnitt ... vereinigen.*"[28] Die verschiedenen Beweggründe, die den Staat zur Kriegführung leiten, und die unterschiedlichen Kriegsformen betrachtet er dagegen zunächst unter dem Oberbegriff der „Kriegspolitik" als „*...Titel* [derjenigen] *Kombinationen ... nach welchen ein Staatsmann beurtheilen soll, ob ein Krieg angemessen, zeitgemäß oder unerläßlich ist, und nach welchen er sich über die verschiedenen nothwendigen Maßregeln zu entscheiden hat, um das gesteckte Ziel zu erreichen*".[29] In diesem Sinne legt er den Vorrang der Politik gegenüber der militärischen Entscheidung fest.[30] Im Folgenden beschäftigt er sich mit den Arten und Formen von Kriegen:

- Angriffskriege, um Rechte zu behaupten,
- politisch-defensive und militärisch offensive Kriege,
- Gelegenheitskriege,
- Kriege mit oder ohne Verbündete,
- Interventionskriege, Einbruchskriege,
- Eroberungskriege aus Eroberungssucht oder aus anderen Ursachen,
- bürgerliche und Religions-Kriege,
- doppelte Kriege.[31]

Im dritten Teil seines Werkes,[32] das Jomini der Strategie gewidmet hat, nimmt er das Grundprinzip des Krieges auf, die Konzentration der Kräfte am entscheidenden Punkt, die energisch und gesammelt eingesetzt werden, um dort eine gleichzeitige Wirkung hervorzurufen, und stellt dann eine Liste aller Kombinationen auf, die die Gesamtheit des Kriegsschauplatzes umfassen und strategischer Art sind.[33)] Folglich hat Jomini in diesem Werk hauptsächlich einen militärstrategischen und operativen Fokus hinsichtlich des zu untersuchenden Gegenstandes. *„Ist der Krieg beschlossen, so muß man sich zu allererst darüber entscheiden, ob man ihn angriffs- oder verteidigungsweise führen will."*[34)] In ihrem Wesen ist die Strategie somit darauf ausgerichtet, den Gegner aus dem Kriegstheater zu verdrängen.[35)]

Der Strategiebegriff Erzherzog Karls

Erzherzog Karl untersucht den Strategiebegriff vom militärischen Gesichtspunkt aus und versteht darunter entsprechend Militärstrategie. Diese bestimmt nach seiner Vorstellung die militärpolitische Ausrichtung. Insofern ist die Strategie für Karl eine in die Zukunft gerichtete planerische Tätigkeit der Staatsführung. *„Die Grundsätze der Strategie enthalten den Geist des Kriegssystems im Allgemeinen; auf sie gründet sich folglich auch der Entwurf eines offensiven oder defensiven Kriegssystems für jeden Staat insbesondere."*[36)] Die strategische Planung ist somit für Karl conditio sine qua non für eine erfolgreiche militärstrategische Orientierung. *„Jede auf* [das Kriegssystem] *gerichtete Bezug nehmende Maßregel, die nicht aus den Regeln der Strategie herfließt ist falsch - schädlich und verderblich."*[37)] Diese Planung unterliegt der (militär-) politischen Führung des Staates. *„Derjenige, dem die oberste Leitung der militärischen Kraft eines Staates anvertraut ist, muß folglich auch im tiefsten Frieden die Mittel haben, glückliche Ereignisse im Kriege dadurch vorzubereiten, dass alles was sie erzeugen kann, nach den Regeln der Strategie eingeleitet werden kann."*[38)]

Karl setzt den Begriff der Strategie mit der Kriegswissenschaft gleich: *„Strategie ist Kriegswissenschaft. Sie entwirft den Plan, umfasst und bestimmt den Gang kriegerischer Unternehmungen; sie ist die eigenthümliche Wissenschaft des obersten Feldherrn."*[39)] Dementsprechend hatten die Schriften Erzherzog Karls das österreichische Offizierskorps zum Adressaten.[40)] Für Karl sind die Grundsätze der Strategie unabhängig von militärtechnischen Entwicklungen und sich hieraus ergebenden entsprechenden neuen Fähigkeiten und somit feststehend und unwandelbar. *„Die Veränderungen in der Kriegführung, welche die Fortschritte in der Kultur hervorbringen, erstrecken sich nicht bis auf den Geist des Kriegssystems und auf die Grundsätze der Strategie, sondern bloß auf die Art ihrer Anwen-*

dung." [41] Von der Strategie grenzt Karl die Taktik ab: *„Taktik ist Kriegskunst. Sie lehrt die Art, nach welcher strategische Entwürfe ausgeführt werden sollen; sie ist die unerlässliche Kunst eines jeden Truppenführers."* [42] Mithin unterscheidet Karl hier die Begriffe nicht nur hinsichtlich einer Zuordnung zu einer bestimmten Führungsebene, sondern stellt die Strategie in den Bereich von Forschung und Lehre mit ihren feststehenden Erkenntnissen und Berechenbarkeiten; die Taktik hingegen stellt er in das freie Feld des Geschicks und der Gewandtheit. Gleichzeitig ordnet er mit dieser Einteilung die Taktik der Strategie unter. Trotz der Trennung erkennt Karl die Verbindung von Strategie und Taktik. Allerdings ist die taktische Ebene für ihn zunächst lediglich Umsetzungsebene. *„Jeder strategische Entwurf muß taktisch ausgeführt werden können. Die Taktik lehrt also, wie die Truppen auf den strategischen Punkten aufgestellt, wie sie verwendet oder dahin geleitet, und wie sie auf diesen Linien bewegt werden, um den strategischen Zweck zu erfüllen: Folglich ist die Taktik der Strategie untergeordnet."* [43] Dessen ungeachtet übersieht Karl nicht die Wechselwirkungsbeziehungen von Strategie und Taktik. *„Taktische Fehler können den Verlust strategischer Punkte und Linien nach sich ziehen; dagegen haben die richtigsten taktischen Maßregeln selten einen dauerhaften Nutzen, sobald sie an Orten oder in einer Direktion geschehen, die nicht strategisch sind. Wo aber Strategie und Taktik in Kollision kommen, das ist, wo strategische Rücksichten mit taktischen Vorteilen im Widerspruche stehen, behalten im Allgemeinen erstere die Oberhand und überwiegen die letzteren, weil die strategischen Punkte und Linien von der Beschaffenheit des Kriegstheaters abhängen, folglich ihre Abänderung nicht in der Macht des Feldherrn liegt; da hingegen der Taktiker in seiner Kunst Mittel findet, durch die Art der Truppenverwendung, durch Befestigungen, Verhaue u.s.w. den Nachtheilen einer unvortheilhaften Stellung abzuhelfen."* [44] Karl sieht in der Strategie das ordnende Element, das grundsätzlich über den Erfolg entscheidet. *„Strategische Entwürfe entscheiden über den glücklichen oder unglücklichen Ausgang einer zusammenhängenden Operation, eines Feldzuges, eines ganzen Krieges. Sie bestimmen den Moment zur Schlacht, führen dieselbe unter den günstigen Kombinationen herbei; sie bezeichnen im Voraus die Resultate des Sieges so wie die Grenzen widriger Ereignisse."* [45] Der Taktik ist es bestimmt, die strategischen Vorgaben umzusetzen. *„Mit Hilfe der Taktik wird die Schlacht gewonnen, welche die Strategie angeordnet hat."* [46] Auch hier erkennt Karl wiederum die wechselseitigen Einflüsse der Ebenen. Er stellt aber erneut den Vorrang der Strategie vor der Taktik heraus. „[Die strategischen Entwürfe] *können wohl zuweilen durch taktische Fehler gestört - vielleicht gar vereitelt werden; sie stellen aber noch öfter die Nachtheile taktischer Mißgriffe wieder her.*"[47] Hier betont Karl sogar die Überlegenheit der Strategie. „*Wird* [die Schlacht] *ohne den Einfluß der* [Strategie] *geliefert, nämlich ohne daß Punkt und Moment das Produkt strategischer Berechnung waren, so hat sie selten andere Resultate als jene des augenblicklichen Vortheils.*" Karl anerkennt allerdings die taktische Alternative, also die Ausnutzung unvorhergesehener vorteilhafter Lageentwicklungen zugunsten eines strategischen Vorteils. „*Es gibt Fälle, wo die Taktik strategische Vorteile hervorbringen kann, welche nicht im ersten Plane lagen; wie z.B. wenn man bei der beschlossenen Forcierung eines Punktes die Möglichkeit ersieht, diese Unternehmung auf eine solche Art auszuführen, daß man sich zugleich der strategischen Rückzugslinie des Feindes bemeistert u. dgl. m.*"[48]

Zusammenfassung und Schluss

Wenngleich die militärischen Leben des Preußen Carl von Clausewitz und des Schweizers Antoine-Henri Jomini einige Parallelen und spiegelbildliche Erfahrungen aufweisen und obschon sie zweifelsohne gegenseitig von ihren militärischen Schriften wussten und diese - zumindest zum Teil - kannten und daher anzunehmen ist, dass sie sich wechselseitig Impulse gegeben haben, kommen beide „Klassiker der Strategie"[49] jedoch in ihren Hauptwerken hinsichtlich des Strategiebegriffs zum Teil zu unterschiedlichen Schlüssen. Zusammenfassend ist aber festzuhalten, dass - worauf bereits Boguslawski hinweist - auch Jomini den engen Zusammenhang der Politik mit der Strategie feststellt.[50] Allerdings fehlen fundamentale Aussagen über das Verhältnis zwischen Politik und Krieg wie bei Clausewitz.[51] Dennoch betrachtet er von seiner Systematik aus die Strategie als einen bestimmten Teil innerhalb der von ihm in der „Kriegswissenschaft" getroffenen diesbezüglichen Anordnung. Clausewitz hingegen vertritt einen umfassenderen Strategiebegriff, der zugleich ebenenübergreifend zu verstehen ist. Zudem stellt Clausewitz die Wirkung des Gefechts unmittelbarer in der Strategie in den Vordergrund als Jomini, bei dem das geometrische Element eine größere Rolle spielt[52] und der den Krieg und die Strategie so als Schachbrett ansieht.[53] Clausewitz' Strategiebegriff in „Vom Kriege" umfasst ständige und intensive

111

Wechselwirkungen auf allen Ebenen; Jominis „Abriß der Kriegskunst" anerkennt ebenfalls den Zusammenhang von Politik und Strategie, gibt diesem allerdings nicht diese immanente Bedeutung. Erzherzog Karls Lebensweg unterscheidet sich von denen der hier behandelten Militärtheoretiker in erheblicher Weise.[54] Auch sein Werk lässt sich letztendlich nur aus seiner eigenen militärischen Erfahrung, seinen militärwissenschaftlichen Studien, seiner persönlichen Stellung und Konstitution sowie seiner besonderen Stellung im Staate beurteilen. Erzherzog Karl grenzt die politische Verantwortung und damit die politische Strategie von der militärischen ab und fokussiert hiermit den Strategiebegriff seiner Darstellung auf das Militärische. Gleichwohl unterstellt er dieses der Politik und kommt damit dem clausewitzschen Postulat des Primates der Politik nahe. Gleichzeitig hat Erzherzog Karl die Verantwortlichkeit der Politik für die Vorbereitung und Planung sowie die hieraus folgende Zurverfügungstellung der Mittel unmissverständlich herausgearbeitet. Mithin hat er die Bedeutung der politischen für die militärische Strategie mitbedacht.

Anmerkungen:

1) Den nachstehenden Ausführungen liegen folgende Auflagen der Autoren zu Grunde: Carl von Clausewitz, Vom Kriege. In: Werner Hahlweg (Hrsg.), Hinterlassenes Werk des Generals von Clausewitz, 16. Aufl., Bonn 1952; Jomini, Abriß der Kriegskunst. Übersetzt, erläutert und mit Anmerkungen versehen durch von Boguslawski, Berlin 1881; Erzherzog Karl, Ausgewählte militärische Schriften erläutert und mit einer Einleitung versehen durch Freiherr von Waldtstätten, Berlin 1882.

2) Karl Fürst Schwarzenberg, Vorwort. In: Gesellschaft für politisch-strategische Studien, Clausewitz-Gesellschaft, Landesverteidigungsakademie (Hrsg.), Clausewitz, Jomini, Erzherzog Carl. Eine geistige Trilogie des 19. Jahrhunderts und ihre Bedeutung für die Gegenwart, Wien1988, S. 7.

3) Manfried Rauchensteiner, Erzherzog Carl und der Begrenzte Krieg. In: ÖMZ 1988, S. 33 7ff.; S. 33 7 vgl. Manfried Rauchensteiner, Erzherzog Carl und der Begrenzte Krieg. In: Gesellschaft für politisch-strategische Studien, Clausewitz-Gesellschaft, Landesverteidigungsakademie (Hrsg.), Clausewitz, Jomini, Erzherzog Carl. Eine geistige Trilogie des 19. Jahrhunderts und ihre Bedeutung für die Gegenwart, Wien1988, S. 149ff.; S. 149.

4) Freiherr von Waldtstätten: Einleitung. Erzherzog Karl als militärischer Schriftsteller. In: Erzherzog Karl, Ausgewählte militärische Schriften, erläutert und mit einer Einleitung versehen durch Freiherr von Waldtstätten, Berlin 1882, S. IX.

5) Vgl. Theodor Fuchs: Geschichte des europäischen Kriegswesens Teil II: Von der Aufstellung der ersten stehenden Heere bis zum Aufkommen der modernen Volksheere, Wien 1986, S. 289.

6) Josef Zachar: Die Frage des Verteidigungskrieges im Gebirgsland in den Schriften Erzherzog Karls. In: Gesellschaft für politisch-strategische Studien, Clausewitz-Gesellschaft, Landesverteidigungsakademie (Hrsg.), Clausewitz, Jomini, Erzherzog Carl. Eine geistige Trilogie des 19. Jahrhunderts und ihre Bedeutung für die Gegenwart, Wien1988, S. 129ff.; S. 144.

7) Dietmar Schössler: Resumé. In: Gesellschaft für politisch-strategische Studien, Clausewitz- Gesellschaft, Landesverteidigungsakademie (Hrsg.), Clausewitz, Jomini, Erzherzog Carl. Eine geistige Trilogie des 19. Jahrhunderts und ihre Bedeutung für die Gegenwart, Wien1988, S. 169ff.; S. 177.

8) Werner Hahlweg: Klassiker der Kriegskunst, Darmstadt 1960.

9) Vgl. Dirk Freudenberg: Sicherheitspolitik und Strategie. In: ÖMZ 2008, S. 185ff.

10) Kai Rohrschneider: Krieg und Politik im Denken von v. Clausewitz. In: Dermot Bradley, Heinz-Ludger Borgert, Wolfram Zeller: MARS, Jahrbuch für Wehrpolitik und Militärwesen, Jhg. 6, Osnabrück 2000, S. 562ff.; S. 562.

11) Clausewitz, S. 190.

12) Clausewitz, S. 169.

13) Clausewitz, S. 243 .

14) Clausewitz, S. 245 .

15) Clausewitz, S. 190ff.

16) Werner Hahlweg: Clausewitz. Soldat - Politiker - Denker, Göttingen, Frankfurt, Zürich 1969, S. 93.

17) Kai Rohrschneider: Krieg und Politik im Denken von v. Clausewitz. In: Dermot Bradley, Heinz-Ludger Borgert, Wolfram Zeller: MARS, Jahrbuch für Wehrpolitik und Militärwesen, Jhg. 6, Osnabrück 2000, S. 562ff.; S. 562.

18) Clausewitz, S. 252.

19) Clausewitz, S. 706.

20) Dirk Freudenberg: Theorie des Irregulären. Partisanen, Guerillas und Terroristen im modernen Kleinkrieg, Wiesbaden 2008, S. 54.

21) Vgl. Werner Hahlweg: Einleitung. In: Carl von Clausewitz, Verstreute kleine Schriften, Osnabrück 1974, S. IXff.; S. XII.

22) Werner Hahlweg: Clausewitz. Soldat - Politiker - Denker, Göttingen, Frankfurt, Zürich 1969, S. 71.

23) Heinz von zur Gathen: Clausewitz „Vom Kriege" - Werk und Wirkung. In: Dermot Bradley, Heinz-Ludger Borgert, Wolfram Zeller: MARS, Jahrbuch für Wehrpolitik und Militärwesen, Jhg. 2, Osnabrück 1996, S. 78ff.; S. 89.

24) Jomini, S. 22.

25) Jomini, S. 43.
26) Jomini, S. 43f.
27) Michael Arnold, Jomini und Clausewitz an der HKA. Klassische Militärdenker als Bereicherung in der Ausbildung unserer Milizkader. In: ASMZ 2007, Heft 12, S. 13f.
28) Jomini, S. 22.
29) Jomini, S. 23.
30) Jean-Jacques Langendorf: Krieg führen: Antoine-Henri Jomini, Zürich 2008, S. 221.
31) Jomini, S. 25ff.
32) Jomini, S. 55ff.
33) Jean-Jacques Langendorf: Krieg führen: Antoine-Henri Jomini, Zürich 2008, S. 384.
34) Jomini, S. 76.
35) Albert A. Stahel: Strategisch denken. Ziel - Mittel - Einsatz in Politik, Wirtschaft und Armee, Zürich 1997, S. 16.
36) Karl, S. 72.
37) Karl, S. 72.
38) Karl, S. 72f.
39) Karl, S. 57.
40) Manfried Rauchensteiner: Erzherzog Carl und der Begrenzte Krieg. In: ÖMZ 1988, S. 337ff.; S. 340.
41) Karl, S. 123.
42) Karl, S. 57.
43) Karl, S. 57.
44) Karl, S. 57.
45) Karl, S. 71.
46) Karl, S. 71.
47) Karl, S. 71.
48) Karl, S. 72.
49) Albert A. Stahel: Klassiker der Strategie - eine Bewertung 3. Aufl. Zürich 2003.
50) Vgl. von Boguslawski: Einleitung. In: Jomini, Abriß der Kriegskunst. Übersetzt, erläutert und mit Anmerkungen versehen durch von Boguslawski, Berlin 1881 S. V.
51) Hans-Justus Krekker: Antoine Baron de Jomini (1779-1869) - ein militärischer Klassiker. In: Dermot Bradley, Heinz-Ludger Borgert, Wolfram Zeller: MARS, Jahrbuch für Wehrpolitik und Militärwesen, Jhg. 5, Osnabrück 1998, S. 118ff.; S. 118.

52) Von Boguslawski: Einleitung. In: Jomini, Abriß der Kriegskunst. Übersetzt, erläutert und mit Anmerkungen versehen durch von Boguslawski, Berlin 1881 S. IV

53) Jehuda L. Wallach: Kriegstheorien. Ihre Entwicklung im 19. und 20. Jahrhundert, Frankfurt am Main 1972, S. 16.

54) Vgl. Walter Nemetz: Erzherzog Karl. In: Werner Hahlweg, Klassiker der Kriegskunst, Darmstadt 1960, S. 285ff.

Sicherheitspolitik und Strategie (ÖMZ 2008)
Dirk Freudenberg

In der politikwissenschaftlichen Debatte wird in jüngster Zeit die Frage nach der Definition eines „politischen Strategiebegriffs" aufgeworfen.[1)] In diesem Zusammenhang wird festgestellt, dass es im „repräsentativen Lexikon der Politik [...] keine Eintragung zu Strategie" gegeben habe und die lexikalische Besetzung eines Begriffs politischer Strategie „durch die Politologen selbst" erst mit dem „Wörterbuch zur Politik"[2)] im Jahre 2004 begonnen habe.[3)] In der Tat weisen zahlreiche lexikalische Werke weder den Begriff „politische Strategie" noch den der „Strategie" als solchen aus.[4)]

Auffällig an der Debatte ist, dass oftmals zwar an klassische, auch militärische Strategiedeutungen angeknüpft wird, dabei – neben der Abgrenzung von Strategie[5)] und Taktik[6)] - eine Übertragung der militärischen Bedeutung auf politische Verhältnisse auch die clausewitzsche Zweck-Ziel-Mittel-Relation aufgegriffen wird,[7)] zugleich aber der Versuch unternommen wird, einen eigenen, vom militärischen Bereich getrennten Begriff „Politische Strategie" zu „elaborieren".[8)] Zudem wird ausgeführt, dass eine analoge Begriffsbildung politischer Strategie erst nach voller Ausdifferenzierung von militärischer und politischer Sphäre möglich geworden sei, was in den Zeiten großer Nähe und Vermengung von politischer und militärischer Macht nicht gelungen wäre.[9)] Allerdings hat es bereits zu Beginn der politischen Wissenschaft in der Bundesrepublik Deutschland einen Definitionsansatz für den Begriff „Politische Strategie" gegeben. Dieser knüpft bezeichnenderweise an die clausewitzschen Begrifflichkeiten von Strategie und Taktik an und unterscheidet sich dahingehend, dass der militärische Stratege eine beschränkte Aufgabe habe, indem er das feindliche Heer vernichten und damit den Krieg gewinnen solle, der politische Stratege hingegen den Frieden schließen müsse.[10)] Nach diesem Ansatz ist der militärische Stratege nicht nur von dem operativen politischen Vorgang ausgeschlossen, der den unmittelbaren Kampfhandlungen folgt, sondern soll sich auch von dem Planungsprozess fernhalten, der auf den Frieden gerichtet ist. *„[Nach dem Gewinnen des Krieges] ist sein Werk getan. Weiter hat er nicht zu denken."*[11)]

Hiermit unterscheidet sich dieser Ansatz wesentlich von Clausewitz, da dessen strategischer Bezugspunkt - der Zweck - der Friede ist, auf den sich die Strategie insgesamt auszurichten hat, wie in den nachstehenden Ausführungen zu zeigen sein wird. Fraglich ist nicht nur, ob eine solche eigenständige Begriffsschöpfung tatsächlich möglich ist; wahrscheinlich werden aus den dargestellten eingeschränkten Deutungen des Strategiebegriffs die Blickwinkel auf einen weiten Begriff verstellt und somit unter Umständen die Wechselwirkungen asymmetrischer Konflikte und kleiner Kriege[12] mit der Politik im weitesten Sinne in kontraproduktiver Weise übersehen. Dies soll im Folgenden untersucht werden.

Sicherheitspolitischer Paradigmenwechsel
Während des Kalten Krieges war der Krieg als Instrument und beschleunigender Faktor der Veränderung im politischen Denken zurückgetreten.[13] In den letzten Jahren hat sich auch in der Bundesrepublik die Erkenntnis durchgesetzt, dass Streitkräfte ein Instrument der Politik sind. Das waren sie jedoch schon immer – auch für die Bundesrepublik. Allerdings war der außen- und sicherheitspolitische Fokus der Bundesrepublik auf die bipolare Ordnung des Ost-West-Konflikts eingeschränkt und darauf bedacht, das Gleichgewicht der Machtblöcke zu erhalten und durch den eigenen Beitrag militärischer Stärke in der NATO den potenziellen Gegner abzuschrecken. Die damalige Situation der Bundesrepublik erlaubte es ihr, den Einsatz von Streitkräften als absolute Ultima Ratio zu betrachten und den Begriff der „Verteidigung" auf das eigene Staatsgebiet und das der Bündnispartner zu beschränken. Mithin waren auch damals die Bezugspunkte des staatlichen Handelns Macht und Interesse. Das strategische Gleichgewicht und die Tatsache, dass es in Europa zu jener Zeit keine groß angelegte militärische Auseinandersetzung gab, hatten für viele - auch in der Bundeswehr – den Eindruck entstehen lassen, die geistige Auseinandersetzung mit dem Wesen und Besonderheiten soldatischen Dienens sei obsolet; es genüge allenfalls, „kämpfen zu können, um nicht kämpfen zu müssen". Ansonsten sei der Dienst des Soldaten „ein Beruf wie jeder andere" auch.

Gleichwohl wurde mit der Wende 1989 und v.a. mit dem Zerfall der Sowjetunion und der bipolaren Ordnung nach 1991 rasch deutlich, dass nicht der ewige Frieden ausgebrochen war. Mit den kriegerischen Auseinandersetzungen auf dem Balkan war ab Mitte der 1990er-Jahre auch für Deutschland klar, dass es sich als europäische Mittelmacht nicht aus den aufbrechenden Auseinandersetzungen mit dem Hinweis auf die „Lasten der Vergangenheit" und der „Verantwortung vor der eigenen Geschichte" heraushalten konnte. Die neuen Sicherheitsprobleme waren nunmehr nicht das Vorhandensein militärischer Potenziale, sondern kleine Kriege, funktionsgestörte und in ihren Institutionen gestörte Staaten mit inneren Konflikten und unzureichenden politischen, administrativen, wirtschaftlichen und zivilen Strukturen.[14] Weiterhin zeichnete sich bald ab und wurde spätestens mit dem 11. September 2001 offenbar, dass Bedrohungen für das eigene Staatsgebiet auch aus weiter entfernt gelegenen Regionen von nicht-staatlichen Akteuren ausgehen können, sodass sich der außen- und sicherheitspolitische Fokus in einen globalen Rundumblick ändern musste. Im internationalen System hat man es nun auch zunehmend mit Akteuren zu tun, die keinen „staatlichen Körper" haben. Demzufolge muss sich die Staatenwelt – Nationalstaaten und staatliche Gemeinschaften – darauf einstellen, zukünftig oftmals kein entsprechendes bzw. staatliches Gegenüber zu haben. Als diametrale Erscheinung der Globalisierung bilden sich regionale und örtliche Machtstrukturen heraus, die als neue Akteure aus zerfallenden Staaten hervorgehen oder aus bereits zuvor bestehenden Subsystemen empor- und aufsteigen.[15] In gewisser Weise stehen zugleich überkommene Prinzipien internationaler Politik und Diplomatie zur Disposition, die sich mit dem Wiener Kongress richtungsweisend und bis heute prägend herausgebildet hatten. Die seinerzeit anerkannte Legitimität, die nicht mit Gerechtigkeit zu verwechseln ist, besagte nichts anderes als ein internationales Übereinkommen über das Wesen brauchbarer Arrangements und über erlaubte Ziele und Methoden der Außenpolitik, die in sich einschließen, dass alle Großmächte im Großen und Ganzen eine bestimmte internationale Ordnung respektieren.[16] Eine derartige Legitimität schließt Konflikte nicht aus, begrenzt aber deren Zielsetzung, und wenn es auch noch zu Kriegen kommen mag, werden diese doch ausgefochten im Namen der bestehenden internationalen Struktur; der nachfolgende Friede wird als besserer Ausdruck „legitimer" allgemeiner Überzeugung gerechtfertigt.[17] Eben diese

Strukturen sind heute nicht mehr in jedem Fall deutlich zu identifizieren. Der Zerfall der bipolaren Ordnung, das Hinzutreten zahlreicher Mittelmächte in das internationale Konzert politischer Macht und unzählige nicht-staatliche Akteure, die transnational und zum Teil global agierend Einfluss auf das internationale Herrschaftsgefüge nehmen (wollen), sind die wesentlichen Ursachen hierfür. Desgleichen ist es inzwischen allgemein anerkannt, dass die Grenzen äußerer und innerer Sicherheit zunehmend verschwimmen oder gar verschmelzen. Demzufolge sind auch die Rechtfertigungen überkommener Zuständigkeiten und Kompetenzen von Innen- und Außenpolitik fragwürdig geworden. Die westliche Staatenwelt sieht sich nun vor der Situation, die Bezugspunkte politischer Strategie umfassend anzupassen und neu justieren zu müssen.

Die Notwendigkeit von Kampfeinsätzen

Inzwischen wird immer deutlicher, dass sich militärisches Engagement nicht mehr allein auf so genannte „friedenserhaltende" oder „friedenskonsolidierende" Einsätze beschränken lässt, und dass es auch in diesen wie auch in Frieden wiederherstellenden oder so genannten „Postkonfliktoperationen" darauf ankommen kann und muss, militärische Fähigkeiten ziel- und wirkungsorientiert zum Einsatz zu bringen. In letzter Konsequenz bedeutet das Kampf. Anstatt „Kämpfen können, um nicht kämpfen zu müssen" muss das Postulat jetzt heißen: *„Kämpfen können und kämpfen wollen, um siegen zu können."* Mithin änderte sich auch der Stellenwert soldatischen Dienens in der öffentlichen Wahrnehmung. Und nicht erst mit den Anschlägen auf deutsche Soldaten und den damit verbundenen Verlusten stellt sich - nicht nur für die Soldaten und ihre Angehörigen - wieder die Frage nach dem Sinn der Einsätze und dem Wert des Opfers, dem des Lebens, das schlussendlich der Preis des Einsatzes sein kann. Wenngleich die Verluste und Verwundungen deutscher Soldaten sich im Vergleich zu denen verbündeter Staaten bisher als verhältnismäßig gering erwiesen haben, so wird doch zunehmend deutlich, dass die Risiken von Tod und Verwundung steigen. Somit tritt wieder die alte – gerade in westlichen Demokratien lange verdrängte – Erkenntnis hervor, dass der Krieg nicht nur die weitreichendste Form legitimierten Tötens von Artgenossen darstellt, sondern auch zugleich das passive Erleiden des Todes in Kauf nimmt. Gleichfalls wird fühlbar, dass es ein entscheidendes Wesensmerkmal soldatischen Dienens ist, Leben zu nehmen und zu geben. Die Erkenntnis des Wesenskerns soldatischen Dienens ist insbesondere westlichen Gesellschaften verloren gegangen. Insofern stoßen demokratische Systeme immer mehr auf die Schwierigkeit, ihren Gesellschaften die Notwendigkeit von militärischer Rüstung und den Gebrauch militärischer Macht erklärbar zu machen und dementsprechend den hierauf gerichteten Wehrwillen zu entwickeln. Der Abbau der Blöcke, die Aufhebung von vorher fast unüberwindlichen Grenzschranken, erfolgreiche Rüstungskontroll- und Abrüstungsmaßnahmen haben in der Bevölkerung eine Stimmungslage bewirkt, die dahin tendiert, militärische Bedrohung der eigenen Lebenswelt entweder mit einer gewissen Sorglosigkeit nicht mehr zu sehen oder sie aber in Teile der Welt zu verlagern, die das eigene Land geografisch nicht mehr tangieren. Unmittelbar im Zusammenhang damit steht die Notwendigkeit der Rechtfertigung der (finanziellen) Kosten, die für die Sicherheit aufzubringen sind. Gleichzeitig ist es den heutigen Wohlstandsgesellschaften schwierig zu vermitteln, dass der Gebrauch militärischer Macht - auch bei größter Überlegenheit - auch immer das Risiko eigener Verluste beinhaltet. „Menschenwürde" und die „absolute Unversehrbarkeit" jeden individuellen Lebens stimmen moderne westliche Gesellschaften widerwillig, Einzelleben für Kollektivinteressen zu opfern.[18] Dementsprechend zielt die moderne Kriegführung zumeist darauf ab, die eigenen Verluste gegen null zu halten. Die militärische Interventionsfähigkeit „postheroischer Gesellschaften" ist somit abhängig von der Minimierung eigener Verluste und darüber hinaus auch der des Gegners. Der Verlust von Menschenleben ist insofern grundsätzlich zu vermeiden, unabhängig von der Zugehörigkeit der Betroffenen zu Freund oder Feind. Die Lebenswirklichkeit beweist allerdings, dass dies nicht immer – oder auch nie – möglich ist.[19]

Hier setzt das Dilemma der Politik an. Es muss also Aufgabe einer verantwortungsvollen Staatsführung, der Politik, sein, der Gesellschaft zu erklären, dass sie als Lohn für die Durchsetzung ihrer Interessen auch einen Preis zu zahlen bereit sein muss: notfalls das Leben ihrer Soldaten, ihrer Staatsbürger. Tut eine Staatsführung dies nicht, macht sie sich erpressbar: Sie wird niemals tatsächlich ein „robustes

Mandat" zur Durchsetzung eines Auftrages umsetzen, da zum Wesen des Militärischen nun einmal in letzter Konsequenz der Kampf mit der Waffe gehört und jeder Akteur im Wissen um diese Erpressbarkeit diese Karte spielen wird. Folglich arrangiert man sich mit einer solchen Haltung mit diesen Akteuren, lässt sich auf Kompromisse ein und hindert damit gleichzeitig die eigenen Kräfte an der effektiven Durchführung ihres Auftrages; oder man zieht sich zurück, spätestens dann, wenn die Bilder der ersten eigenen Toten in den heimischen Medien präsentiert werden. Um diese komplexen Aufgaben zu lösen, muss Politik Strategien entwickeln, die dieser Entwicklung Rechnung tragen und die vorstehend aufgezeichneten Klippen und Fallen meiden. Folglich muss Politik den Zweck und Ziel von Einsätzen definieren und verständlich machen.

Der clausewitzsche Strategieansatz

Der heute so häufig für überholt angesehene Clausewitz hatte bereits auf diesen Unterschied hingewiesen. Zweck und Ziel sind Bezugspunkte jeder Strategie. Das grundsätzliche Ziel einer jeden Strategie ist der Erfolg. Das grundsätzliche Ziel einer Kriegführung und damit jeder militärpolitischen Strategie ist der Sieg. Ein wesentliches Missverständnis des clausewitzschen Strategieansatzes liegt in der Annahme begründet, dass er nicht über politische, sondern über militärische Strategie geschrieben und auch keinen Begriff „politische Strategie" gehabt habe.[20] Ein weiterer Fehlschluss liegt in der Feststellung, dass Clausewitz die Politik für das strategische Denken geöffnet habe, ohne selbst diesen Schritt zu vollziehen, da er in seinen Beiträgen zu politischen Fragen (v.a. zur Außenpolitik) nicht von „Strategie" gesprochen habe, also den Begriff nicht vom für ihn seit Beginn des 19. Jahrhunderts selbstverständlichen militärischen Gebrauch auf das politische Feld übertragen habe.[21]

Gerade unter den Bedingungen heutiger gewaltsamer Auseinandersetzungen kriegerischer Art treten die clausewitzschen Definitionen und Erklärungsansätze der damit verbundenen Phänomene nicht nur wieder stärker ins Bewusstsein, sondern sie scheinen sich von ihrem theoretischen Denkansatz hinsichtlich ihrer „Wahrheiten" in großer Aktualität zu bestätigen.[22]

Für Clausewitz erreicht die Strategie „*[v]ermittels [des] Sieges [...] den Zweck, welchen sie dem Gefecht gegeben hat und der seine eigentliche Bedeutung ausmacht*".[23)] Auf diese Definition der Strategie verweist er gleich zu Beginn des ersten Kapitels des dritten Buches „Von der Strategie überhaupt", in dem er versucht, den Begriff der Strategie zu fassen. „*Die Strategie ist der Gebrauch des Gefechts zum Zweck des Krieges; sie muss also dem ganzen kriegerischen Akt ein Ziel setzen, welches dem Zweck desselben entspricht, d.h. sie entwirft den Kriegsplan, und an dieses Ziel knüpft sie eine Reihe der Handlungen an, welche zu demselben führen sollen, d.h. sie macht die Entwürfe zu den einzelnen Feldzügen und ordnet in diesen die einzelnen Gefechte an.*"[24)] An anderer Stelle wird Clausewitz - in Abgrenzung zur Taktik - noch deutlicher: „*Daraus entspringt nun die ganz verschiedene Tätigkeit, diese Gefechte in sich anzuordnen und zu führen und sie sich zum Zweck des Krieges zu verbinden. Das eine ist die Taktik, das andere die Strategie genannt worden. ... Es ist nun nach unserer Einteilung die Taktik die Lehre vom Gebrauch der Streitkräfte im Gefecht, die Strategie die Lehre vom Gebrauch der Gefechte zum Zweck des Krieges.*"[25)] Nach Clausewitz' Vorstellung ist die Strategie keine starre Festlegung, sondern steht in ständigen Wechselwirkungsbeziehungen mit ihren Umsetzungen und Ergebnissen. Mithin ist sie an diese gebunden und muss ständig agieren und reagieren. „*Die Strategie ... muß also dem ganzen kriegerischen Akt ein Ziel setzen, welches dem Zweck desselben entspricht, d.h. sie entwirft den Kriegsplan, und an dieses Ziel knüpft sie die Reihe der Handlungen an, welche zu demselben führen sollen, d.h. sie macht die Entwürfe zu den einzelnen Feldzügen und ordnet in diesen die einzelnen Gefechte an. Da sich alle diese Dinge meistens nur nach Voraussetzungen bestimmen lassen, die nicht alle zutreffen, eine Menge anderer, mehr ins einzelne gehender Bestimmungen sich aber gar nicht vorher geben lassen, so folgt von selbst, daß die Strategie mit ins Feld ziehen muß, um das Einzelne vor Ort und Stelle anzuordnen und für das Ganze die Modifikationen zu treffen, die unaufhörlich erforderlich werden. Sie kann also ihre Hand in keinem Augenblicke von dem Werke abziehen.*"[26)] Gleichzeitig ordnet Clausewitz den Schwerpunkt der Strategie auf der politischen Ebene an der Schnittstelle zur militärstrategischen Ebene - aber oberhalb dieser - an „*... wo sie an die Politik oder Staatskunst grenzt oder vielmehr beides selbst wird ...*"[27)] Mithin bringt Clausewitz seinen Strategiebegriff wieder in eine Zweck-Ziel-Mittel-Relation, die an dieser Stelle noch einmal in ihrem Gesamtzusammenhang herausgestellt werden muss: „*Vermittels [des] Sieges erreicht* *die Strategie den Zweck, welchen sie dem Gefecht gegeben hat und der seine eigentliche Bedeutung ausmacht. ... Die Strategie hat ursprünglich nur den Sieg, d.h. den taktischen Erfolg, als Mittel und, in letzter Instanz, die Gegenstände, welche unmittelbar zum Frieden führen sollen, als Zweck. Die Anwendung ihres Mittels zu diesem Zweck ist gleichfalls von Umständen begleitet, die mehr oder weniger Einfluß darauf haben.*"[28] Daher ist das rechte Verhältnis von Zweck, Ziel und Mittel zueinander für Clausewitz Gegenstand eingehender Überlegungen, die wiederum von der Politik ausgehen.[29]

Für Clausewitz ist der „*Krieg nichts anderes als ein erweiterter Zweikampf ... [in dem] jeder den anderen durch physische Gewalt zur Erfüllung seines Willens zu zwingen [sucht]*".[30] Um die Phänomene und ihre Abhängigkeiten sowie ihre Wechselwirkungen zu erläutern, operiert Clausewitz mit den Begriffen Zweck, Ziel und Mittel. Diese Begriffe stehen in der clausewitzschen Theorie in ständiger Wechselbeziehung zueinander. Dabei ergänzen sie sich, lösen sich zum Teil auf verschiedenen Ebenen der Betrachtung ab oder ersetzen sich gar. Obenan steht der Begriff des Zwecks als das „ursprüngliche Motiv".[31] Die politische Absicht ist für Clausewitz der Zweck, der Krieg aber das Mittel, und niemals darf das Mittel ohne den Zweck gedacht werden.[32] „*Gewalt, d.h. die physische Gewalt, ... ist also das Mittel; dem Feinde unseren Willen aufzuzwingen, der Zweck. Um diesen Zweck sicher zu erreichen, müssen wir den Feind wehrlos machen, und dies ist dem Begriff nach das eigentliche Ziel der kriegerischen Handlung. Es vertritt den Zweck und vertritt ihn gewissermaßen als etwas nicht zum Kriege selbst Gehöriges.*"[33] Clausewitz anerkennt also, dass der Zweck auf etwas gerichtet ist, das außerhalb der bewaffneten Auseinandersetzung liegt, stellt aber zugleich den Zusammenhang zwischen militärischer und politischer Strategie heraus. Für Clausewitz zielt der Akt der Gewalt dabei also auf die Wehrlosmachung oder Niederwerfung des Gegners; Niederwerfung bedeutet, dem Gegner seine Kräfte zur Kriegführung zu nehmen, also alle Mittel zur Kriegführung.

Die politische Dimension des clausewitzschen Strategieansatzes

Dieser Zweck, dem Gegner den eigenen Willen aufzuzwingen, ist für Clausewitz folglich zunächst politischer Natur. Der Zweck des Krieges ist die Politik bzw. die politische Willensaufdrängung.[34] Ihm dient das Ziel militärischer Gewalt: „*... den Feind wehrlos zu machen [ist] das Ziel des kriegerischen Aktes ...*"[35] Die militärische Gewalt als solche ist somit nur das Mittel, Ziel und Zweck zu erreichen: „*Soll also der Gegner zur Erfüllung unseres Willens durch den kriegerischen Akt gezwungen werden, so müssen wir ihn entweder faktisch wehrlos machen oder in einen Zustand versetzten, daß er mit Wahrscheinlichkeit damit bedroht ist.*"[36] Zweck, Ziel und Mittel sind gleichzeitig nicht nur auf einer Seite des Konflikts anzutreffen, sondern bestimmen das Handeln der Konfliktparteien in wechselseitiger Abhängigkeit. Clausewitz nennt das die „Wechselwirkungen", die zum „Äußersten" führen.[37] In diesem Zusammenhang tritt der politische Zweck wieder hervor. „*Das Gesetz des Äußersten, die Absicht, den Gegner wehrlos zu machen, ihn niederzuwerfen, hatte diesen Zweck gewissermaßen verschlungen. Sowie dieses Gesetz in seiner Kraft nachlässt, diese Absicht von ihrem Ziel zurücktritt, muß der politische Zweck des Krieges wieder hervortreten. ... So wird der politische Zweck als das ursprüngliche Motiv des Krieges das Maß sein, sowohl für das Ziel, welches durch den kriegerischen Akt erreicht werden muß, als für die Anstrengungen, die erforderlich sind.*"[38] Aber auch hier bezieht Clausewitz wieder die unterschiedlichen Konfliktparteien mit ein: „*[Der politische Zweck] wird dies nicht an und für sich sein können, sondern, weil wir es mit wirklichen Dingen zu tun haben und nicht mit bloßen Begriffen, so wird er es in Beziehung auf die beiderseitigen Staaten sein.*"[39] Mithin gewinnt das Postulat Clausewitz' Gestalt, dass „*... der Krieg ... nie ein isolierter Akt [ist]*[40] *..., nicht bloß ein politischer Akt, sondern ein wahres politisches Instrument ..., eine Fortsetzung des politischen Verkehrs, ein Durchführen desselben mit anderen Mitteln [ist]*".[41] Zudem ist für Clausewitz die Politik das alle Ebenen und Phasen der gewaltsamen Auseinandersetzung durchdringende und bestimmende Element. „*Die Politik wird also den ganzen kriegerischen Akt durchziehen und einen fortwährenden Einfluss auf ihn ausüben, soweit es die Natur der in ihm explodierenden Kräfte zuläßt.*"[42] Letztendlich ist der politische Zweck für Clausewitz auf den Frieden gerichtet. „*... [I]mmer muß man mit dem Frieden den Zweck als erreicht und das Geschäft des Krieges als beendigt ansehen*"[43] ... und wenn auch nicht „*... jeder Krieg eine vollkommene Entscheidung und Erledigung in sich trägt ... so ersterben doch im Friedensschluß selbst jedes Mal eine Menge Funken, die im stillen fortgeglüht hätten ...*"[44] Dieser, im Hauptwerk „Vom Kriege" formulierte Zweck des Krieges ist eine Fortsetzung der bereits in Clausewitz' „Strategie" von 1804 sehr klar formulierten Gedanken: *"Der politische Zweck des Krieges kann doppelter Art sein. Entweder den Gegner ganz zu vernichten, seine Staatsexistenz aufzuheben, oder ihm beim Frieden Bedingungen vorzuschreiben. In beiden Fällen muß es die Absicht sein, die feindlichen Kräfte so zu lähmen, dass er entweder gar nicht oder nicht ohne Gefahr seiner ganzen Existenz den Krieg fortsetzten kann."*[45] Tatsächlich verfolgt Clausewitz eine instrumentelle Auffassung des Krieges, die auf eine unfraglich legitime politische Ordnung bezogen ist und die Zwecke definiert, die zu erreichen der Krieg das Mittel ist.[46] Deshalb steht Clausewitz mit seiner Einstellung geradezu im Widerspruch zu jenen, die eine existenzielle Kriegsauffassung vertreten. In der existenziellen Auffassung des Krieges ist der Krieg wohl auch ein Mittel, aber nicht ein Mittel zur Verfolgung vorgegebener Zwecke, sondern eines, das seinen Zweck selbst erst hervorbringen soll, und der Krieg erst die politische Größe konstituiert, durch deren antizipierte Existenz er sich selbst legitimiert[47] Folglich sind die drei Größen Zweck, Ziel und Mittel sinnvoll auf der Grundlage sorgfältigen Abwägens zu koordinieren.[48]

Die Relation von Politik und Militär

Betrachtet man nun die militärische Seite als die vollziehende Gewalt des politischen Zwecks, die als Instrument der Politik der Umsetzung desselben zu dienen hat, spiegeln sich hier die Begriffe Zweck, Ziel und Mittel in der militärischen Auftragserfüllung wider. Dabei ist der Einsatz der Streitkräfte als Mittel zunächst auf die Erreichung des politischen Zwecks gerichtet. Die militärische Zielsetzung, auf welche die militärische Operation als solche abzielt, soll die Voraussetzungen für die Zweckerreichung schaffen. Zudem können verschiedene parallele Operationen mit unterschiedlichen Zielen den Zweck anstreben.

Hierbei können militärische Operationen einen Zweck begründen, sodass der Begriff des Zwecks auf die militärische Ebene transformiert wird. *„… sobald es andere Gegenstände gibt, welche man im Kriege verfolgen kann, so folgt von selbst, daß diese Gegenstände der Zweck einzelner kriegerischer Akte werden können und also auch der Zweck von Gefechten".*[49] Gleichzeitig können militärische Zielsetzung und politischer Zweck deckungsgleich sein bzw. werden. *„Ist nun das Ziel des kriegerischen Aktes ein Äquivalent für den politischen Zweck, so wird er im allgemeinen mit diesem* *heruntergehen, und zwar um so mehr, je mehr dieser Zweck vorherrscht; und so erklärt es sich, wie ohne inneren Widerspruch es Kriege mit allen Graden von Wichtigkeit und Energie geben kann, von dem Vernichtungskrieg hinab bis zur bloßen bewaffneten Beobachtung.*'[50])

In der militärischen Befehlsgebung ist der jeweilige Zweck im Auftrag beschrieben. Die einzusetzenden Mittel sowie die Art und Weise, wie diese zur Wirkung kommen sollen, werden in den Weisungen zur Durchführung bestimmt. Die militärische Absicht, die wiedergibt, worauf es dem militärischen Führer im Wesentlichen ankommt und welche Operationsführung in groben Zügen geplant ist, beschreibt den operativen bzw. taktischen Zweck. In den weiteren Punkten zur Durchführung, den Einzelaufträgen, werden einzelne, individuelle Ziele festgelegt und befohlen.

Somit korrespondieren der Zweck auf der politischen Ebene und der Zweck auf der militärischen Ebene miteinander. Wenngleich der politische dem militärischen Zweck übergeordnet ist, es also eine prinzipielle Subsidiarität des Militärischen gegenüber dem politischen Zweck gibt, stehen beide in Wechselwirkungsbeziehung zueinander und können zuweilen eins sein. Die politischen Rahmenbedingungen müssen zum einen so geschaffen sein, der politische Zweck so formuliert sein, dass die militärische Zweck- und Zielerreichung erfüllbar ist. Auf der anderen Seite dürfen operative und taktische Fehler des Militärs den politischen Zweck nicht desavouieren bzw. bedeutungslos werden lassen. Gibt allerdings die Politik unerreichbare militärische Ziele vor bzw. stattet sie das Militär für die Zielerreichung unzureichend aus und versorgt es dieses entsprechend, führt ein militärisches Scheitern fast zwangsläufig zum Scheitern der Politik. In Abhängigkeit von der Bedeutung des Zwecks und der damit verbundenen Niederlage hat dieses Scheitern unter Umständen nicht nur das Ende der Regierung, sondern möglicherweise den Untergang des politischen Systems zur Folge. Folglich sind politischer Zweck und militärische Zielsetzungen sorgsam aufeinander abzustimmen. Die militärischen Absichten sind auf den jeweiligen Führungsebenen dieser Abstimmung unterworfen und müssen gerade unter den Bedingungen des erweiterten Aufgabenspektrums mit dem politischen Zweck korrespondieren. Ohne den Primat der Politik grundsätzlich in Frage zu stellen: Bleiben diese wechselseitigen Abhängigkeiten unbeachtet, so führt eine Überhöhung des Militärischen über den politischen Zweck unter Umständen zunächst zur militärischen Niederlage und in der Folge zur politischen Katastrophe des Staates (vgl. 1918). Im umgekehrten Fall führt die totale Aufblähung des Politischen gegebenenfalls zunächst in die totale militärische Niederlage und gleichzeitig in den politischen Untergang (vgl. 1945).

Die aktuellen Dimensionen des clausewitzschen Strategiebegriffs

Allerdings ist dieser gerade in den heutigen Konflikten nicht allein durch die Niederwerfung der gegnerischen Kräfte definiert, sondern durch einen finalen Status (engl.: *end state*) darzulegen, der das gesamte politische Umfeld betrachtet. Dieser finale Status ist der Zweck der Strategie. Dieser *end state*, also der Zweck, ist das, was Clausewitz mit „beabsichtigter Friede" meint: *„Die Erhaltung der eigenen Streitkräfte, die Vernichtung der feindlichen, mit anderen Worten der Sieg ist der Gegenstand des Kampfes; aber er ist freilich nicht der letzte Zweck. Die Erhaltung des eigenen Staates und die Niederwerfung des feindlichen ist dieser Zweck, und wieder mit einem Wort: der beabsichtigte Friede, weil in ihm sich dieser Konflikt ausgleicht und in einem gemeinschaftlichen Resultat endigt."*[51] Clausewitz erarbeitet folglich mit seiner Theorie des Krieges, der Herausarbeitung prinzipieller Relationen von Politik, Gesellschaft, Krieg und Friedensordnung, eine zukunftsweisende Studie, die bereits hier die Zusammenhänge gesamtgesellschaftlicher Wechsel- und Außenwirkungen hervorhebt. Schlussendlich setzt Clausewitz die Strategie in einen Gesamtzusammenhang; sie steht somit niemals isoliert für sich allein.

Den Krieg mit seinen Elementen und seinem „Instrumentalcharakter der Politik" stellt er dabei besonders heraus.[52] Der Einsatz militärischer Mittel, mithin Kriegführung, ist somit ein Instrument der Politik und Fortsetzung der Politik mit anderen Mitteln. Clausewitz vertritt also einen umfassenderen Strategiebegriff, der zugleich ebenenübergreifend zu verstehen ist. Clausewitz' Strategiebegriff umfasst ständige und intensive Wechselwirkungen auf allen Ebenen. Eine Reduzierung des clausewitzschen Strategiebegriffs auf das Militärische wäre also eine unzulässige Verkürzung seines Politikbegriffs. Ein Ausschluss des militärischen Elementes aus dem politischen Strategiebegriff wird somit der umfassenden Bedeutung des Wesens der Politik nicht gerecht.

Das Weißbuch von 2006,[53] das erstmals die sicherheitspolitischen Interessen der Bundesrepublik Deutschland umreißt und - auch unter Bezug auf den Aktionsplan der Bundesregierung[54] - zur Konfliktverhinderung und -bewältigung auf einen ressort- und institutionenübergreifenden Ansatz hinweist, mithin den Einsatz militärischer Mittel als ein subsidiäres Instrument der Politik versteht, folgt dem clausewitzschen Ansatz. Wenn sich allerdings die Bundesrepublik entschließt, Streitkräfte zu entsenden, so muss der politische Zweck klar definiert und abgestimmt sein; die diesem Zweck dienenden militärischen Ziele müssen realistisch und erreichbar sein. Dazu sind die zu entsendenden Truppen entsprechend auszuwählen, zusammenzustellen, auszubilden, auszurüsten und zu unterstützen. Mithin sind die erforderlichen Fähigkeiten zum Einsatz zu bringen. V.a. aber sind Zweck und Ziel des Einsatzes der Bevölkerung und den Soldaten zu vermitteln. Der politische Auftrag muss klar zum Ausdruck kommen. Er muss nachvollziehbar und auch umsetzbar sein. Während des Kalten Krieges hatten Streitkräfte den Zweck, in der Krise die Bundesregierung vor politischer und militärischer Erpressung von außen zu schützen sowie im Kriege die Unversehrtheit des Staatsgebietes der Bundesrepublik und seiner Verbündeten sicherzustellen und die Handlungsfähigkeit der Bundesregierung zu garantieren. Die Fähigkeiten der Streitkräfte und (potenzielle) militärische Ziele waren auch hinsichtlich der (geplanten) Operationsführung auf eben diesen Zweck ausgerichtet. In den aktuellen Konflikten mit tatsächlichen Operationen sind die konkreten militärischen Ziele Conditio sine qua non dafür, dass der politische Zweck, die Handlungs- und Bündnisfähigkeit der Bundesrepublik Deutschland glaubwürdig zu demonstrieren, erreicht werden kann. Es ist die Aufgabe der Politik, dies nachvollziehbar zu leisten und die Risiken offen zu legen sowie dabei Opfer und Verluste zu vertreten. Nur wenn diese Voraussetzungen gegeben sind, machen militärische Einsätze Sinn, wird soldatisches Dienen nachvollzogen und können auch Rückschläge verkraftet werden.

Conclusio

Aus den vorangestellten Betrachtungen ergibt sich, dass „Sicherheitspolitik"[55] nicht nur als ein flexibler, dynamischer Begriff zu verstehen ist, der alle Politikfelder umfasst, sondern dass für eine erfolgreiche Umsetzung auch der Lage angemessen alle Instrumente und Wirkmittel ziel- und zweckorientiert in die strategischen Überlegungen einzubeziehen und ggf. zum Einsatz zu bringen sind. Das militärische Instrument gehört zweifelsohne hierzu. Mithin wäre „Herausdividieren" dieses Instruments eine Reduktion der Möglichkeiten. Eine solche Reduktion ist so unnötig wie unzulässig, da sie die strategischen Möglichkeiten der Politik auf illegitime Weise verstümmelt und unter Umständen verhindert, vitale strategische Interessen zu verteidigen und durchzusetzen. Demzufolge ist auch ein Begriff „Politische Strategie", der sich von seinen Wurzeln löst und inhaltlich beschränkt, als unzweckmäßig und nicht zielführend abzulehnen.

Anmerkungen:

1) Vgl. Joachim Raschke, Ralf Tils: Politische Strategie. Eine Grundlegung, Wiesbaden 2007; vgl. Manuela Glaab: Politische Führung als strategischer Faktor. In: Zeitschrift für Politikwissenschaft 2007, S. 303ff.

2) Manfred G. Schmidt: Wörterbuch zur Politik, 2. Aufl., Stuttgart 2004, S. 698f.

3) Joachim Raschke, Ralf Tils: Politische Strategie. Eine Grundlegung, Wiesbaden 2007, S. 77.

4) Anders hingegen die Politiklexika, die zumindest die Begriffe „Strategie" und „Taktik" definieren (Klaus Schubert, Martina Klein: Das Politiklexikon, 4. Aufl., Bonn 2006; vgl. Hanno Drechsler, Wolfgang Hilligen, Franz Neumann: Gesellschaft und Staat. Lexikon der Politik, München 2003).

5) Franz Neumann: Strategie, in: Hanno Drechsler, Wolfgang Hilligen, Franz Neumann, Gesellschaft und Staat. Lexikon der Politik, München 2003, S. 948; vgl. Klaus Schubert, Martina Klein: Das Politiklexikon, 4. Aufl., Bonn 2006, S. 294.

6) Vgl. u.a. Franz Neumann: Taktik. In: Ebd., S. 297.

7) Vgl. u.a. Ralf Tils: Politische Strategieanalyse. Konzeptionelle Grundlagen und Anwendung in der Umwelt- und Nachhaltigkeitspolitik, Wiesbaden 2005, S. 25, der auf eine „Ziel-Mittel-Umwelt-Kalkulation" abstellt.

8) Vgl. Joachim Raschke, Ralf Tils: Politische Strategie. Eine Grundlegung, Wiesbaden 2007, S. 45.

9) Ebd.

10) Otto Heinrich von der Gablenz: Einführung in die Politische Wissenschaft, Köln, Opladen 1965, S. 327f.

11) Ebd., S. 328.

12) Vgl. u.a. Christopher Daase: Kleine Kriege - Große Wirkung. Wie unkonventionelle Kriegführung die internationale Politik verändert, Baden-Baden 1999; vgl. Herfried Münkler: Die Neuen Kriege, Reinbek bei Hamburg 2002; vgl. Mary Kaldor: Neue und alte Kriege, Frankfurt am Main 2000; vgl. Dirk Freudenberg: Theorie des Irregulären. Partisanen, Guerillas und Terroristen im modernen Kleinkrieg, Wiesbaden 2008.

13) Herfried Münkler: Gewalt und Ordnung. Das Bild des Krieges im politischen Denken. Frankfurt am Main 1992, S. 8.

14) Heinz Gärtner: Die vielen Gesichter der Sicherheit. In: Forum Politische Bildung (Hrsg.), Sicherheitspolitik, Sicherheitsstrategien, Friedenssicherung, Datenschutz, Wien 2006, S. 5ff, S. 5f.

15) Vgl. hierzu ausführlich: Dirk Freudenberg: Staaten und parastaatliche Systeme in Interaktion. Neue Konzepte für die internationale Sicherheit. In: ÖMZ 6/2007, S. 685ff.

16) Henry Kissinger: Großmachtdiplomatie. Von der Staatskunst Castlereaghs und Metternichs, Frankfurt am Main, Berlin, Wien 1975, S. 7.

17) Ebd., S. 7f.

18) Rudolf Adam: Postmoderne Konfliktmuster. Welche Rolle kann, welche Rolle soll militärische Gewalt spielen? In: Clausewitz-Gesellschaft (Hrsg.), Jahrbuch 2006, S. 75ff, S. 78.

19) Dirk Freudenberg: Zweck und Ziel militärischer Einsätze und der Wesenskern soldatischen Dienens. In: ASMZ 6/2007, S. 14f.

20) Joachim Raschke, Ralf Tils: Politische Strategie. Eine Grundlegung, Wiesbaden 2007, S. 74.

21) Ebd. S. 76.

22) Dirk Freudenberg: Politischer Zweck und militärische Absicht. In: ASMZ 7-8/2007, S. 32f.

23) Carl von Clausewitz, Vom Kriege. In: Werner Hahlweg (Hrsg.), Hinterlassenes Werk des Generals von Clausewitz, 16. Aufl., Bonn 1952, S. 190.

24) Ebd., S. 243.

25) Ebd., S. 169.

26) Ebd., S. 243.

27) Ebd., S. 245

28) Ebd., S. 190ff.

29) Werner Hahlweg: Clausewitz, Soldat - Politiker - Denker, Göttingen, Frankfurt, Zürich 1969, S. 93.

30) Clausewitz, a.a.O., S. 89.
31) Ebd. S. 98.
32) Hahlweg, a.a.O., S. 93.
33) Clausewitz, a.a.O., S. 90.
34) Dietmar Schössler: Carl von Clausewitz, Reinbek bei Hamburg 1991, S. 99; vgl. Dietmar Schössler: Die Weiterentwicklung in der Militärstrategie. Das 19. Jahrhundert. In: Gerhard Fels, Reiner K. Huber, Werner Kaltefleiter, Rolf F. Pauls, Franz Josef Schulze (Hrsg.): Strategie-Handbuch Bd. 1, Herford 1990, S. 31ff, S. 38.
35) Clausewitz, a.a.O., S. 92.
36) Ebd.
37) Ebd., S. 92f.
38) Ebd., S. 98.
39) Ebd.
40) Ebd., S. 94.
41) Ebd., S. 108.
42) Ebd.
43) Ebd., S. 113.
44) Ebd.
45) Eberhard von Kessel (Hrsg.), Carl von Clausewitz, Strategie aus dem Jahre 1804 mit Zusätzen von 1808 und 1809, 3. Aufl. Hamburg, 1943, S. 51.
46) Herfried Münkler: Gewalt und Ordnung. Das Bild des Krieges im politischen Denken. Frankfurt am Main 1992, S. 108.
47) Ebd.
48) Hahlweg, a.a.O., S. 93.
49) Clausewitz, a.a.O., S. 121.
50) Ebd., S. 99.
51) Ebd. S. 706.
52) Hahlweg, a.a.O., S. 71.
53) Bundesministerium der Verteidigung, Weißbuch zur Sicherheitspolitik Deutschlands und zur Zukunft der Bundeswehr, Berlin 2006.
54) Die Bundesregierung, Aktionsplan „Zivile Krisenprävention, Konfliktlösung und Friedenskonsolidierung", Mai 2004.
55) Vgl. Bundesakademie für Sicherheitspolitik, Sicherheitspolitik in neuen Dimensionen. Kompendium zum erweiterten Sicherheitsbegriff, Hamburg, Berlin, Bonn 2001.

Das britische Führungsverständnis unter besonderer Berücksichtigung deutschen Führungsdenkens
(ÖMZ 2009)
Dirk Freudenberg

Nach deutschem Verständnis gehören das „Führen mit Auftrag" bzw. die „Auftragstaktik" und das Konzept der Inneren Führung untrennbar zusammen.[1] Letzteres ist sogar in einer eigenen Vorschrift kodifiziert und gibt somit das Selbstverständnis und die Führungskultur für die deutschen Streitkräfte verbindlich vor.[2] Es ist also fraglich, inwieweit dem deutschen Führungsdenken entsprechende Grundlagen in anderen Armeen tatsächlich aufgrund anderer Traditionen, Erfahrungen und Voraussetzungen rezipiert wurden. Darüber hinaus ist es weiterhin fraglich, inwieweit das „Führen mit Auftrag", wenn überhaupt, nur im engen Sinne als Anwendungstechnik oder die gesamte Konzeption insgesamt auf andere Armeen tatsächlich übertragen wurde bzw. übertragbar ist. Das soll im vorliegenden Aufsatz am Beispiel der britischen Streitkräfte untersucht werden. Festzustellen ist hier allerdings zunächst, dass sich viele nichtdeutsche Militärwissenschaftler in der Literatur, aber auch zahlreiche Streitkräfte in ihren Führungsvorschriften mit der Problematik des deutschen Führungsdenkens auseinandergesetzt haben. Hintergrund derartiger Untersuchungen ist auch dort meistens die Feststellung der Möglichkeit bzw. Unmöglichkeit der Anwendbarkeit und Umsetzung auf die jeweiligen nationalen Armeen. Dabei ist zunächst festzuhalten, dass das „Führen mit Auftrag" oder die „Auftragstaktik" v.a. aufgrund der Erfolge der deutschen Streitkräfte, v.a. im Zweiten Weltkrieg, aber auch wegen ihrer Anwendung in der Bundeswehr, wissenschaftliche Beachtung findet.

Auffälligerweise benutzt man auch in der englischsprachigen Literatur und in Vorschriften fremder Streitkräfte die beiden deutschen Begriffe „Auftragstaktik" und „Führen mit Auftrag". Offensichtlich steht hier der Wille im Vordergrund, den Sachverhalt wissenschaftlich zu erfassen und Erfahrungen im positiven Sinne umzusetzen, also etwas zu lernen.[3] Militärische Leistungen werden unumwunden anerkannt, und die deutschen Spitzenmilitärs genossen und genießen wegen ihrer militärischen Führungsleistungen international hohes Ansehen.[4] Außerdem ist auch heute das Ansehen der deutschen Soldaten aller Ebenen hoch, weil die Männer wissen, wie sie zu handeln haben.[5]

Auch im angloamerikanischen Bereich, in Großbritannien und v.a. in den USA hat man sich intensiv mit dem Führungsgrundsatz und der Konzeption der Auftragstaktik, ihren Zusammenhängen, ihrer Entwicklung und Gegenwart in den deutschen Streitkräften, aber natürlich auch mit parallelen bzw. ähnlichen Grundsätzen in den eigenen Streitkräften beschäftigt. Auch hier grenzt man zwischen „Befehlstaktik" und „Auftragstaktik" deutlich ab, wobei man sich auch hier nicht scheut, die deutschen Begriffe zu verwenden.[6] Es ist beachtlich, dass in der englischsprachigen Literatur ebenso wie in der deutschen Vorschrift HDv 100/100[7] im Zusammenhang mit dem Umgang mit anderen Kulturen das deutsche Wort „Fingerspitzengefühl" verwendet wird.[8] Allerdings tauchen sowohl bei der Betrachtung der britischen als auch der amerikanischen Dienstgradverhältnisse Zweifel darüber auf, ob in den jeweiligen Streitkräften das mit der Konzeption der Inneren Führung verbundene Führen mit Auftrag so konsequent umgesetzt werden könnte, wie es in der Bundeswehr im Grundsatz angelegt ist. Das Befehlsverhältnis in den deutschen Streitkräften ist v.a. funktionaler Natur, sodass es eher auf die Dienststellung und die sich hieraus ergebende fachliche Kompetenz ankommt als auf den Dienstgrad. Dieser Sachverhalt ist in britischen und amerikanischen Streitkräften undenkbar.[9] Dort hat ein Dienstgrad einen ganz anderen Stellenwert, der gleichsam neben der gesellschaftlichen Bedeutung die Stellung des Soldaten in der militärischen Hierarchie beschreibt. Dies ist völlig unabhängig von der tatsächlichen fachlichen Kompetenz und besitzt insofern keinerlei funktionale Bedeutung. Folglich ist die mit dem Dienstgrad verliehene Amtsautorität von entscheidender Bedeutung. In den britischen und amerikanischen Streitkräften werden daher einem Soldaten, der in eine höherwertige Dienststellung versetzt wird, häufig ein „acting rank" bzw. „temporary rank" übertragen, solange er Dienst auf ihr versieht oder bis die Einweisung in die höher dotierte Planstelle erfolgt ist.[10] Diese Maßnahme soll den Soldaten mit seinen entsprechenden Kameraden gleichstellen. Auch in der Bundeswehr gibt es, allerdings auf wenige Funktionen in NATO-Verwendungen und bei Auslandseinsätzen begrenzt, die Möglichkeit eines „Ranges auf Zeit";[11] dann allerdings mit der entsprechenden Besoldung.[12]

Aufgrund gemeinsamer Geschichte und Traditionen gibt es Gemeinsamkeiten und Parallelen im britischen und amerikanischen Führungsdenken. Ein übergreifendes Modell einer angloamerikanischen Führungsphilosophie liegt allerdings nicht vor.[13] Aufgrund der besonderen historischen und kulturellen Entwicklung und Erfahrungen Großbritanniens sollte man nicht annehmen, dass gerade Elemente des deutschen Führungsdenkens hier eine Rezeption erfahren hätten. Daher sollen im Folgenden die britischen Streitkräfte diesbezüglich betrachtet werden.

Armeen weisen aufgrund ihrer unterschiedlichen Geschichte und Erfahrungen und der sich daraus ergebenden unterschiedlichen Traditionen deutliche Abweichungen in ihrem Führungsdenken auf. Auch wenn die britischen Streitkräfte in ihrer Geschichte Kriege verloren haben bzw. Großbritannien den schmerzlichen Verlust von Teilen seines (Welt-) Reiches oder ihrer Kolonien und somit seines Einflusses und seiner Macht hinzunehmen hatte, so stand es doch niemals aufgrund einer so totalen Niederlage vor dem absoluten staatlichen Neuanfang und Wiederaufbau wie Deutschland im Jahre 1945. Folglich hatte Großbritannien auch keinen Anlass, nach dem Untergang des Staates und einer Auflösung seiner Streitkräfte sich so grundlegend und gesellschaftlich kontrovers mit einem umfassenden Neuaufbau der Streitkräfte auseinanderzusetzen. Mithin ist in Großbritannien der Bereich des Militärs auch nicht annähernd so sensibel und in allen Einzelheiten verrechtlicht wie in Deutschland.

Im Verlaufe des und nach dem Zweiten Weltkrieg konzentrierten sich die Briten auf zwei sehr unterschiedliche Hauptaufgaben: die Leistung eines wichtigen NATO-Beitrags in Europa und den Rückzug aus dem Empire.[14] Trotzdem beschränken sich die Sicherheitsinteressen Großbritanniens, das 13 überseeische Territorien verwaltet, die zudem über den ganzen Erdball verteilt sind, nicht auf Europa.[15] Daraus folgend und im Verbund mit den globalen Entwicklungen hat sich die Lage der britischen Streitkräfte heute somit grundlegend geändert. Die Bedeutung der Einbindung der Streitkräfte in multinationale Strukturen tritt auch in Großbritannien immer mehr in den Vordergrund und steht im engen Einvernehmen mit den britischen sicherheitspolitischen Interessen.[16] Das traditionelle bilaterale Bündnis mit den USA hat hierbei eine eigene, herausgehobene Bedeutung. Die

„Allianz der Willigen" in den Kriegen in Afghanistan (2001) und insbesondere während des 3. Golfkrieges im Irak (2003) unterstreicht dies ganz besonders.

Beim Thema Streitkräfte geht es den Briten in erster Linie um Effektivität im Einsatz. Anders als Deutschland hat Großbritannien ein ungebrochenes Verhältnis zum Einsatz militärischer Macht als Ultima Ratio der Außen- und Sicherheitspolitik. Die Briten haben auch nach 1945 Kriege geführt und Streitkräfte in Kampfeinsätze zur Wahrung nationaler Interessen geschickt. Darüber hinaus waren in Nordirland bis in die Nacht vom 30. auf den 31. Juli 2007 über 38 Jahre hinweg britische Kampfeinheiten mit insgesamt 300.000 Soldaten für die innere Sicherheit verantwortlich. Folglich haben auch die britischen Streitkräfte positive und negative Bilder von Führung im Gefecht präsent und ein entsprechend unbefangenes Verständnis von den besonderen Bedingungen eines Einsatzes. Dennoch müssen sich auch in Großbritannien die Streitkräfte zunehmend einer gesellschaftlichen Diskussion stellen. Dies allerdings v.a. vor dem Hintergrund konkreter Einsätze und einer existenzsichernden Nachwuchsgewinnung. Die Streitkräfte als solche stehen in dieser Diskussion nicht zur Debatte.

Verfassungsmäßige Bezüge der inneren Ordnung der britischen Streitkräfte

Die Bearbeitung der Fragestellung weist hinsichtlich Großbritanniens einige Schwierigkeiten auf. Großbritannien ist der einzige Staat ohne eine in einem einzigen Dokument ausformulierte Verfassung.[17] Die britische „Verfassung" - sofern überhaupt bestimmbar ist, was zu ihr gehört, - ist im Laufe der Jahrhunderte vom Mittelalter (Magna Charta 1215) bis zur Gegenwart gewachsen, wobei ältere Bestandteile neu ausgelegt oder auch umgedeutet wurden und jüngere v.a. in Form von Verfassungskonventionen und Gesetzesrecht hinzugefügt wurden.[18] Somit fehlt es Großbritannien an einer in einem Verfassungsdokument kodifizierten Verfassung.[19]

Versteht man unter einer Verfassung ein System von Prinzipien und Bestimmungen, die das Verhältnis des Bürgers zum Staat regeln, so besitzt auch Großbritannien eine Verfassung, auch wenn es hier keine Verfassungsurkunde gibt; die Besonderheit der britischen Verfassung besteht eben darin, dass sie nur teilweise schriftlich fixiert ist und die Texte nicht in einem einzigen Dokument systematisch zusammengefasst sind.[20] In einem Land, in dem es keine Verfassungsurkunde gibt, verwundert es nicht, dass auch nachgeordnete Rechtsfelder vielfach nicht ausdrücklich kodifiziert sind. Dennoch bindet auch Großbritannien als gewachsene Demokratie die Angehörigen ihrer Streitkräfte an demokratische Rechtsnormen.[21]

Es ist für Briten selbstverständlich und stellt somit für sie nichts Ungewöhnliches dar, dass viele Gegenstände eben nicht verrechtlicht sind, sondern sich aus der Tradition heraus erklären. Das gilt auch für den Bereich des Militärs,[22] für den in Großbritannien ein gewisser Sonderstatus der Soldaten als Berufsgruppe akzeptiert wird, der auch im gesellschaftlichen Leben seinen Niederschlag findet.[23]

Die grundsätzliche Bedeutung militärischer Führung

Das britische Heer ist das Heer der ältesten konstitutionellen Monarchie und fußt auf einer jahrhundertealten, ungebrochenen Tradition.[24] Das britische Verteidigungsministerium gibt der militärischen Führung in einer Weisung vor, dass Streitkräfte etwas grundsätzlich anderes darstellen als jede andere gesellschaftliche Institution, woraus sich ergibt, dass bereits in der Ausbildung die Besonderheit des Soldatenberufes, der in letzter Konsequenz den Einsatz des Lebens und der Gruppe bedeuten kann, herausgestellt wird.[25] Die Armee existiert, um zu kämpfen, und ihre Gliederung, Organisation, Ausrüstung und Denkprozesse müssen diese grundlegende Tatsache widerspiegeln.[26] Effektivität ist das oberste Ziel militärischer Führung.[27] *„Military effectiveness is the standard by which the Army is judged in peace and war, from platoon to the highest levels."*[28] Der Zweck der Armee besteht darin, den militärischen Erfolg gegenüber den Feinden der Nation sicherzustellen.[29] Dieser Zweck hat nicht nur im Krieg Gültigkeit, sondern ist auch im Frieden zu beachten: *„All training must be directed towards this end* [the success in battle], *and it must never be forgotten even though the country is in peace."*[30] Auch in der Armee Großbritanniens haben Führung im Allgemeinen und der militärische Führer im Gefecht eine besondere Bedeutung.[31] Es wurde allerdings in den britischen Streitkräften bislang nicht die Notwendigkeit gesehen, der Heranbildung qualifizierter Führer eine Führungsphilosophie voranzustellen, die zunächst einmal die Position von Streitkräften in einer demokratischen Gesellschaft umreißt.[32] Dementsprechend gab es in der britischen Armee bislang auch keine der deutschen Konzeption vergleichbare Vorschrift zur Inneren Führung. Allerdings gibt es auch in den britischen Streitkräften das Bedürfnis nach Handlungs- und Rechtssicherheit für das Verhalten, v.a. im Umgang mit Untergebenen. Hierzu gibt es Anleitungen für Offiziere, wie sie beispielsweise in „Serve to Lead"[33] publiziert sind.[34] Es entspricht britischer Tradition, dass der Soldat zur Durchsetzung nationaler Interessen in alle Welt geht, nach dem Motto: *„The Queen commands and we will obey - over the hills and far away!"* Allerdings ist unter den geänderten geopolitischen Rahmenbedingungen auch in Großbritannien die bedingungslose Bereitschaft militärischen Dienens nicht mehr selbstverständlich, und es wird auch hier die Notwendigkeit gesehen, den Soldaten die Bedeutung internationalen Engagements und die Einbindung in multinationale Operationen zu verdeutlichen: *„Motivating people to risk their lives may be difficult today by the fact that they will have to identify themselves with complex combined and multinational operations."*[35]

Das traditionelle britische Führungsverständnis

Das britische Führungsverhalten ist bislang geprägt von dem Regimentssystem der viktorianischen Zeit mit den Besonderheiten einer Armee, die sowohl in Europa als auch in Übersee Aufgaben wahrzunehmen hatte. Soziale Herkunft war in der Vergangenheit für die Auswahl britischer Offiziere wichtiger als persönliche Führereigenschaften.[36] Das Recht britischer Offiziere zu befehlen war in ihrem gesellschaftlichen Status verwurzelt.[37] Der britische Offizier hatte mutig und ehrenvoll zu dienen, detailliertes handwerkliches Können wurde nicht von ihm verlangt.[38] Der Einfluss der Regimentskommandeure auf alle Bereiche des soldatischen Lebens ist stark ausgeprägt und das solide Fundament, auf dem das britische Heer gründet.[39] Der britische Offizier wird im Sinne des „Regimental System" erzogen; das Regiment, in das er eintritt, bleibt während seiner gesamten Laufbahn seine militärische Heimat.[40] Die Orientierung des englischen Führungsstils am viktorianischen Bildungsideal des „Gentleman", der aus der Distanz die Sergeants wirken lässt[41] und das als Ziel die in der britischen Oberschicht tief verwurzelte Tugend der Selbstbeherrschung anstrebt, ist - wenn auch nicht schriftlich fixiert -

noch erkennbar.[42] Dies bedingte oftmals eine gewisse Starrheit in Planung, Entscheidung und Kampfführung.[43] Auch die britische Führungslehre stellt dies heute klar heraus.[44] Das traditionelle Führungsverständnis war das Folgende: Der militärische Führer hatte in den britischen Streitkräften einerseits die Auftragsdurchführung zum Ziel, die nach dem Willen des jeweiligen Führers erfolgen sollte, und zwar unter allen Umständen und mit dem Einverständnis der Gruppe, wobei es nicht von Belang war, wie widerwillig dieses Einverständnis gegeben wurde.[45] Diese Aussage unterstreicht zwei Dinge: Zum einen ist die Führung zunächst auftragsbezogen; das vorgegebene Ziel ist unbedingt zu erreichen. Zum anderen räumt diese Aussage zwar ein, dass willige Geführte zwar erwünscht waren, ein Gehorsam aus Einsicht allerdings nicht unbedingt gefordert wurde. Es kam nicht darauf an, wie dieser Gehorsam erzielt wurde, folglich war auch der jeweilige Führungsstil dem militärischen Vorgesetzten freigestellt. Dieser konnte von einer absolut autokratischen Führung, die lediglich auf der „Angst vor dem Vorgesetzten" aufbaut, bis hin zu einer absolut demokratischen Führung reichen, die sich auf die Regeln der Gemeinschaft stützt.[46] Die Hauptverantwortlichkeiten des militärischen Führers waren zum einen seine *„Loyalität zu seinen Untergebenen, die sich in seiner Aufmerksamkeit bezüglich ihrer Moral niederschlägt"*, und zum anderen seine *„Loyalität gegenüber seinen Vorgesetzten, die durch Aufrechterhaltung einer guten Disziplin unter seinen Männern gewährt wird."*[47] Die Aufgabe des militärischen Führers ist es, die Disziplin durchzusetzen.[48] Disziplin ist hier ein entscheidender Faktor: *„It is by discipline that an army is welded in victory."*[49] Und zur Disziplin kommt der Faktor Moral. Dabei wird „morale" als mentale und moralische Größe[50] verstanden und somit als diejenige *„nicht greifbare Eigenschaft, die eine Gruppe von Menschen dazu veranlasst, selbst unter widrigsten Umständen ohne Rücksicht auf persönliche Nachteile ihr Bestes zu geben."*[51] Diese Einstellung verlangt von den Geführten eine hohe Leidenswilligkeit und -fähigkeit, allerdings ohne dass die Härten und Entbehrungen unbedingt durch die Führer geteilt würden. Zudem wurde nach diesem Ansatz auf das Vertrauen zwischen Führern und Geführten kein besonderer Wert gelegt. Auch die Partizipation und damit die Mitverantwortung der Untergebenen als Träger des Gefechts in der Kampfgemeinschaft waren durch die vorstehenden Grundsätze ausgeschlossen.

In diesem Sinne sind auch heute noch viele, zumal ältere, britische Offiziere gegenüber einem offeneren Führungsverhalten, das auch an die Unterstellten Verantwortung delegiert, restriktiv eingestellt, und eine dezentralisierte Befehlsgebung ist mithin für viele nur bis zur Kompanieebene vorstellbar; für die Gruppenebene ist so etwas für sie überhaupt nicht denkbar.[52] Somit wird von diesen Offizieren allenfalls weitestgehend eine horizontale Trennung des Führungsverhaltens befürwortet.[53]

Insgesamt wird Menschenführung in den Streitkräften im Sinne eines pragmatisch-funktionalen Modells von Führung interpretiert.[54] Die Kurzformel für Menschenführung lautet in den britischen Streitkräften auch heute noch: *„Get your subordinates to do what you want them to do, even when they don't want to do it."*[55] Entsprechend wird „Leadership" verstanden als *„... to get servicemen to do what is required of them."*[56] Somit wird aber auch hier die persönliche Komponente von Führung betont. Einzige Ausrichtung dieser persönlichen Komponente ist allerdings die militärische Effektivität. In den britischen Führungsvorschriften wird dabei auch auf das Verhältnis der Begriffe „Command", „Leadership" und „Management" hingewiesen, die miteinander in Beziehung stehen.[57] Allerdings wird der Begriff „Leadership" vom Begriff „Management" scharf abgegrenzt: *„Management involves making the best uses of resources. It is a facet of command and certainly no substitute for leadership."*[58] Dagegen wird aber darauf verwiesen, dass sich das Verhältnis von „Command" und „Management" auf höheren Führungsebenen verdichtet.[59] In der Beurteilung des Verhältnisses von Führen und Verwalten stimmt das britische mit dem deutschen Führungsdenken somit überein.[60]

Das neue britische Führungsverständnis

Als Niederschrift der britischen Führungsphilosophie wird die Vorschrift „Command" bezeichnet.[61] Es erscheint zunächst auffällig, dass gleich am Anfang neuerer britischer Führungsvorschriften, das Wesen des Krieges betreffend, Clausewitz zitiert wird.[62] Zudem wird neben dem Begriff „Auftragstaktik" in der britischen Führungsvorschrift „Command", die inhaltlich oftmals an die deutsche Truppenführung erinnert, in der Umsetzung des Entschlusses neben dem Befehl auch die Direktive erwähnt, was wiederum an den alten Moltke erinnert:

„The final stage in the command process is direction leading to execution. Directives and orders provide the principal means by which the intentions of a commander are conveyed to his subordinates and from a critical link in the chain of command. Directives and orders are thus indispendable tools of command, without which no organised armed force can function effectively."[63)] Entsprechend definieren die neueren britischen Vorschriften auch das Wesen militärischer Führung: *„Military command at all levels is the art of decision-making and motivating and directing all ranks into action to accomplish given missions. It requires a vision of the desired result, an understanding of concepts, mission priorities and the allocation of resources [...]"*[64)] Dieses Führungsverständnis weist große Übereinstimmung mit der deutschen HDv 100/100 auf und definiert Führung entsprechend dem deutschen Verständnis als Kunst.

Allerdings gab es auch bis Mitte der 1990er-Jahre keine einheitliche Führungsdoktrin der britischen Streitkräfte.[65)] Das Ziel der neuen britischen Verteidigungsdoktrin ist es, diese Lücke zu schließen.[66)] Der Erlass der Vorschrift ist das Ergebnis einer Entwicklung, die nach dem Zweiten Weltkrieg einsetzte und somit Ausfluss der Erfahrungen, welche die britischen Streitkräfte seither gemacht hatten.[67)] Die neue Verteidigungsdoktrin wird ergänzt durch entsprechende Vorschriften, die die Führung britischer Streitkräfte in friedenserhaltenden und friedensschaffenden Einsätzen und unter den Bedingungen der Multinationalität[68)] regeln. V.a. ist die Implementierung der Auftragstaktik in den britischen Streitkräften im engen Zusammenschluss zu einem Tandem mit der Adaption des „Maneuverist Approach" zu sehen.[69)] Dieser Ansatz, basierend auf den Grundsätzen von „Feuer und Bewegung" und dem „Gefecht der verbundenen Waffen" bzw. dem „Gefecht der verbundenen Kräfte" verlangt in militärischen Operationen flexibles und initiatives Handeln.[70)] Eben hier unterstreicht der dezentralisierte Führungsansatz der Auftragstaktik mit der Freiheit des Handelns sowie der Initiative diese Grundsätze.[71)]

Führen mit Auftrag im britischen Führungsdenken

Eine starre nationale Befehlstaktik, die den Truppenführern keine Freiheit des Handelns und die notwendige Zeit zur effektiven und selbstständigen Mitwirkung an der Planung geben, wird als wenig zweckmäßig erachtet.[72] Gerade der 2. Golfkrieg hat den Briten gezeigt, dass unter den Bedingungen des modernen Gefechts keine detaillierte schriftliche Befehlsgebung möglich ist. *„In short, the battle would be too fast for such a deliberate approach; mission command would be vital."*[73] Aber die Bedeutung der Freiheit des Handelns wie auch der Initiative wird in den neuen britischen Führungsvorschriften vor dem Hintergrund aktueller Konflikte zunehmend herausgestellt.[74] Gerade unter komplexen, dynamischen und ungünstigen Bedingungen sei die Philosophie des „Mission Command" der Führungsstil, der die Freiheit und die Geschwindigkeit des Handelns sowie die Initiative fördert.[75] „Mission command" wird in den britischen Vorschriften wie folgt definiert: *„A style of command that seeks to convey understanding to subordinates about the intentions of the higher commander and their place within his plan, enabling them to carry out missions with the maximum freedom of action and appropriate resources."*[76] Diese Definition des „Mission Command" weist große Übereinstimmung des britischen Führungsverständnisses mit der „Auftragstaktik" in den deutschen Führungsvorschriften auf. Nunmehr tritt das Führen mit Auftrag für die britischen Streitkräfte als Kernpunkt ihrer Führungsphilosophie in den Vordergrund: *„‚Mission Command' is the practical manifestation of the Command Philosophy and is the basis on which all directions and orders are given by commanders and their subordinates. ‚Mission Command' derives its strength and value from the intention to tell the subordinates what to achieve and why, rather than what to do and how. Most essentially, commanders do this by issuing missions rather than tasks."*[77] Auch in Großbritannien hat man v.a. im Zweiten Weltkrieg die Effizienz und Überlegenheit der deutschen Führungskonzeption anerkennend beobachtet.[78] Die aktuelle Führungsvorschrift der Briten übernimmt ganz bewusst Aspekte der Auftragstaktik und fordert vom Offizier tatsächliches Beherrschen seines Berufes.[79] Auftragstaktik wird in offiziellen Vorschriften sogar als die britische Führungsphilosophie (*decentralised command philosophy*) bezeichnet.[80] Nach britischer Sichtweise ist die Anwendung dieser Philosophie weniger explizit und formal zu verstehen als in der Bundeswehr, sondern mehr pragmatisch, indem sie auf die Intuition des unterstellten

Führers abstellt, die implizierten Aufgaben sowie seinen Handlungsspielraum für seine Initiative zu identifizieren.[81]

„Soldiering" als Kernbegriff des inneren Gefüges

Im Jahre 2000 wurde die britische Vorschrift „Soldiering"[82] erlassen. Der Begriff lässt sich am besten mit „Soldatsein" übersetzen, hat aber die Bedeutung von „soldatischem Selbstverständnis" und bezeichnet somit ein inneres Bewusstsein soldatischen Dienens. Dieses steht allerdings nicht losgelöst für sich, sondern ist gerichtet auf die Verrichtung von Aufgaben im Auftrag von Krone und Nation. Dieses Bewusstsein steht zugleich in einem wechselseitigen Verhältnis zwischen dem Soldaten und der Krone und ist somit ein wesentlicher Teil einer gegenseitigen Verpflichtung. Dieses wird bereits in dem Untertitel der Vorschrift „The Military Covenant" ausgedrückt und im zweiten Abschnitt nochmals besonders ausgeführt: *„Soldiers will be called upon to make personal sacrifices - including the ultimate sacrifice - in the service of the Nation. Ultimately this means that every soldier is a weapon bearer, so all must be prepared personally to make the decision to engage an enemy or to place themselves in harm's way. All British soldiers share the legal right and duty to fight and if necessary, kill, according to their orders, and an unlimited liability to give their lives in doing so. This ist the unique nature of soldiering."*[83] Damit unterstreicht die Vorschrift einleitend, dass der Wesenskern soldatischen Dienens das Geben und Nehmen von Leben ist - eine Erkenntnis, die für die Bundesrepublik Deutschland erst langsam erwächst[84] und inzwischen auch Eingang in die Vorschrift „Innere Führung" gefunden hat.[85] Gleichzeitig bindet die Vorschrift an dieser Stelle die Gefallenen in diesen Bund mit ein und stellt somit die Verpflichtung nicht allein in das individuelle Gewissen des einzelnen Soldaten, sondern in das Bewusstsein der besonderen Geschichte und Tradition der britischen Streitkräfte: *„In the same way, the unique nature of military land operations means that the Army differs from all other institutions, and must be sustained and provided for accordingly by the nation. This mutual obligation forms the Military Covenant between the nation, the Army and each individual soldier, an unbreakable common bond of identity, loyalty and responsibility which has sustained the Army and its soldiers throughout its history. It has perhaps its greatest manifestation in the annual commemoration of Armistice Day, when the nation keeps covenant with those who made the ultimate sacrifice, giving their lives in action."* Gleichwohl lässt aber auch diese britische Vorschrift keinen Zweifel daran, dass der Zweck der britischen Streitkräfte militärische Effektivität ist und sie sich letztendlich am Erfolg im Einsatz messen lassen muss: *"The purpose and measure of the British Army is military effectiveness: succes in war and on other operations."*[86] Dementsprechend sollte der Ausdruck „weapon bearer" nicht wörtlich mit der Bezeichnung „Waffenträger" übersetzt und damit grundlegend missverstanden werden. Wie sich aus dem Kontext ergibt, ist hier der gut ausgebildete Kämpfer gefordert, der in der Lage ist, Aufträge notfalls in konsequenter und angemessener Anwendung von militärischer Gewalt durchzuführen. Zugleich verpflichtet die Vorschrift die Soldaten aber ausdrücklich auf Recht, Moral und Ethik und verlangt hohes Verständnis von der Komplexität militärischer Einsätze in unterschiedlichen Szenarien sowie der eigenen Verantwortung in diesem Kontext. Interessanterweise versteht sich die Vorschrift „Soldiering" nicht als in Tradition erstarrtes Papier, sondern als dynamisches, lebendiges Dokument.[87] Insgesamt orientiert sich auch dieses Dokument an der Effizienz von Streitkräften im Einsatz und ist entsprechend auf den Erfolg ausgerichtet, was auch durch den ausdrücklichen Bezug in der „Land Operations" zum Ausdruck kommt.[88]

Die Führerpersönlichkeit

Entsprechend ändert sich das traditionelle Bild des militärischen Führers. Damit einhergehend ändern sich ebenso die Ansprüche, die an den militärischen Führer gestellt werden. Folglich sind die selbstverständliche Causa für einen militärischen Rang nicht mehr die soziale Herkunft, sondern Persönlichkeit und Charakter. *„Leadership is a projection of personality and character."*[89] Allerdings versteht sich der britische Offizier - auch heute noch - lediglich als militärischer Führer im Gefecht bzw. im Gefechtsdienst, aber nicht als Ausbilder und Erzieher seiner Soldaten; diese Aufgabe bleibt den Unteroffizieren vorbehalten.[90] Gleichwohl finden die unterschiedlichen Aspekte und Bezugspunkte von „Führung" hinsichtlich der Person des Führers, seiner Position, der Interaktion mit den Geführten sowie den Ergebnissen zunehmend Beachtung.[91]

Initiative und Absicht der übergeordneten Führung

Die Initiative auf allen Ebenen ist auch in den britischen Führungsvorschriften ein wesentlicher Faktor für den militärischen Erfolg.[92] Mithin wird im Zusammenhang mit der Forderung, der Führer solle zur Initiative auch unter Inkaufnahme von Fehlern ermutigt werden, auf den synonymen Gebrauch des deutschen Wortes „Auftragstaktik" für „mission command" hingewiesen.[93] Man hat zudem erkannt, dass die Absicht des Befehlenden den Unterstellten verständlich gemacht werden muss[94] und hier das tatsächliche Verstehen der Absicht der übergeordneten Führung weitaus wichtiger ist als die unmittelbaren Einzelheiten des jeweiligen Auftrages.[95] Auch hier ist eine bemerkenswerte Übereinstimmung mit den deutschen Vorschriften festzustellen.

Vertrauen

Aber v.a. das Verhältnis der Führer zu ihren Geführten und der daraus resultierende und hiermit verbundene Umgang miteinander fand und findet immer wieder Beachtung; auch wenn es natürlich auch früher in den britischen Streitkräften Führungspersönlichkeiten gab, die bereits zu ihrer Zeit angewendet haben, was seit 1987 in den Führungsvorschriften der Briten als „mission command" bezeichnet wird.[96] Insofern liegt auch in den Führungsvorschriften Großbritanniens heute ein Schwerpunkt der Forderungen an den militärischen Führer auf Vertrauen zu den Untergebenen und gegenseitigem Verständnis.[97] *„Trust must be earned, not demanded"*[98] Das gegenseitige Vertrauen wird mithin als Schlüssel für das Führen mit Auftrag und den Erfolg angesehen.[99] Gleichfalls ist auch in Großbritannien verstanden worden, dass die gegenseitige Kommunikation zwischen Führern und Geführten auf einer „Wellenlänge" erfolgen muss.[100] „Understanding" ist somit ein wesentlicher Begriff im britischen Führungsdenken.[101] Zudem gewinnt Fürsorgeverhalten als Herausforderung an seine Führungsfähigkeit für den britischen Führer zunehmend an Bedeutung,[102] auch wenn das Fürsorgeverhalten in den britischen Streitkräften eher paternalistisch ausgeprägt ist.[103] In der Trias von „Duty, Honour, Country" wird somit ein persönliches Bewusstsein für Verantwortlichkeit verlangt, das sich aus der Ehre ableitet.[104]

Motivation

In diesem Zusammenhang kommt auch dem Begriff „Motivation" eine besondere Bedeutung zu. *„Getting people to do things is a function of leadership but is made difficult in the absence of motivation."*[105] Man hat also erkannt, dass gut geführte und gut motivierte Soldaten als Einheit zusammenwirken, in der sich eine Atmosphäre eines „esprit de corps" entwickeln kann.[106]

Darüber hinaus wird in den britischen Führungsvorschriften deutlich, dass auch in Großbritannien die Motivation der Soldaten ihr soziales Umfeld mit einbeziehen muss.[107] Dies ist v.a. auch eine Voraussetzung, um heute für junge Leute als Alternative am Arbeitsmarkt attraktiv zu sein. Ursachen hierfür sind auch in Großbritannien ein abnehmendes Bedrohungsgefühl und der zunehmende Verlust direkter Berührungspunkte zwischen der Bevölkerung und den Streitkräften, das veränderte Selbstbewusstsein einer Generation junger Erwachsener, die, ausgelöst durch den Wertewandel der 1970er- und 1980er-Jahre, sich eher der Verwirklichung individueller Werte in einer prosperierenden Wirtschaft als jenen durch Tradition und klassische soldatische Tugenden tradierten Werten in den Streitkräften verpflichtet fühlt. Dazu kommen u.a. gesunkene Karriereaussichten, eine dauerhafte Überbelastung durch Personalmangel in den Einheiten und Verbänden mit hoher Einsatzhäufigkeit und reger Übungstätigkeit, Klagen über ein „unzeitgemäßes" Verhältnis zwischen Offizieren, Unteroffizieren und Mannschaften und als unzureichend empfundene Möglichkeiten der persönlichen Weiterbildung in den Streitkräften.

Horizontale Trennung der Führungsebenen

An mehreren Stellen der neueren britischen Führungsvorschriften wird betont, dass „Mission Command" auf allen Ebenen gelte.[108] Zu klären ist somit in diesem Zusammenhang, welche Führungsebenen mit den „Levels of Command" hier tatsächlich gemeint sind, die das Führen mit Auftrag einbeziehen. Dabei ist zugleich fraglich, ob die Mannschaften als die unterste Ausführungsebene hier mit einbezogen sind. Zunächst ist festzustellen, dass die „British Military Doctrine" an Offiziere ab Captain aufwärts ausgegeben wird und insofern folgerichtig zunächst nur von ihnen verlangt wird, sich mit ihr vertraut zu machen.[109] Andere Vorschriften, wie die „Command", sind zwar für das ganze Heer geschrieben, richten sich aber entsprechend an höhere Führungsebenen.[110] Hieraus aber tatsächlich zu folgern, die Umsetzung der Vorschriften in unteren Führungsebenen sei nicht gefordert, liefe an der Intention der Verfasser vorbei, „Mission Command" für alle Führungsebenen umzusetzen.[111] Darüber hinaus ist eine wesentliche Forderung an die zukünftigen britischen Soldaten aller Ebenen, dass sie in Erwartung der Umstände und Komplexität künftiger Einsätze bessere Bildungsgrundlagen besitzen.[112]

Zusammenfassung und Schluss

Die Briten befinden sich mit ihrem Bild vom militärischen Führer in ihren Vorschriften seit 1985 in einem grundlegenden Umbruch. Sie wandeln ihr Bild vom militärischen Führer, der vom traditionellen Regimentssystem der viktorianischen Zeit geprägt ist und so das Ideal des britischen Gentleman verkörpert, zu einem, der, als Teil einer Gemeinschaft, mit Auftrag führt. In den neueren britischen Führungsvorschriften und in der britischen Militärliteratur finden sich auffällige Übereinstimmungen im Führungsdenken mit entsprechenden deutschen Unterlagen. Die Stellung und die Haltung des militärischen Führers entsprechen in den britischen Forderungen weitgehend den Anforderungen, die gemäß den deutschen Führungsgrundsätzen an einen militärischen Führer im Gefecht gestellt werden. Insofern findet in den Führungsvorschriften eine Verschiebung vom traditionellen Führerbild des aristokratischen „Gentleman" zum tatsächlichen Führer im Gefecht statt, der auf der Grundlage seines militärischen Könnens im Sinne der übergeordneten Führung und des Auftrages führt. Dies ist notwendig geworden, da man erkannt hat, dass die Effektivität der militärischen Führung durch die Einbindung der Geführten in den Führungsvorgang im Sinne der Auftragstaktik wesentlich gesteigert werden kann. Auffällig ist, dass man auch in Großbritannien in den Vorschriften umzudenken begonnen hat und dass der Faktor Bildung eine wesentliche Voraussetzung für die Auftragstaktik ist.

Allerdings unterscheidet sich der britische Offizier in seiner Stellung ganz entscheidend von dem deutschen Pendant, da er neben der Rolle des Führers im Gefecht nicht auch die des Ausbilders und Erziehers in sich vereinigt.

Die Zukunft wird zeigen, inwieweit es den britischen Streitkräften gelingt, die seit 1995 in Kraft getretenen Vorschriften zu verinnerlichen und alle Führungsebenen, einschließlich der Mannschaften, in dieses Verständnis mit einzubeziehen, sodass hier auch tatsächlich die traditionelle horizontale Trennung des Führungsdenkens überwunden werden kann. Die Briten setzten sich mit dem deutschen Führungsdenken vorbehaltlos auseinander und haben vieles davon in ihre Führungsvorschriften übertragen. Ob das britische Führungsdenken inzwischen tatsächlich von der „Auftragstaktik" durchdrungen ist, wird mitunter bezweifelt.[113] Erstaunlicherweise ist aber eine deutliche Annäherung der Briten an das deutsche Führungsdenken zu beobachten. Die Bedeutung des Faktors der Absicht des übergeordneten Führers ist auch bei den Briten evident. Gleichzeitig spielen die Faktoren der Initiative der Unterstellten, die Selbstständigkeit in der Durchführung des Auftrages, eine große Rolle. Zudem ist das Gesamtgefüge der inneren Ordnung mit dem gegenseitigen Vertrauen von Führern und Geführten und dem gegenseitigen Respekt und dem rücksichtsvollen Umgang miteinander als wichtig erkannt worden. Gleichzeitig drücken die hier behandelten britischen Vorschriften und Führungsunterlagen die Überzeugung aus, dass jeder Führer in der Funktion zu lernen hat und mit der Aufgabe wachsen muss, was zu unvermeidbaren Fehlern führen kann, die ihm dann aber nicht anzulasten sind, sondern aus denen er gemeinsam mit seinen Führern und Kameraden zu lernen hat. Dies führt übereinstimmend zur Stärkung der inneren Ordnung der Truppe und erhöht deren Kampfkraft. Dementsprechend müssen die Briten auch die traditionelle horizontale Trennung im Führungsverhalten aufgeben. Allerdings werden im britischen Führungsdenken die Dinge insgesamt weniger dogmatisch, sondern vielmehr pragmatisch gesehen. Daher dürfen aus den hier herausgearbeiteten Entwicklungen im britischen Führungsdenken keine falschen Schlüsse gezogen werden; bei den Briten steht der Dienst mit seinen besonderen Erfordernissen im Vordergrund. Es kommt darauf an, im Einsatz erfolgreich zu sein, und hiervon leitet sich direkt die Frage ab: Wie kann die Armee im Einsatz bestehen? Auf die Beantwortung eben dieser Fragestellung ist das britische Führungsdenken ausgerichtet. Das wird auch zukünftig so sein!

Anmerkungen:

1) Vgl. hierzu ausführlich: Dirk Freudenberg: Militärische Führungsphilosophien und Führungskonzeptionen ausgewählter NATO- und WEU-Staaten im Vergleich, Baden-Baden 2005; vgl. Bundesminister der Verteidigung: ZDv 10/1. Innere Führung. Selbstverständnis und Führungskultur der Bundeswehr, Bonn 28.1.2008, RN 613; Zur Entwicklung dieser Führungsphilosophie vgl. Stephan Leistenschneider: Auftragstaktik im preußisch-deutschen Heer 1871-1914, Hamburg, Berlin, Bonn 2002; vgl. Stephan Leistenschneider: Die Entwicklung der Auftragstaktik im deutschen Heer und ihre Bedeutung für das deutsche Führungsdenken. In: Gerhard P. Groß (Hrsg.), Führungsdenken in europäischen und nordamerikanischen Streitkräften im 19. und 20. Jahrhundert, Hamburg, Berlin, Bonn 2001, S. 175ff.

2) Bundesminister der Verteidigung: ZDv 10/1. Innere Führung. Selbstverständnis und Führungskultur der Bundeswehr, Bonn 28.1.2008.

3) Vgl. Martin van Creveld: Einführende Bemerkungen. In: Rolf-Dieter Müller, Hans-Erich Volkmann (Hrsg.): Die Wehrmacht. Mythos und Realität, München 1999, S. 175ff; 177; vgl. Martin van Creveld: On learning from the Wehrmacht and Other Things. In: Military Review 1988, S. 62ff.

4) Ronald Smelser, Enrico Syring: Eine Militärelite im Widerstreit. In: Ronald Smelser, Enrico Syring (Hrsg.): Die Militärelite des Dritten Reiches. 27 biografische Skizzen, S. 9ff; 9; sehr differenziert hierzu: Hew Strachan: Die Vorstellungen der Anglo-Amerikaner von der Wehrmacht. In: Rolf-Dieter Müller, Hans-Erich Volkmann (Hrsg.): Die Wehrmacht. Mythos und Realität, München 1999, S. 92ff.

5) Friedrich Riechmann, GM, Kdr DtHKtgt u. NatBefh. i. E. in einem Gespräch mit dem Verf. am 21.9.1999 in Prizren (Kosovo).

6) Vgl. für viele, die auch den Begriff in das Amerikanische übernehmen: Frank A. Kerkemeyer: Auftragstaktik. In: INFANTRY 1987, Heft 6, S. 28ff; vgl. G. D. Sheffield: Introduction: Command, Leadership and the Anglo-American Experience. In: G. D. Sheffield: Leadership and Command. The Anglo-American Military Experience Since 1861, London, Washington 1997, S. 1ff; 4; vgl. John L. Silva: Auftragstaktik. Its Origin and Development. In: Infantry 1989, Heft 5, S. 6ff; vgl. Antulio J. Echevarria II, Auftragstaktik: In Its Proper Perspective. In: Military Review 1986, Heft 10, S. 50ff; vgl. M. J. Barry: Die Entwicklung der Theorie der Menschenführung. In: Defence Force Journal 1991, Heft 5, FIZBw, DOKNR: KK 8672, S. 11f; vgl. James G. Hunt, John D. Blair: Leadership on the Future Battlefield. An Introduction. In: James G. Hunt, John D. Blair (Hrsg.): Leadership on the Future Battlefield, Washington, London, New York 1985, S. 1ff; 6; vgl. Tim Challans: Autonomy and Leadership. In: Military Review 1996, Heft 1, S. 29ff; 33; vgl. Francis R. Kirkland: Combat Leadership Styles. Empowerment versus Authoritarianism. In: Parameters 1990, Heft 4, S. 61ff; 62.

7) Vgl. Bundesminister der Verteidigung: Bundesministerium der Verteidigung, HDv 100/100, Truppenführung (TF), Bonn 2000, RN 320.

8) Vgl. Anna Simons: Seeing the Enemy (or Not). In: Anthony D. Mc Ivor (Hrsg.): Rethinking the Principles of War, Annapolis, Maryland 2005, S. 323ff; 340.

9) Christian Millotat: Das preußisch-deutsche Generalstabssystem. In: Clausewitz-Studien 1996, Heft 2, S. 35ff; 61.

10) Ebenda.

11) Millotat, ebenda; vgl. Günter Kießling: Die Personalführung der Bundeswehr: Zwischen dem Primat der Politik und der Forderung nach Effizienz der Streitkräfte. In: Dermot Bradley, Heinz-Ludger Borgert, Wolfram Zeller (Hrsg.): MARS. Jahrbuch für Wehrpolitik und Militärwesen, Jg. 1 (1995), Osnabrück 1995, S. 17ff; 24.

12) Kießling, a.a.O.

13) Bundesministerium der Verteidigung: Bericht des Bundesministeriums der Verteidigung zur Anwendung der Konzeption der Inneren Führung oder vergleichbarer Konzeptionen in NATO-Staaten, Bonn 1997, S. 8.

14) Mungo Melvin: Führen mit Auftrag. Eine britische Perspektive. In: Führungsakademie der Bundeswehr (Hrsg.), Führen mit Auftrag. Führungsseminar vom 24.-27.11.1998 in Hamburg, S. 122ff; 128.

15) British Ministry of Defence (Hrsg.): Strategic Defence Review, London 1998, RN 19f; vgl. Army Doctrine Committee, British Army 2000 - The Future Army, July 1997. In: Directorate of Land Warfare (Hrsg.), Force Development Handbook, Interim 2nd Edition, o. J. A., S. 7; FN 20.

16) Vgl. Chief of the General Staff (Hrsg.): The Application of Force. An Introduction to British Army Doctrine and to the Conduct of Military Operations, 1998, S. 1-1f.

17) Roland Sturm: Regierung und Verwaltung In: Informationen zur politischen Bildung Nr. 262, Großbritannien, 1. Quartal 1999, S. 6ff; 6.

18) Adolf Kimmel: Einführung. In: Verlag C. H. Beck (Hrsg.): Die Verfassungen der EG-Mitgliedstaaten, 4. Aufl., München 1996, S. IXff; X.

19) Vgl. Emil Hübner, Ursula Münch: Das politische System Großbritanniens. Eine Einführung, München 1998, S. 29. Hübner und Münch weisen hier auf die deutlichen Unterschiede zu den kontinentaleuropäischen Verfassungstypen und ein entsprechend anderes Verfassungsverständnis hin.

20) Verlag C. H. Beck (Hrsg.): Die Verfassungen der EG-Mitgliedstaaten, 4. Aufl., München 1996, S. 567.

21) Bundesministerium der Verteidigung: Bericht des Bundesministeriums der Verteidigung zur Anwendung der Konzeption der Inneren Führung oder vergleichbarer Konzeptionen in NATO-Staaten, Bonn 1997, S. 6.

22) So auch Peter Hall, LtCol und Verbindungsstabsoffizier UK an der Infanterieschule im Gespräch mit dem Verf. am 22.3.1999 in Hammelburg.

23) Bundesministerium der Verteidigung: Bericht des Bundesministeriums der Verteidigung zur Anwendung der Konzeption der Inneren Führung oder vergleichbarer Konzep-

tionen in NATO-Staaten, Bonn 1997, S. 6; vgl. George Robertson: Introduction. In: British Ministry of Defence (Hrsg.), Strategic Defence Review, London 1998, RN 1.

24) Elmar Dinter: The Professionals - Heer und Gesellschaft im Vereinigten Königreich. In: Hans-Adolf Jacobsen, Heinz-Georg Lemm (Hrsg.): Heere International. Militärpolitik - Strategie -Technologie - Wehrgeschichte, DB 2, 1983, S. 114ff; 144.

25) Hans-Christian Beck: Kann es eine europäische Innere Führung geben? In: Führungsakademie der Bundeswehr (Hrsg.), Multinationalität und tiefe Integration - Chance und Probe der Inneren Führung, Führungsseminar, Hamburg 1998, S. 40ff; 57; vgl. Bundesministerium der Verteidigung: Bericht des Bundesministeriums der Verteidigung zur Anwendung der Konzeption der Inneren Führung oder vergleichbarer Konzeptionen in NATO-Staaten, Bonn 1997, S. 4.

26) Chief of the General Staff: Foreword. In: Chief of the General Staff (Hrsg.): Design for Military Operations - The British Military Doctrine, 1996, vor S. 1.

27) Ebenda, Annex C.

28) Ebenda, S. 4-1.

29) Royal Military Academy Sandhurst: Serve to Lead, o.OA., o.J.A., S. 9.

30) Ebenda.

31) Vgl. Lord Bramall: Das britische Führungssystem und die Kommunikation, Originaltitel: The British Command System and Communication. In: Journal of the Royal Artillery 1988, Heft 1, FIZBw DOKNR.: 9328, S. 18ff; 4ff.

32) Vgl. Beck, a.a.O.

33) Royal Military Academy Sandhurst: Serve to Lead, o.O.A., o.J.A..

34) Alan Middleton, Lt Col und Verbindungsstabsoffizier UK an der Infanterieschule in Hammelburg in einem Schreiben an den Verf. vom 11.6.2008.

35) Chief of Joint Operations (Hrsg.): United Kingdom Doctrine for Joint and Multinational Operations. Joint Warfare Publication 0-10, Interim Edition 1998, S. 2-4.

36) Anthony Kellet: Combat Motivation. The Behavior of Soldiers in Battle. In: Library of Congress Cataloguing in Publication Data, Kluwer, Boston 1982, S. 149ff; 149.

37) Francis R. Kirkland: Combat Leadership Styles. Empowerment versus Authoritarianism. In: Parameters 1990, Heft 4, S. 61ff; 65.

38) Vgl. Faris R. Kirkland, Self-Care, Psychological Integrity, and Auftragstaktik, 25. November 1996, Internet; vgl. Francis R. Kirkland: Combat Leadership Styles. Empowerment versus Authoritarianism. In: Parameters 1990, Heft 4, S. 61ff; 65.

39) Elmar Dinter: The Professionals - Heer und Gesellschaft im Vereinigten Königreich. In: Hans-Adolf Jacobsen, Heinz-Georg Lemm (Hrsg.): Heere International. Militärpolitik - Strategie -Technologie - Wehrgeschichte, DB 2, 1983, S. 114ff; 118f.

40) Christian Millotat: Spannungsfelder im NATO-Stabsdienst. Jeder fängt von vorne an. In: Europäische Wehrkunde, 1985, Heft 2, S. 90ff; 92.

41) Friedrich Riechmann, GM, Kdr DtHKtgt u. NatBefh. i. E. in einem Gespräch mit dem Verf. am 21.9.1999 in Prizren (Kosovo).

42) Beck, a.a.O.; vgl. Sir Frank King: Thoughts on Leadership. In: Army Quarterly and Defence Journal, 1984, S. 135ff; 141; vgl. Elmar Dinter: The Professionals - Heer und Gesellschaft im Vereinigten Königreich. In: Hans-Adolf Jacobsen, Heinz-Georg Lemm (Hrsg.), Heere International. Militärpolitik - Strategie - Technologie - Wehrgeschichte, DB 2, 1983, S. 114ff; 122; vgl. Christian Millotat: Spannungsfelder im NATO-Stabsdienst. Jeder fängt von vorne an. In: Europäische Wehrkunde, 1985, Heft 2, S. 90ff; 92.

43) Glen L. Scott: British and German Operational Styles in World War II. In: Military Review 1985, Heft 10, S. 37ff; 38f; vgl. z.B. für die Schlacht um Kreta: Hans-Otto Mühleisen, Kreta 1941. Das Unternehmen „Merkur" 20. Mai bis 1. Juni 1941, 2. Aufl., Freiburg 1977, S. 80. Im Ergebnis für die Schlacht um Monte Cassino übereinstimmend: Katriel Ben Arie: Die Schlacht bei Monte Cassino 1944, Freiburg im Breisgau 1985, S. 388ff; Rommel belegt seine Erfahrungen mit der britischen Führung in Afrika mit den Vokabeln „Mangel an Reaktionsgeschwindigkeit" und „Prinzip unbedingter Berechenbarkeit" (Erwin Rommel: Krieg ohne Haß, Heidenheim an der Brenz 1950, S. 278).

44) Vgl. Chief of the General Staff (Hrsg.): Army Doctrine Publication, Volume 2, Command, April 1995, RN 0202.

45) Department of the Initial Officer Training: Fähig zu Führen. Militärische Führung in der Royal Navy, Originaltitel: Fit to lead, Leadership in the Royal Navy 1982, FIZBw, DOKNR: PA 4811, S. 2.

46) Ebenda, S. 3.

47) Ebenda, S. 8.

48) Royal Military Academy Sandhurst: Serve to Lead, o.O.A., o.J.A., S. 10.

49) Ebenda, S. 9.

50) Ebenda, S. 10.

51) Department of the Initial Officer Training: Fähig zu Führen. Militärische Führung in der Royal Navy, Originaltitel: Fit to lead, Leadership in the Royal Navy 1982, FIZBw, DOKNR: PA 4811, S. 8.

52) Marc Theobald, LtCol und Verbindungsstabsoffizier UK beim HFüKdo im Gespräch mit dem Verf. am 8.12.1998 in Koblenz; ebenso Peter Hall, LtCol und Verbindungsstabsoffizier UK an der Infanterieschule im Gespräch mit dem Verf. am 22.3.1999 in Hammelburg.

53) Ebenda.

54) Beck, a.a.O.

55) Ebenda.

56) Chief of the General Staff (Hrsg.): Design for Military Operations - The British Military Doctrine, 1996, S. 4-6; vgl. Chief of Joint Operations (Hrsg.): United Kingdom Doctrine for Joint and Multinational Operations. Joint Warfare Publication 0-10, Interim Edition 1998, S. 2-4; vgl. Joint Services Command and Staff (Hrsg.): United Kingdom Doctrine

For Joint And Combined Operations. Joint Warfare Publication 0-1, 3rd Study Draft, o.J.A., RN 0208.

57) Chief of the General Staff (Hrsg.): Army Doctrine Publication, Volume 2, Command, April 1995, RN 0107.

58) Chief of the General Staff (Hrsg.): Design for Military Operations - The British Military Doctrine, 1996, S. 4-6; vgl. Chief of Joint Operations (Hrsg.): United Kingdom Doctrine for Joint and Multinational Operations. Joint Warfare Publication 0-10, Interim Edition 1998, S. 2-4; vgl. Joint Services Command and Staff (Hrsg.): United Kingdom Doctrine For Joint And Combined Operations. Joint Warfare Publication 0-1, 3rd Study Draft, o.J.A., RN 0208.

59) Vgl. Chief of the General Staff (Hrsg.): Army Doctrine Publication, Volume 2, Command, April 1995, RN 0107.

60) Vgl. hierzu ausführlich: Dirk Freudenberg: Militärische Führungsphilosophien und Führungskonzeptionen ausgewählter NATO- und WEU-Staaten im Vergleich, Baden-Baden 2005.

61) Army Doctrine Committee: British Army 2000 - The Future Army, July 1997. In: Directorate of Land Warfare (Hrsg.): Force Development Handbook, Interim 2nd Edition, o. J. A., S. 17; FN 20.

62) Vgl. Chief of the General Staff (Hrsg.): Army Doctrine Publication, Volume 2, Command, April 1995, RN 0101; vgl. British Ministry of Defence, British Defence Doctrine, 1997, S. 2-1; vgl. Chief of the General Staff (Hrsg.): Design for Military Operations - The British Military Doctrine, 1996, S. 4-1f; vgl. Joint Services Command and Staff (Hrsg.): United Kingdom Doctrine For Joint And Combined Operations. Joint Warfare Publication 0-1, 3rd Study Draft, o.J.A., RN 0101.

63) Chief of the General Staff (Hrsg.): Army Doctrine Publication, Volume 2, Command, April 1995, RN 0901.

64) Chief of Joint Operations (Hrsg.): United Kingdom Doctrine for Joint and Multinational Operations. Joint Warfare Publication 0-10, Interim Edition 1998, S. 2-10.

65) Vgl. Mungo, a.a.O, S. 122ff; 129.

66) Secretary of State for Defence, Foreword. In: British Ministry of Defence, British Defence Doctrine, 1997, S. 1.

67) Vgl. Middleton, a.a.O.

68) Chief of Joint Operations (Hrsg.): United Kingdom Doctrine for Joint and Multinational Operations. Joint Warfare Publication 0-10, Interim Edition 1998.

69) Middleton, a.a.O.

70) Vgl. Directorate General Development and Doctrine, Army Doctrine; Land Operations, May 2005, S. 33ff.

71) Ebenda, S. 35.

72) Mungo, a.a.O., S. 122ff; 11.

73) Chief of General Staff (Hrsg.): Operation Desert Sabre. The Liberation of Kuwait 1990-91. The Planning Process and Tactics Employed by 1st Armoured Division, London 1993, S. 2-6.

74) Vgl. Directorate General Development and Doctrine, Army Doctrine; Land Operations, May 2005, S. 35.

75) Directorate General Development and Doctrine, Army Doctrine; Land Operations, May 2005, S. 115.

76) British Ministry of Defence (Hrsg.): UK Joint Glossary of Terms and Definitions. (Supplement to AAP-6) Interim Edition 1.0, June 1998, S. 16.

77) Chief of the General Staff (Hrsg.): Design for Military Operations - The British Military Doctrine, 1996, S. 4-17.

78) Vgl. Michael Howard: Leadership in the British Army in the Second World War: Some Personal Observations. In: G. D. Sheffield, Leadership and Command, The Anglo-American Military Experience Since 1861, London, Washington 1997, S. 117ff; 123f.

79) Faris R. Kirkland: Self-Care, Psychological Integrity and Auftragstaktik, 25. November 1996, Internet.

80) Army Doctrine Committee: British Army 2000 - The Future Army, July 1997. In: Directorate of Land Warfare (Hrsg.): Force Development Handbook, Interim 2nd Edition, o. J. A., S. 7; FN 20.

81) Middleton, a.a.O.

82) Chief of the General Staff (Hrsg.), Soldiering. The Military Covenant, 5. Aufl., 2000.

83) Ebenda, RN 0101.

84) Vgl. Freudenberg, Militärische Führungsphilosophien, a.a.O., S. 93ff; vgl. Dirk Freudenberg: Zweck und Ziel militärischer Einsätze und der Wesenskern soldatischen Dienens. In: ASMZ 2007, Heft 6, S. 14f; 14; vgl. Dirk Freudenberg: Sicherheitspolitik und Strategie. In: ÖMZ 2008, S. 185ff; 186f.

85) Vgl. Bundesminister der Verteidigung: ZDv 10/1. Innere Führung. Selbstverständnis und Führungskultur der Bundeswehr, Bonn 28.1.2008, RN 105.

86) Chief of the General Staff (Hrsg.): Soldiering. The Military Covenant, 5. Aufl., 2000, RN 0103.

87) Ebenda.

88) Directorate General Development and Doctrine, Army Doctrine; Land Operations, May 2005, S. IV.

89) Chief of the General Staff (Hrsg.): The Application of Force. An Introduction to British Army Doctrine and to the Conduct of Military Operations, 1998, S. 7-5.

90) Christian Millotat, weiland BG und Direktor Lehre an der Führungsakademie der Bundeswehr in einem Gespräch mit dem Verf. am 19.5.1999 in Hamburg.

91) Vgl. Miles Hayman: „Drink more Tea" - A Discussion about Leadership. In: The British Army Review, Number 144, Spring 2008, S. 99ff.

92) Vgl. Chief of the General Staff (Hrsg.): The Application of Force. An Introduction to British Army Doctrine and to the Conduct of Military Operations, 1998, S. 2-18.

93) Vgl. Chief of the General Staff (Hrsg.): Army Doctrine Publication, Volume 2, Command, April 1995, RN 0257.

94) Ebenda, RN 0901; vgl. Richard E. Cavaros: The Moral Effect of Combat. In: James G. Hunt, John D. Blair (Hrsg.): Leadership on the Future Battlefield, Washington, London, New York 1985, S. 15ff; 20.

95) Vgl. Mungo, a.a.O., S. 122ff; 132.

96) Vgl. Chief of the General Staff (Hrsg.): Army Doctrine Publication, Volume 2, Command, April 1995, RN 0203; Zu den einzelnen Charakteren britischer Feldherren vgl. M.C. Wardley: Das Leitbild des militärischen Führers im britischen Heer. Vergleich von Anspruch und Wirklichkeit an Beispielen der Feldmarschälle Slim und Montgomery. Folgerungen für die Ausbildung zum Stabsoffizier der Bundeswehr, Jahresarbeit an der Führungsakademie der Bundeswehr, Hamburg 1983. Zur Bedeutung einzelner englischer und amerikanischer Feldherren im Zusammenhang mit der „Führungskunst" unter den Umständen und Gegebenheiten ihrer Zeit vgl. Sir Frank King: Thoughts on Leadership. In: Army Quarterly and Defence Journal 1984, S. 135ff.

97) Vgl. Chief of the General Staff (Hrsg.): Army Doctrine Publication, Volume 2, Command, April 1995, RN 0218ff; vgl. Chief of the General Staff (Hrsg.): The Application of Force. An Introduction to British Army Doctrine and to the Conduct of Military Operations, 1998, S. 7--10; vgl. Beck, a.a.O., S. 40ff; 57f.

98) Directorate General Development and Doctrine, Army Doctrine; Land Operations, May 2005, S. 119.

99) Vgl. Mungo, a.a.O., S. 122ff; 132f.

100) Vgl. Sir Frank King: Thoughts on Leadership. In: Army Quarterly and Defence Journal, 1984, S. 135ff; 141.

101) Chief of the General Staff: Foreword. In: Chief of the General Staff (Hrsg.): Design for Military Operations - The British Military Doctrine, 1996, vor S. 1.

102) Vgl. Richard E. Cavaros: The Moral Effect of Combat. In: James G. Hunt, John D. Blair (Hrsg.): Leadership on the Future Battlefield, Washington, London, New York 1985, S. 15ff; 21.

103) Beck, a.a.O.

104) Vgl. Cavaros, a.a.O., S. 15ff; 21.

105) Chief of Joint Operations (Hrsg.): United Kingdom Doctrine for Joint and Multinational Operations. Joint Warfare Publication 0-10, Interim Edition 1998, S. 2-4.

106) Vgl. Chief of the General Staff (Hrsg.): Design for Military Operations - The British Military Doctrine, 1996, S. 4-6; vgl. Chief of Joint Operations (Hrsg.): United Kingdom Doctrine for Joint and Multinational Operations. Joint Warfare Publication 0-10, Interim Edition 1998, S. 2-4.

107) Vgl. British Ministry of Defence (Hrsg.): Strategic Defence Review, London 1998, RN 119ff.

108) Vgl. Chief of the General Staff (Hrsg.): The Application of Force. An Introduction to British Army Doctrine and to the Conduct of Military Operations, 1998, S. 2-8.

109) Chief of the General Staff: Foreword. In: Chief of the General Staff (Hrsg.): Design for Military Operations - The British Military Doctrine, 1996, vor S. 1.

110) Vgl. Inspector General Doctrine and Training: Foreword. In: Chief of the General Staff (Hrsg.): Army Doctrine Publication, Volume 2, Command, April 1995, vor RN 0101.

111) Hall, a.a.O.

112) Army Doctrine Committee: British Army 2000 - The Future Army, July 1997. In: Directorate of Land Warfare (Hrsg.), Force Development Handbook, Interim 2nd Edition, o. J. A., S. 7; FN 20.

113) William S. Lind: Some British Thoughts on Maneuver Warfare, On War #222, June 17, 2007.

Operative Hemmnisse für westliche Sicherheitskräfte im Zeitalter multipler Bedrohungsszenarien
Ein Plädoyer für die wehrhafte Demokratie
(ÖMZ 2009)
Stephan Maninger

> *„Wie kann man überleben, wenn man sich an Regeln hält, die der Feind nicht akzeptiert?"*
> (Leon de Winter, 2005)

Es ist ein weit verbreiteter Gedanke in westlichen Ländern, der terroristischen Herausforderung durch gesellschaftliche Offenheit und Toleranz effektiv entgegentreten zu können. Dabei dominiert eine Auffassung, die sich v.a. während der Vielzahl von *Counterinsurgency*-Szenarien des Dekolonisierungszeitalters als schwerwiegender Fehler erwiesen hat und auch heute einen strukturellen Nachteil in der Terrorismusbekämpfung darstellt. Westliche Entscheidungsträger haben einen Referenzrahmen in der Konfliktbewältigung verinnerlicht, der zur Bekämpfung „westlich eingestellter" oder ideologischer Gegner, nicht aber für den Kampf gegen den „apokalyptisch-religiösen" Terrorismus militanter Islamisten geeignet ist. Diese Position beruht auf ungeprüften Annahmen in Bezug auf die Motive der Terroristen und auf der eigenen Überzeugung, europäische Werte seien universal. Demzufolge wird die Demokratie am besten dadurch geschützt, dass man die Individual- bzw. Menschenrechte auch bei der Terrorismusbekämpfung unter allen Umständen aufrechterhalten müsse, oder man riskiere, sie unwiderruflich zu verlieren. Dieser Ansatz ist historisch unzutreffend. Großbritannien unter Winston S. Churchill oder die USA unter Franklin D. Roosevelt konnten in Krisenzeiten durchaus auf Offenheit verzichten, denn sie verschlossen sich damals nicht der Erkenntnis, dass sie sich im Krieg befanden. Beide haben weitreichende Maßnahmen zur inneren Sicherheit während des Zweiten Weltkrieges getroffen und ihre Staaten die Krisen dennoch als intakte Demokratien überstanden. Die europäischen Vorstellungen, was die Ursachen und die Dynamik des Konflikts mit dem Islamismus betrifft, erweisen sich im

Antiterrorkampf als nachteilig. Die westlichen Länder riskieren somit genau das, was es zu wahren gilt: ihre Stabilität und die Demokratie.

Die These dieses Beitrags lautet, dass eine Reihe von Fehleinschätzungen der westlichen Entscheidungsträger zurzeit dem Gegner große operative Möglichkeiten lässt, die zum Scheitern der Maßnahmen gegen den Terror führen können. Folgende Faktoren können dabei als strategische Nachteile bezeichnet werden:[1)]

- der demografische Wandel,
- der Medienfaktor,
- der legalistische Ansatz,
- die nachrichtendienstliche Lücke,
- die Risikoaversion und
- die Verlustaversion.

Der demografische Wandel

Westliche Staaten erlebten schon während des Industriezeitalters eine kontinuierliche Senkung ihrer Fertilität.[2)] Die damit verbundene Alterung der Gesellschaften bedroht nicht nur deren Wohlstand, sondern auch deren Kohäsion. Demografische Erschöpfung - ob im späten Rom, unter den Ureinwohnern Amerikas während der Kolonisierung oder im Frankreich von 1940 - führt grundsätzlich zu reduzierten Fähigkeiten von Gesellschaften und Staaten, in Krisenzeiten zu bestehen. Deren Wehrfähigkeit wird maßgeblich über die verfügbare Anzahl junger Männer bestimmt, wie der Genozidforscher Gunnar Heinsohn in seinem Buch „Söhne und Weltmacht" überzeugend darstellen konnte. Dabei ist infolge einer vierfachen Überlegenheit islamischer Länder hinsichtlich der Männer im wehrfähigen Alter mit einer konfliktfördernden Dynamik in der globalen Sicherheitspolitik zu rechnen.[3)]

Das Hauptproblem stellt dabei die Migration aus geburtenstarken Regionen in die wirtschaftlichen Zentren der westlichen Staaten dar, die der Direktor des *Immigration and National Security Program* am Nixon Center, Robert Leiken,[4)] zu Recht beschreibt als: „*....the most momentous population shift since Asian tribes pushed westward in the first Christian millennium.*" Dabei ist zu beobachten, dass Staaten mit signifikanten und zahlenmäßig zunehmenden muslimischen Minderheiten am meisten von terroristischen Gefahren betroffen sind.

Das Altern westlicher Gesellschaften bedeutet, so der Bevölkerungswissenschaftler Herwig Birg, dass sie zunehmend von einer Substanz leben, die sie selbst nicht mehr ausreichend generieren. Die „Ersatzmigranten" werden - auch angesichts der mit ihnen verbundenen Integrations- und Sicherheitsproblematik - in dieser Hinsicht kaum Abhilfe bieten können.[5] Allein Europa beheimatet mittlerweile ca. 15-20 Millionen Muslime und deren Anteil an der Bevölkerung wird sich voraussichtlich bis 2025 verdoppeln.[6] Würde man dagegenhalten, dass nur eine Minderheit von militanten Islamisten aktiv den Westen bekämpft, so liegt darin eine sträfliche Unterschätzung der Problemlage. Diese Ansicht ist offenbar dem Glauben verpflichtet, es sei wichtig, ob die Position des Gegners mehrheitsfähig ist oder nicht. Insbesondere die US-Amerikaner sollten sich anhand der eigenen Geschichte darüber im Klaren sein, dass aktive und entschlossene Minderheiten mit einem Überschuss an jungen Männern ausschlaggebend für Instabilität sein können. So half es der britischen Krone wenig zu wissen, dass die Aufständischen in ihren nordamerikanischen Kolonien nur von ca. 30% der Bevölkerung unterstützt wurden und nur 2% überhaupt unter Waffen standen. Spätestens bei der Kapitulation von Yorktown waren die „Rebellen" die Realität, aus der sich die heutige Weltmacht USA gebildet hat. Der Historiker und Terrorismusforscher Walter Laqueur[7] hält zutreffend fest: *„Natürlich stimmt es, dass die Zahl der Radikalen, die Al Qaida oder ähnliche Gruppen Unterstützung geben würden, nur 10-20% ausmachen, aber in absoluten Zahlen sind das Hunderttausende von Moslems."*

Seit Ende der 1990er-Jahre mehren sich die Stimmen jener Muslime, die Europa als Gebiet des Islams betrachten. Das hat zur Folge, dass sie ihr empfundenes „Recht", mehr nach ihren Wertvorstellungen leben zu können, mit wachsendem Bevölkerungsanteil stärker wahrnehmen werden als zuvor. Untersuchungen in europäischen Staaten zeigen hier einen bedenklichen Zusammenhang auf: Je ausgeprägter die Religiosität unter muslimischen Jugendlichen ist, desto geringer ist deren sprachliche und soziale Integration in die westlichen Gesellschaften. In einer Umfrage unter britischen Muslimen im März 2004, dem Monat des Anschlages in Madrid, erklärten 13%, dass ein weiterer Anschlag durch *Al Qaida* gerechtfertigt sei.[8] In Deutschland stimmten schon lange vor dem 11. September 2001 57% der türkischen Jugendlichen im Alter von 15 bis 21 Jahren der These zu, die wörtlich lautet: „*Das Türkentum ist unser Körper, unsere Seele ist der Islam. Ein seelenloser Körper ist ein Leichnam.*" Gleichzeitig vertraten 41% die Ansicht, dass Gewalt als legitimes Mittel zur Durchsetzung religiöser Ziele für sie akzeptabel wäre, während jeder Vierte der Aussage zustimmte: „*Wenn jemand gegen den Islam kämpft, muss man ihn töten.*"[9] Dagegen scheint es, dass die Gewaltaffinität bei Jugendlichen abnahm, je stärker sie sich dem christlichen Glauben zugehörig fühlten.[10] Eine ausführliche Untersuchung im Auftrag des Bundesinnenministeriums ergab Ende 2007, dass 40% aller in Deutschland lebenden Muslime als „fundamental" zu betrachten sind, jedoch lediglich 12% als „demokratiefeindlich". 6% gelten als „gewaltaffin". Unter jungen Muslimen befürwortet allerdings wiederum jeder Vierte den Einsatz von Gewalt zur Verteidigung religiöser Ziele.[11]

Eine Verbindung zwischen kultureller und emotionaler Distanz zeigt sich auch an anderer Stelle. Es entstehen Allianzen unter ehemals verfeindeten muslimischen Extremistengruppen, die Beobachter zuvor nicht für möglich hielten. Im Juni 2002 fand in Teheran ein Führungstreffen von *Hisbollah*, *Hamas*, *Islamischem Dschihad* und der *Volksfront zur Befreiung Palästinas* statt.[12] Ähnliche Solidarität zeigte Iran gegenüber den ansonsten verhassten *Taliban*.[13]

In europäischen Großstädten mit ausgeprägten muslimischen Migrantenmilieus erleben wir einen immer stärker werdenden Ruf nach „*islamisch befreiten Zonen*".[14] Dies ist ein starkes Indiz für eine Veränderung in der „psychologischen Geografie" bestimmter Zuwanderergruppen, die sich weniger als Teil des Landes sehen, sondern das Land als zukünftigen Teil der islamischen Welt. Kritiker dieser Entwicklung sehen darin eine Bedrohung der europäischen Identität(en), der individuellen Freiheit und der Demokratie, aber auch den Verlust des Wohlstands durch die damit verbundene nachhaltige Destabilisierung.[15] Der Balkan zeigt, dass solche Bruchlinienkonflikte über Jahrhunderte andauern können. So wies jüngst der Historiker Jerry Muller[16] in einem aufsehenerregenden Essay nicht nur auf die Nachhaltigkeit ethnischer Konflikte hin, sondern interpretierte auch die migrationsbedingte neue Vielfalt Europas als Herausforderung für die

Sicherheit und Stabilität der europäischen Demokratien. Muller fasst die ethnopolitischen Entwicklungen der vergangenen 150 Jahre zusammen und kommt zu dem Schluss, dass die politische Stabilität europäischer Staaten nach dem Ende des Zweiten Weltkrieges weniger auf die Vernunft, sondern auf die relative ethnokulturelle Homogenität ihrer Bürger zurückzuführen gewesen sei.

Der islamistische Terror in Europa, aber auch die Zunahme von Auseinandersetzungen auf der Straße zwischen muslimischen Migranten und Einheimischen in Europas Metropolen von London bis Paris, von Malmö bis Madrid, bestätigen die Kritiker multikultureller Gesellschaftsideale und ihre Warnungen vor Konflikttransfer, aber auch vor Rangordnungs-, Regel- und Ressourcenkonflikten zwischen Zuwanderern und Einheimischen. Die Prognose des vernünftigen Miteinanders der Kulturen erweist sich in der urbanen Realität als brüchig. So sagt der Verhaltensforscher Irenäus Eibl-Eibesfeldt:[17] *„Es gibt die schöne Idee, dass Immigranten ihre Kultur behalten und sich als deutsche Türken oder deutsche Nigerianer fühlen sollen, weil das unsere Kultur bereichert. Das ist sehr naiv. In Krisenzeiten hat man dann Solidargemeinschaften, die ihre Eigeninteressen vertreten und um begrenzte Ressourcen wie Sozialleistungen, Wohnungen oder Arbeitsplätze konkurrieren. Das stört natürlich den inneren Frieden."*

Die ohnehin schon mangelnde Integrationskraft moderner westlicher Staaten, die aus einer Mischung von Selbstzweifel, demografischer Erschöpfung, kultureller Inkompatibilität und integrationshemmenden Einflüssen moderner Kommunikationstechnologie resultiert, reduziert sich durch jeden weiteren Zuwachs von Migranten aus dem islamischen Kulturkreis. Deren Satellitenschüsseln vermitteln ihnen die Weltanschauung von „Al Dschasira" und fördern damit ethnische und religiöse Mobilisierung auf eine Art und Weise, wie es keine anderen Minderheiten in der Geschichte der Menschheit kannten.

Der schwierige Umgang mit zahlenmäßig signifikanten Bevölkerungssegmenten, deren Loyalitäten unklar sind, stellte die Regierungen westlicher Demokratien schon in den großen Konflikten des 20. Jahrhunderts auf eine harte Bewährungsprobe. Woodrow Wilson forderte von den „Pfälzer Wildschweinen" (Synonym für deutsche Einwanderer) ein positives Bekenntnis zur amerikanischen Nation und drohte mit massiven Maßnahmen, wenn diese ihre Loyalität nicht aktiv unter Beweis stellten.[18] 250.000 männliche deutsche Immigranten über 14 Jahre, wurden ab der Kriegserklärung vom 6. April 1917 zu „feindlichen Ausländern" erklärt und erfuhren restriktive Maßnahmen wie Einschränkung ihrer Bewegungsfreiheit.[19] Franklin D. Roosevelt internierte fast die gesamte japanische Minderheit der USA während des Zweiten Weltkrieges, wie auch Großbritannien seine deutsche Minderheit internierte. Zwar ist dies heute undenkbar und selbst nach 60 Jahren noch umstritten, ob Roosevelt moralisch richtig gehandelt haben mag. Dennoch sollte in einer Gesamtbetrachtung nicht ausgeblendet werden, dass als Loyalitätsbeweis innerhalb von zwei Jahren eine ganze Division aus japano-amerikanischen Freiwilligen in Italien gegen die Deutschen kämpfte. Sie hatten sich demonstrativ, wenn auch unter massivem gesellschaftlichen Anpassungsdruck, für ihre neue Heimat entschieden und ihren Status als amerikanische Staatsbürger erkämpft, indem sie sich aktiv gegen die Interessen ihres Herkunftslandes wandten.

Westliche Gesellschaften fordern schon seit langem kein vergleichbares aktives Bekenntnis zur Nation - nicht von ihren einheimischen Bürgern und noch weniger von ihren Zuwanderern, seit der Multikulturalismus als Paradigma angenommen wurde. Egal in welcher Variante, es gibt in ganz Europa und in den USA kein gelungenes Integrationsmodell für die Wanderungsbewegungen der letzten Jahrzehnte. Dennoch sind westliche Gesellschaften mangels Alternativen strategisch bemüht, ein „Integrationswunder" herbeizuführen, dessen Aussichten auf Erfolg bescheiden sind. Späte Erkenntnisse, wie die des Harvardprofessors Robert D. Putnam,[20] zeigen ein wachsendes kritisches Bewusstsein der bislang unberücksichtigten Auswirkungen ethnokultureller Vielfalt. Diese korrigieren die früheren optimistischen Prognosen, und so beschreibt Putnam ernüchternd den gemessenen Vertrauensverlust von Bürgern in zunehmend heterogenen Gesellschaften folgendermaßen: *„The effect of diversity is worse than had been imagined. And it's not just that we don't trust people who are not like us. In diverse communities, we don't trust people who do look like us."*

Ohne die muslimische Migrationsbewegung zu sehen, lässt sich daher nicht sinnvoll über sicherheitspolitische Herausforderungen sprechen. Ohne die Zuwanderung sinnvoll zu begrenzen und gleichzeitig die Anpassungsforderungen zu verstärken, droht eine weitere

Islamisierung urbaner Zentren, die als „ethnoreligiöse Brückenköpfe" den Islamisten alle organisatorischen, personellen und logistischen Voraussetzungen bieten für weitere Operationen im europäischen und US-amerikanischen Raum. Ohne wirksame Gegenmaßnahmen ist in Zukunft eher mit einer Verschärfung der Lage zu rechnen. Eine Studie des Nixon-Center zu den in Europa ansässigen militanten Islamisten ergab, dass mittlerweile jeder vierte *Dschihadist* EU-Staatsbürger ist.[21] Die damit verbundene Reisefreiheit stellt eine Bedrohung für fast alle Zielstaaten des islamistischen Terrorismus dar.

Daraus resultieren gerade im Zeitalter der Globalisierung Fragen der Durchführbarkeit von sicherheitspolitisch notwendigen Restriktionen, die auf massive Kritik stoßen würden und mit erheblichen wirtschaftlichen Konsequenzen verbunden wären. Dabei ist das Spannungsfeld zwischen der freien Bewegung von Gütern und Menschen einerseits und der Notwendigkeit von Sicherheit andererseits nicht neu. Alle bisherigen Globalisierungsphasen der Menschheit, auch wenn sie anders genannt wurden, sind durch ungewünschte sicherheitspolitische Ereignisse unterbrochen worden. So beschreibt der Historiker Niall Ferguson,[22] wie die Phase der Globalisierung, die zwischen 1871 und 1914 stattgefunden hat, gegen alle Erwartungen von Wirtschaftsexperten durch den Ausbruch des Ersten Weltkrieges unterbrochen wurde.[23] Ähnliche Folgen kann die Eskalation des heutigen globalen Konfliktes mit sich bringen. Dabei sind die westlichen Staaten des 21. Jahrhunderts weniger autark und somit viel stärker exponiert, als es bei der letzten Unterbrechung der Fall war.[24]

Es zeigen sich jetzt schon die versteckten Kosten der erhöhten Mobilität von Menschen und offenen Grenzen, die den Entwicklungskern mit der Peripherie enger verbinden und Migrationsbewegungen auslösen. Ein Großteil dieser Kosten ist verbunden mit der Erosion der gesellschaftlichen Konsensfähigkeit.[25] Zunehmende Multikulturalität fördert gesellschaftliche Zentrifugalkräfte, bindet Ressourcen und beeinflusst die Handlungsfähigkeit von Regierungen, die gezwungenermaßen immer stärker in ihre innere Sicherheit investieren müssen. Als Paradebeispiel kann dabei der Fall des kurdischen PKK-Führers Öcalan 1999 dienen, bei dem die deutsche Bundesregierung unter Berufung auf die Sorge um die innere Sicherheit ihren eigenen Haftbefehl außer Kraft gesetzt hatte. Damit wurde der Rechtsstaat aus Angst vor der Reaktion von circa 400.000 in Deutschland lebenden Kurden ausgehebelt. Ein solches Verhalten kann sich für die Gegner der Gegenwart ermutigend auswirken. Es drängt sich die Frage auf, wie die Bundesregierung im Fall verschärfter Konflikte mit muslimischen Migranten in Deutschland reagieren würde. Frankreich und Großbritannien haben auf ihre zunehmenden Unruhen bisher mit Hilfs- und Fassungslosigkeit reagiert.

Der Medienfaktor
Im Informationszeitalter ist es nicht nur in westlichen Demokratien von strategischer Bedeutung, wie die Realität seitens der Medien geschildert wird. Begriffe wie „Gatekeeper-Prinzip" oder „Agendasetting" weisen auf die meinungsbildende Wirkung der Medien im öffentlichen Raum hin. Man spricht im militärischen Bereich vom so genannten „CNN-Effekt". Margaret Belknap[26] schreibt: *„...it has a profound effect on how strategic leaders make their decisions and warfighters direct their commands."*

Sieg oder Niederlage in der Vergangenheit und Gegenwart hingen bzw. hängen stark vom medialen Einfluss auf Menschen bzw. Wähler ab. Die „glaubwürdige" Mischung von Fakten und Meinungen, bei denen Journalisten die Rolle von Sender und Medium kombinieren, um ihre eigenen Weltanschauungen zu fördern, ist ein nicht zu unterschätzender Negativfaktor. Robert Kaplan[27] postuliert, dass der Journalismus aller westlichen Staaten weitgehend von einer kosmopolitischen Einstellung dominiert werde, die universelle (wenn auch ironischerweise sehr eurozentristische) Moralprinzipien über nationale Interessen stelle. Die Mehrheit der Journalisten, so Kaplan, spreche die „Sprache der Menschenrechte" - wenn auch sehr selektiv - und neige dazu, sich für oder gegen eine Sache einzusetzen. Damit wird das „Medium" zum „Sender": Journalisten generieren politischen Druck für oder gegen militärische Intervention, ohne dabei die Konsequenzen und Verantwortung ihrer Wirkung im Nachhinein tragen zu müssen. Ihr Einfluss ist vergleichbar mit dem von anderen mächtigen Eliten, und Politiker können es sich nicht leisten, sie zu ignorieren.[28] Eine besondere Anfälligkeit für missionarischen Journalismus zeigen dabei deutsche Journalisten, die nach einer Studie der TU Berlin drei Mal öfter ihre eigenen Meinungen mit einbringen als ihre angelsächsischen Kollegen.[29] Weltanschaulich *„verorten sich die Journalisten selbst eher links von der Mitte"*.[30] In Fällen, in denen sie die Werte, für die sie sich einsetzen, verletzt sehen, *„engagieren sie sich besonders stark und werden selbst Partei für oder gegen eine bestimmte Sache".*[31] Die westliche Medienlandschaft zeigte sich beispielsweise empört über die mangelnden Beweise für Massenvernichtungswaffen, die zur Rechtfertigung des letzten Irakkriegs dienten, aber relativ unbekümmert über die Tatsache, dass es ebenso an Beweisen fehlte für den Völkermord, der zur Rechtfertigung des Kosovokrieges diente.

Gerade in sicherheitspolitischen und militärischen Fragen scheint die öffentliche Meinung fast gänzlich abhängig von der entsprechenden Beleuchtung durch die Medien. So wird beispielsweise die zweite Schlacht um Falludscha im Irak (2004) eher mit der Erschießung eines verwundeten irakischen Freischärlers durch einen US-Marineinfanteristen in Verbindung gebracht als mit der Entführung, Enthauptung und Leichenschändung der gebürtigen Britin und langjährigen Entwicklungshelferin Margaret Hassan.[32] Wie schon während des „Kalten Krieges" gibt es für westliche Medien häufig „gute" und „schlechte" Tote.

Zudem mangelt es der Berichterstattung über Kriege und Konflikte nicht selten an fachlicher Kompetenz. Nur wenige Journalisten verfügen über eigene militärische Erfahrungen, um Kampfereignisse zutreffend erfassen, interpretieren und medial transportieren zu können. Aus der kommunikationswissenschaftlichen Forschung ist bekannt, dass Journalisten oft, womöglich aufgrund ihres oben erwähnten universalistischen Ansatzes, die Folgewirkungen ihrer Berichterstattung wenig bedenken oder kennen. Dies zeigte sich exemplarisch an der Berichterstattung über die vermeintliche Schändung des Korans in Guantanamo und die damit verbundenen verheerenden Imageschäden für das US-Militär.[33] In anderen Fällen reagieren Journalisten reflexartig antiamerikanisch bzw. antiwestlich unter dem Vorwand ihrer „watchdog"-Rolle. Themen und Blickwinkel werden dabei selektiv präsentiert oder gar manipuliert. Eine Vielzahl von Beispielen zeigt hier ein „Herdenphänomen", wobei sich Journalisten mehr als Akteure denn als Beobachter verhalten.[34]

Die Kampfereignisse in Tschetschenien, in den palästinensischen Gebieten, im Irak und in einer großen Zahl von anderen Teilen der Welt haben gezeigt, dass die Gegner regulärer Armeen dies verstanden haben und bisher immer in der Lage waren, einen Großteil der westlichen Medien zu ihren Gunsten zu nutzen. Westliche Gesellschaften sind äußerst anfällig für die Bilder und Berichte aus den Krisengebieten oder Anschlagsorten. Sie zu manipulieren hat taktischen und strategischen Wert. Regierungen und Streitkräfte sind daher gezwungen, sich an „Medienzyklen" zu orientieren und die Berichterstattung bei Operationsplanungen zu berücksichtigen. Auf taktischer Ebene zwingt dies zu schnellem und entschlossenem Handeln. Verzögerung oder Vorsicht werden durch die Realität der Mediengesellschaft leicht als Misserfolg berichtet und interpretiert. Wie nachhaltig dies die Geschichte prägen kann, zeigt der weitverbreitete Irrglaube, die Tet-Offensive 1968 sei ein militärischer Erfolg des Vietkong über das US-Militär gewesen. Tatsächlich war der vermeintliche Erfolg lediglich der Macht der Bilder bzw. der Berichterstattung zuzuschreiben.[35]

Der legalistische Ansatz
Die westlichen Staaten verfügen über ein außerordentliches Vertrauen in Regelsysteme und das Verständnis von Rechtsstaatlichkeit und individueller Verantwortlichkeit. Anti-westliche Islamisten denken kollektivistisch und stellen Beziehungssysteme über Regelsysteme. Sie schöpfen ihre Kraft aus dem Glauben und dem selbstverständlichen „Wir-Bewusstsein" ihrer Religion oder Kultur.

Das Dilemma des Anti-Terror-Kampfes, das sich aus den kulturellen Gegensätzen ergibt, hat der niederländische Publizist Leon de Winter[36] treffend beschrieben: *„Reguläre Armeen können mit dem Terrorismus nicht fertig werden und reguläre Gesetze taugen nicht für die Bekämpfung und Bestrafung der Terroristen. Die machen, was sie wollen, und wenn sie dabei erwischt werden, verlangen sie, dass man sie nach den Regeln behandelt, die sie verachten und die sie nie praktizieren würden, wenn sie das Sagen hätten. Das ist das große Handicap von Demokratien und Rechtsstaaten: Die Terroristen wissen, dass diese sich an die Spielregeln halten, auch im Extremfall."*

Das Kriegsrecht der Vergangenheit hat aus genau diesen Überlegungen heraus Partisanen, Freischärlern und Terroristen keinen Schutz gewährt. Die vierte Genfer Konvention von 1977 erweiterte allerdings den Schutz von Kombattanten auf jene, die nicht deutlich als solche erkennbar waren.[37] Walter Laqueur weist darauf hin, dass die Genfer Konvention bei Terrorismus trotzdem nicht greife, weil sie überhaupt nicht für dieses Phänomen gedacht sei. Gleichzeitig ist das gesamte Menschenrechts-Paradigma dieses Regelwerkes aus der Sicht radikaler Islamisten *„eine Erfindung der Ungläubigen, die nicht ihren eigenen Traditionen und Werten entspricht und die für wahre Gläubige nicht bindend ist"*, so Laqueur.[38] Nicht wenige Terroristen verdanken somit ihre Erfolge und ihr Leben der allgemeinen Gebundenheit westlicher Staaten an solche Abmachungen bzw. Regelwerke.

Eine vergleichbare Wirkung ergibt sich aus dem Leitgedanken, man habe es lediglich mit „kriminellen Gruppen" zu tun, deren Aktivitäten zeitlich begrenzt und die mit rechtsstaatlichen Mitteln zu bekämpfen seien.[39] Die Vertreter dieser Position halten den Begriff „Krieg gegen Terrorismus" für übertrieben oder sogar für politischen Missbrauch.[40] Hier lohnt es sich möglicherweise, den Gegner selbst zu fragen. Dessen Antwort lässt - angesichts des Ausmaßes der Terroranschläge - an Deutlichkeit nichts zu wünschen übrig. In Wirklichkeit befindet sich der Westen im Krieg, und zwar in einem von existenziellem Ausmaß und mit einer voraussichtlichen Dauer, die vermutlich das westliche Zeitverständnis überschreitet.

Die unbequeme Wahrheit ist, dass die liberalsten und tolerantesten Regelsysteme, die ein Staat seinen Migranten zu bieten hat, nämlich die der Niederlande, nicht ausreichen, um das Land zum multikulturellen Vorzeigestaat zu machen oder zumindest vor der schleichenden Islamisierung seiner Städte zu schützen. Viel wichtiger als die Regeln ist das Kulturkapital der Menschen, auf die sie angewendet werden. Insofern geht es in der Beziehung zwischen westlichen Gesellschaften und ihren muslimischen Migranten nicht nur um das, was sie ihnen bieten können, sondern auch darum, was die Migranten aus ihrer bisherigen kulturellen Prägung heraus bereit sind anzunehmen. So galt etwa Mohammed Bouyeri, Mörder des holländischen Journalisten Theo Van Gogh, in vieler Hinsicht als ein Integrationsvorbild. Dies gilt auch für andere in Europa ansässige *Dschihadisten*. Der „20. Bomber" vom 11. September, Zacaria Moussaoui, war wie auch die Mehrheit seiner Mitstreiter, ein Student mit allen Entfaltungsmöglichkeiten; Omar Khyam, IT-Student, Fußballer und Mannschaftskapitän von Sussex, war ein Integrationsmusterbeispiel, als er im April 2004 mit acht Komplizen und einer halben Tonne Sprengstoff verhaftet wurde. Für die Bombenleger von London im Juli 2005 galt dies ebenso wie für die 2007 verhaftete und aus Ärzten bestehende Terrorgruppe.

Graham Mahony, langjähriger *Race Relations Officer* für den *Leicester City Council*, legt die Schuld für diese Entwicklung vor die Tür der Multikulturalisten und schreibt: „*Multi-culturalism, or at least the way in which it developed, blinded people as to what was happening in the real world and, in places like Bradford, led to greater segregation.*"[41]

Insofern ist die zweite unbequeme Wahrheit, dass das europäische Verständnis von gelungener Integration nicht unbedingt den Vorstellungen der Migrantenzielgruppen oder den Erfordernissen für ein nachhaltiges Miteinander entspricht. Allerdings sind die westlichen „Integrationsangebote" - wie die Staatsbürgerschaft - aus Sicht der Terroristen eine durchaus hochwertige operative Erleichterung und bieten Bewegungsfreiräume, mit denen es ihnen möglich ist, viele Schutzmaßnahmen zu unterlaufen. Hatte *Al Qaida* noch vor einigen Jahren die Sorge, dass ihre Leute nur mit viel Aufwand von den Ausbildungsorten zum Zielraum gebracht werden konnten, so lösen heute die *Dschihadisten* dieses Problem mit der aktiven Hilfe der Einbürgerungsregelungen. Inzwischen kann eine signifikante Anzahl von *Dschihadisten* aufgrund ihrer Staatsangehörigkeit mehr oder weniger ungehindert in und durch westliche Staaten reisen. Diese so genannten „Insiders"[42] sind oftmals gebildete und mit westlichen Werten vertraute Personen. Sie sind die „multikulturellen Problemkinder" (Ralph Peters), die sich ihre operativen Bewegungsräume notfalls rechtlich erzwingen können, indem sie westliche Werte und Normen einsetzen, um den Westen zu bekämpfen. Werden sie beispielsweise zu oft ohne triftigen Grund oder konkreten Verdacht durchsucht oder befragt, können sie sogar eine Klage wegen Diskriminierung und als Opfer des so genannten „racial profiling" einreichen.

Die Strafgesetzbücher westlicher Staaten wurden nicht geschrieben für eine solche Realität und schon gar nicht für eine Welt, in der die Kategorie „kriminell" impliziert, dass den Terroristen weitläufige Rechte zustehen und sie in einem regulären Strafprozess schuldig gesprochen werden müssen. Das damit verbundene Sicherheitsdilemma ist auch der Kern der Diskussion um die weitreichenden Vorschläge des deutschen Innenministers Wolfgang Schäuble, der die Wehrlosigkeit des Rechtsstaats in Anbetracht der verschärften terroristischen Bedrohungslage sehr wohl erkannt hat.[43] Die Diskussion um verschärfte Maßnahmen verspricht dennoch kein konkretes Ergebnis. Selbst wenn diese theoretisch und moralisch überzeugend geführt würde, bliebe jede Verschärfung in der Umsetzung problematisch, weil damit Staatsanwälte, Richter, Zeugen, Justizvollzugsanstalten etc. zum Ziel von Terroristen und deren Unterstützer würden. Man möge noch so viel darüber moralisieren, aber kein westlicher Rechtsstaat kann aufgrund der demografischen Gegebenheiten eine solche Machtprobe auf Dauer bestehen. Denn die zahlenmäßige Herausforderung, d.h. das Mobilisierungspotenzial islamistischer Extremisten, übertrifft alles, was es bisher an Gewaltmöglichkeiten durch „konventionelle" Terrororganisationen wie IRA, ETA oder RAF in Europa gegeben haben mag.

Den entscheidenden Unterschied zwischen diesen zumeist säkular ausgerichteten Terrorgruppen und dem Phänomen des islamistischen Terrorismus hat Ralph Peters[44] herausgearbeitet. Demzufolge kann der „säkulare" Terrorist seine Überzeugung modifizieren, anpassen oder verändern. Der „religiös-apokalyptische" Terrorist hingegen ist dazu kaum in der Lage. Er toleriert keine Abweichung oder Debatte; jede abweichende Idee bedeutet eine direkte Bedrohung für sein Glaubensgerüst, da er mit einer Absolutheit und Totalität sein Ziel verfolgt, wie es nur die extremsten „säkularen" Terroristen tun können. Als „Werkzeug Gottes" glaubt er an sein Recht zur Ausübung göttlicher Macht. Der „säkulare" Terrorist sieht sich somit zwar in Opposition zum „System", der Glaubenskrieger sieht sich aber in erster Linie dem System weit überlegen. Der „säkulare" Terrorist sieht sich der zu bekämpfenden Autorität gegenübergestellt. Der „religiös-apokalyptische" Terrorist sieht auf die gesamte Menschheit hinab. Seine Wirkungskraft ist daher ungleich größer durch Rücksichtslosigkeit und Unbeirrbarkeit geprägt, mit der er sein Ziel verfolgt.

Diese schmerzhafte Erkenntnis hat die französischen und britischen Regierungen schon dazu gezwungen, Ausnahmeregelungen zu treffen. Beide Staaten verfügen mittlerweile über Geheimgerichte, die zunächst Fragen der Untersuchungshaft klären. Dies ist nur der Anfang von aus libertär-demokratischer Sicht bedenklichen Maßnahmen. In Bezug auf die USA führte die Gründung eines Gefangenenlagers in Guantanamo zu einer fortwährenden Debatte über den Umgang mit den dort Inhaftierten. Dazu sagte der niederländische Publizist Leon de Winter:[45] *„Und dann ist die Empörung der Öffentlichkeit über die Behand-*

lung der Gefangenen größer als die Einsicht, dass die Leute, die dort festgehalten werden, nicht bloß Autos geklaut oder mit Drogen gehandelt haben. Diese Art der ‚Kriegführung' ist uns von den Terroristen aufgezwungen worden… dann muss man sich daran erinnern, dass es die erste und wichtigste Aufgabe des Staates ist, das Leben und die Sicherheit seiner Bürger zu garantieren. Wenn er das nicht kann, schafft er sich selbst ab."

Dabei wäre zu erwähnen, dass bis Anfang 2008 über 500 der Insassen des Gefängnisses entlassen wurden. Davon werden 462 von den USA weiterhin als „gefährlich" eingestuft, 37 wurden wieder als „Kämpfer" aktiv, einige davon schon bei Selbstmordanschlägen getötet.[46]

Darüber hinaus verdichten sich die Anzeichen für eine Verbindung zwischen Islamismus und Gewalt, die nicht auf die klassische Bruchlinienproblematik begrenzt ist, sondern sich auch in das kriminelle Milieu erstreckt. Zu den Anzeichen für diesen so genannten „symbiotischen" Terrorismus[47] zählen Vertreter des Staatsschutzes *Fatwas, „nach denen Muslime sich keine Sorgen machen müssten, wenn sie die angeblich dekadente westliche Gesellschaft der Ungläubigen mit Straftaten überziehen."*[48] Daraus ergeben sich drei Problemschwerpunkte, nämlich:

1. Die Erosion des Rechtsstaates, indem ethnokulturelle Loyalitäten die staatliche Loyalität überlagern. Dabei entstehen Fragen um Strafmaß, Bürgerrechte und Zeugenschutz. Wo kulturell relativ homogene Gesellschaften im Westen bisher als liberale Konsensgesellschaften bestehen konnten, entwickeln sich in multikulturellen Gesellschaften wegen ihrer inneren Turbulenzanfälligkeit stärkere Zentrifugalkräfte. Je vielfältiger die Gesellschaft kulturell ist, desto stärker sind die sicherheitspolitischen Herausforderungen an den Rechtsstaat bis hin zu rechtsfreien Zonen oder ernsthaften Desintegrationstendenzen, d.h. Balkanisierung.

2. Einschränkung der Rechtssprechung durch direkte Bedrohung der Justizbeamten. So werden in den USA die Justizbeamten des ersten Anschlages auf das World Trade Center (1992) dauerhaft beschützt aufgrund der hohen Wahrscheinlichkeit, dass sie durch ihren Beitrag zur Verurteilung nun zu den Anschlagszielen der Glaubensbrüder der Täter zählen. Ein Beispiel aus der organisierten Kriminalität in Deutschland könnte einen Blick in die Zukunft bieten. Aus Angst vor der Rache eines türkischstämmigen Gangsterbosses ist der

Kölner Oberstaatsanwalt Jürgen Botzem mit seiner Frau im März 2007 ins Ausland geflohen. „*Ich bin abgetaucht*", sagte Botzem dem „Focus".[49] Zum damaligen Zeitpunkt wurde er schon vier Jahre lang wegen Morddrohungen von Personenschützern bewacht. Er hatte zuvor die Mitteilung erhalten, dass sein Erzfeind Necati Coskun A. vorzeitig im April des gleichen Jahres das Gefängnis verlassen durfte. Wenn dies schon bedenkliche Schwächen des Staates aufzeigt, so stellen islamistische Terroristen im Vergleich dazu eine weitaus größere Gefahr dar.

3. Destabilisierung der Vollzugsanstalten, wobei diese nicht nur zunehmend als Rekrutierungszentren genutzt werden,[50] sondern sich auch die Frage stellt, ob diese dauerhaft unter Kontrolle gehalten werden können. In Frankreich sind ca. 70% der Inhaftierten muslimischen Glaubens. Wie auch in den Niederlanden, Belgien oder Großbritannien, sind Muslime in Europa um das Vier- bis Achtfache ihres Bevölkerungsanteils in den Vollzugsanstalten überrepräsentiert.[51] Selbst oder gerade bei wachsendem Fahndungserfolg im Terrorismusbereich wird sich daher zeigen, ob der Rechtsstaat in der Lage sein wird, die Justiz- und Vollzugsbeamten bzw. deren Familien gegen Erpressung, Nötigung oder andere Repressalien zu schützen.

Der islamistische Terrorismus würde bei einer konsequenten Fortsetzung eines strikt legalistischen Ansatzes die Oberhand gewinnen, weil er einen regellosen Krieg führt, während seine Gegner ein geordnetes Gerichtsverfahren „mit regelmäßigen Teepausen" einleiten wollen. Insofern sind die Aussagen nach den Anschlägen in London 2005, denen zufolge Terroristen besiegt werden können, indem die Gesellschaft ihre „Offenheit" bewahrt, sicherheitspolitisch kurzsichtig. In der Praxis bedeutet diese Einstellung eine unangemessene Lähmung der Sicherheits- bzw. Streitkräfte und gezwungenermaßen ein Scheitern im operativen Umfeld. Es verdammt zur strategischen Defensive und Reaktion, weil man dem Gegner die Initiative überlässt und sich mit der symptomatischen Behandlung oder der Hoffnung auf bessere Zeiten begnügt.

Sicherheitskräfte werden in ihren Handlungen unangemessen eingeschränkt oder, wie im Fall Kurnaz, in zeitraubende und gefährliche Verfahren verstrickt.[52] Gut gemeinte Forderungen, beispielsweise Soldaten internationaler Einsatzkräfte bei mutmaßlichen Menschenrechtsverletzungen vor den internationalen Strafgerichtshof in Den Haag zu stellen, erschweren durchschlagende militärische Erfolge in Anti-Terror-Operationen. In Großbritannien hat sich im Juli 2005 Lord Guthrie, der ehemalige Chef des Verteidigungsstabes und Berater von Tony Blair, vehement gegen solche Vorhaben ausgesprochen. Seiner Auffassung nach seien die Militärdisziplin und die damit verbundenen Gesetze ausreichend. Jeder Versuch, diese an Den Haag zu übertragen, führe zu einer Lähmung der Truppenmoral und sei ein signifikanter Vorteil heutiger und zukünftiger Gegner gegen die eigene Sicherheitspolitik und Verteidigungsstrukturen. In dieser öffentlichen Einschätzung folgten ihm parteiübergreifend alle ehemaligen Chefs des Verteidigungsstabes und der unter Protest aus dem Militär ausgeschiedene Colonel Tim Collins, der dazu sagte: *"You cannot apply the same circumstances of wartime that you would apply to a Whitstable fish shop on a Friday night. If you put a rifle into the hands of a 19-year-old you cannot expect him to have the judgement of Solomon in a situation that requires split-second decision making."*[53]

Eine weitere ungewollte Folge restriktiver nationaler und internationaler Gesetzgebung ist, dass Staaten sich gezwungen sehen, stärker auf private Sicherheitsfirmen zurückzugreifen, um asymmetrisch operierende Gegner effektiver zu bekämpfen. Die damit verbundenen Grauzonen der Legalität und staatlicher Kontrolle über den Einsatz von Gewalt sind hochgradig problematisch.

Die nachrichtendienstliche Lücke

Eines der größten Hemmnisse, die durch den legalistischen Ansatz entstehen, liegt in dem Verlust von nachrichtendienstlichen Erkenntnissen, insofern Terroristen u.a. ein Schweigerecht zustünde, wenn sie als „Kriminelle" oder „Tatverdächtige" behandelt würden. Die Dynamik von informeller Kriegführung straft solche Überlegungen mit Niederlagen. Denn Informationen sind die Grundlage für jeden Erfolg gegen Terroristen; die Alternative wäre, den Tod einer unbegrenzten Zahl von zukünftigen Terroropfern in Kauf zu nehmen.

Nach den Anschlägen der vergangenen Jahre waren westliche Staaten verzweifelt bemüht, bessere nachrichtendienstliche Quellen zu erschließen. Die Spanier haben ihren personellen Einsatz verdreifacht, um muslimische Wohngebiete, Moscheen, Bücherläden, *Halal-*

Metzger und Gefängnisinsassen zu überwachen. Frankreich hat in 22 Bezirken Spezialzellen errichtet. Fast alle Länder verfügen über Koordinierungszentren. Trotzdem verhindern Rivalitäten nationaler, regionaler oder institutioneller Art die Bündelung von Ressourcen.

V.a. aber fehlt es an zuverlässigen Informationsquellen, weil die ethnoreligiösen Strukturen der *Dschihadisten* eine konventionelle Infiltration erschweren und somit der Schwerpunkt der Erkenntnisgewinnung in vielen Bereichen auf technologische Möglichkeiten beschränkt bleibt. Diese sind jedoch erheblich und bei intelligenter Nutzung einer der wenigen „Trümpfe" in der Terrorismusbekämpfung. So sind die Möglichkeiten des Einsatzes von biometrischen Daten noch längst nicht ausgeschöpft; dabei wäre es sicherheitspolitisch fahrlässig, aufgrund von Datenschutzbedenken von vornherein neue technologische Methoden der Erkenntnisgewinnung stark einzuschränken oder gar nicht zuzulassen.

Die Schlüsselfrage, die sich den Ermittlern stellt, ist: *„Wie kriegen wir Terrorverdächtige zum Reden?"* Als Erfahrungswerte lassen sich dabei auch nicht die Erfolge gegen den Vietkong während des Vietnamkrieges oder gegen die südamerikanische Guerillaorganisation „Der leuchtende Pfad" benutzen. Diese Gegner verfügten bzw. verfügen über ein anderes Kulturkapital, mit dem sie den Krieg führen. Abgesehen von ihrer moralischen Zweifelhaftigkeit sind Brachialmethoden der physischen Folter in jeder Hinsicht kontraproduktiv. Das französische Militär ist damit im Anti-Terror-Kampf gegen die algerische Untergrundorganisation FLN spektakulär gescheitert. Und die Erfahrung von Abu Ghraib zeigt, dass im Medienzeitalter zusätzliche Gründe bestehen, sich von solchen Praktiken zu verabschieden bzw. sie strengstens zu unterbinden.[54] Dennoch können in der Auseinandersetzung mit zum Massenmord entschlossenen Terroristen Grenzsituationen auftreten, die jeden westlichen Staat und dessen Gesellschaft vor ein grundsätzliches Moraldilemma stellen, das nur schwer aufzulösen sein wird. Dazu schreibt Walter Laqueur:[55] *„In der Zukunft wird man das Leid von ein oder zwei Einzelpersonen messen müssen gegen das Schicksal von Tausenden, die gerettet werden können. Wenn man zwischen Überleben und moralischen Ansprüchen wählen muss, kann es wenig Zweifel darüber geben, wie die Wahl ausfällt."* Zumindest werden sich westliche Staaten stärker als bisher über psychologisch-kulturelle Befragungstechniken Gedanken machen müssen.

Risikoaversion

Die britischen Autoren James Davidson und William Rees-Mogg[56] warnten schon 1993 vor den Folgen einer gesellschaftlichen Entwicklung, der das Verständnis für die zugrunde liegende Logik von Gewalt abhanden kommt. Die Unfähigkeit von mehr oder weniger pazifistischen bzw. realitätsverweigernden Gesellschaften, zu erkennen, was Terroristen mit dem Einsatz von Gewalt bezwecken und welcher Logik ihr Handeln unterliegt, ist weit verbreitet. Emotionale Betroffenheitsäußerungen mit dem inflationär eingesetzten Begriff „sinnlose Gewalt" verdecken einige wichtige Erkenntnisse.[57] Denn Gewalt ist selten „sinnlos", sondern kann äußerst sinnvoll erscheinen, v.a. wenn sie zur Realisierung politischer Ziele in der Wahrnehmung der jeweiligen Akteure führt. Walter Laqueur[58] schreibt: *„Die erste, grundlegende Einsicht in das Wesen des Terrorismus lautet: Die Anwendung von Gewalt ist häufig kontraproduktiv. Massive Gewalt dagegen ist fast immer erfolgreich. Die entscheidende Frage ist natürlich, wann und unter welchen Umständen ein Staat massive Gewalt anwenden soll."* Die Unfähigkeit zu verstehen, dass Gewalt und Gegengewalt existenzielle Fragen entscheiden können, ist ein Luxus von Überflussgesellschaften und der Erschöpfung der europäischen Völker nach zwei Weltkriegen zuzuschreiben. Sie entspricht keineswegs der Sozialisation der islamistischen Gegner des Westens, und die populäre Parole *„Gewalt führt zu nichts"* ist historisch nicht haltbar. Der Psychologe Dave Grossman schätzt, dass in einer westlichen Gesellschaft ungefähr 5-10% der Bevölkerung als „Hirtenhunde" gelten und die „Logik von Gewalt" verstehen. In seiner Analogie zur Problematik der Sicherheitskräfte unterscheiden sich die „Hirtenhunde" von der „Herde" hauptsächlich durch ihre Fähigkeit, wie die „Wölfe" zu denken, und durch ihre Bereitschaft, Gewalt einzusetzen. Doch ihr größtes Problem besteht darin, sich gleichzeitig der „Herde" verständlich zu machen und sie so zu lenken, dass sie den „Wölfen" möglichst wenig Angriffsfläche bietet.[59] Denn als Folge einer anerzogenen anti-militärischen Grundhaltung und Geschichtsvergessenheit fürchtet sich die Herde vor den „Hirtenhunden" fast so sehr wie vor den „Wölfen".

Außerdem besteht ein weit verbreiteter Trugschluss, dass *„irgendwie etwas getan werden kann"*, um die Terroristen zur Abkehr ihres Vorhabens zu bewegen. Historisch betrachtet geben Terroristen durch das Erreichen ihrer Ziele den Kampf auf. Dies ist nicht der Fall im gegenwärtigen Terrorszenario, und kein Truppenabzug oder Palästinenserstaat würde dem Westen den ersehnten Frieden bringen. Denn der revolutionäre Islamismus hasst den Westen weniger für das, was er tut, als für das, was er ist. Nur die Selbstaufgabe und die freiwillige Islamisierung wären als Tausch für Gewaltverzicht akzeptabel. Es bleiben daher für Entscheidungsträger zunehmend weniger Handlungsoptionen außer dem Einsatz von gezielter Gewalt.

Beobachter halten es dabei für wichtig, wie man Gewalt einsetzt. Eliot Cohen, Militärhistoriker an der John Hopkins *School of Advanced International Studies*, schreibt dazu: *„Don't bluster, don't threaten, but quietly and severely punish bad behaviour."* Da es unrealistisch ist zu glauben, man könne alle Gegner töten oder gefangen nehmen, ist selektive Gewalt unvermeidbar, wobei das Ausmaß sich an den verändernden Notwendigkeiten orientieren muss und daher kaum im Voraus einschätzbar ist. Ohne gesellschaftliches Verständnis für die Notwendigkeit von polizeilichen und militärischen Anti-Terror-Maßnahmen allerdings stellen sich oft politische und gesetzliche Hürden, die über die normale Disziplin und Zurückhaltung westlicher Streitkräfte hinausgehen. Würde man z.B. dem schon erwähnten Trugschluss folgen, es handle sich hier nicht um einen Krieg, wäre konsequenterweise das Militär als Hauptinstrument bei der Bekämpfung auszuschließen.[60] Gleichzeitig jedoch ist die Trennung zwischen externen und internen Bedrohungen nicht mehr aufrecht zu halten und wird sich die Einschätzung des jetzigen deutschen Innenministers Schäuble vermutlich durchsetzen. Was die gezielte Tötung von Terroristen betrifft, so ist dies eine komplexe moralphilosophische Frage, die keineswegs leichtfertig zu beantworten ist. Fraglich ist, ob eine solche Maßnahme überhaupt Erfolg versprechend sein kann. Die Argumente zugunsten eines solchen Schrittes berufen sich auf die Zerschlagung der Terrorgruppe „Schwarzer September", deren Mitglieder durch den israelischen Geheimdienst *Mossad* nach dem Attentat von München 1972 aufgespürt und selektiv getötet wurden. Seit Beginn der zweiten *Intifada* 2002 hat Israel auch selektiv Führungspersönlichkeiten der radikalislamistischen *Hamas* getötet; bis Oktober 2005 starben 1.074 Israelis und 7.520 Palästinenser. Dennoch zeigt die Bilanz, dass die selektive

Tötung zu einer operativen Abnutzung der *Hamas* führte, zumindest in deren Fähigkeit, gegen israelische Ziele zu operieren. Obwohl die Anzahl der Angriffe zunahm, war deren Tödlichkeit von 5,4 Toten pro Angriff 2002 auf 0,11 Tote pro Angriff (2005) reduziert worden. Israel geht davon aus, dass die Anzahl wirklich gut ausgebildeter Terroristen sich in Grenzen hält und es somit wichtig ist, deren weitaus größeres Unterstützungs- bzw. Mitläufer- und Nachahmernetzwerk führungslos zu machen. Der Geheimhaltungs- und Bewegungsdruck auf die Terroristen nimmt dadurch erheblich zu und reduziert den Informationsfluss und die Fähigkeit, ausführliche Vorbereitung für geplante Anschläge treffen zu können.[61]

Um Wirkung zu zeigen, mussten solche selektive Tötungen gleichzeitig über einen gewissen Zeitraum politisch durchgehalten werden. Denn der heutige Gegner unterscheidet sich in grundsätzlicher Hinsicht von „konventionellen" terroristischen Akteuren wie z.B. der RAF. Während letztgenannte linksterroristische Organisation aus Mitgliedern bestanden hat, die zwar bereit waren zu töten, so bestehen die heutigen islamistischen Terrorgruppen aus „apokalyptischen" Terroristen, die den Tod tatsächlich suchen. Diese Sterbebereitschaft würde bedeuten, dass eine hohe, aber unbestimmte Anzahl Terroristen getötet werden könnte, verbunden mit der Gefahr, dass ein mobilisierender Märtyrerkult die muslimischen Migrantenmilieus erfasst und damit das politische Durchhaltevermögen westlicher Entscheidungsträger sehr schnell erlahmt. Hier zeigt sich ein weiteres Dilemma auf, insofern der Westen verliert, wenn er entschlossen handelt, aber auch verliert, wenn er nicht handelt.

Das erheblich reduzierte Verständnis westlicher Gesellschaften für ein konsequentes und nachhaltiges sicherheitspolitisches Engagement trägt zusätzlich dazu bei, dass die schon erwähnten restriktiven Gefechtsrichtlinien auch auf polizeiliche und militärische Spezialkräfte ausgeweitet werden. Diese werden dadurch oft nicht vorbeugend/offensiv, sondern reagierend/defensiv eingesetzt. Im besten Fall führt das dazu, dass westliche Spezialkräfte verbündete Lokalakteure in den jeweiligen internationalen bzw. externen Operationsgebieten ausbilden und beraten, aber nicht oft genug direkt oder indirekt in das Kampfgeschehen eingreifen dürfen. Selbst das Militär betrachtet offensive Spezialeinsätze oft mit Skepsis, weil sie ihm zu riskant erscheinen, während Politiker gerne sichere Optionen bevorzugen, wie beispielsweise die mehr oder weniger symbolische Bombardierung von Zielen im Sudan durch die Regierung Clinton. Ein solches defensives Vorgehen wirkt sich auf Dauer demoralisierend auf die eigenen Sicherheitskräfte aus. Dabei gerät außerdem in Vergessenheit, dass kleine Gruppen von Spezialkräften in der jüngsten Militärgeschichte herausragende Erfolge erzielen konnten, wenn man ihnen den notwendigen operativen Spielraum ließ.[62]

Verlustaversion

Die zu Anfang erwähnte demografische Verschiebung bestimmt wiederum die Verlustaversion in westlichen Gesellschaften. Diese sind aus demografischen Gründen nicht bereit, den traumatischen Verlust ihrer wenigen Söhne zu riskieren. Es gibt auch immer weniger Brüder, die an deren Stelle treten könnten. Das Gegenbeispiel bieten junge Völker wie die Palästinenser, die aufgrund ihres Jugendüberschusses über einen hohen Grad an ethnischer Mobilisierung und Verlustverträglichkeit verfügen. Die Folge ist, dass westliche Demokratien politisch verlustanfälliger sind als die geburtenstarken „Kriegerkulturen" der Peripherie. Aus dieser Erkenntnis heraus wurden in den letzten Jahrzehnten Wehrpflichtarmeen zunehmend durch Berufsarmeen ersetzt. Auch wenn die Wirkung dadurch etwas gedämpft wurde, führen hohe Verluste immer noch zu schweren politischen Folgen. Je länger ein Konflikt dauert und je höher die Verluste sind, desto geringer ist die Wahrscheinlichkeit auf Erfolg. Bemerkenswert ist, dass westliche Gesellschaften nicht nur negativ auf den Verlust ihrer Soldaten reagieren, sondern mittlerweile auch auf die Verluste des Gegners.[63] Es besteht eine psychologische Schmerzgrenze westlicher Bürger, die sehr schnell erreicht ist, wenn die eigenen Streitkräfte zu erfolgreich sind.[64] Selbst die USA sind ein „gütiger Hegemon" oder ein „liberales Imperium" und können keineswegs nach Willkür Macht projizieren. Die Schmerzgrenze des Gegners allerdings bleibt unklar und der Erfolg gegen den Terror ist für westliche Regierungen schwer zu messen. Sogar der hart gesottene ehemalige Pentagonchef Donald Rumsfeld stellte die Frage: *„Are we capturing, killing or deterring and dissuading more terrorists than the madrassas and the radical clerics are recruiting, training and deploying against us?"*[65] Er schien sich der Tatsache bewusst, dass die Zeit drängt und die Wähler andere Vorstellungen vom Terrorkampf haben, als es die Realität erfordern mag.

Dem Rechnung tragend schreibt Robert Kaplan zur Herausforderung, die sich einer liberalen Weltmacht stellt: *„Precisely because they foment dynamic change, liberal empires - like those of Venice, Great Britain, and the United States - create the conditions for their own demise."*

Schlussfolgerungen

Das Zusammenspiel der oben genannten Faktoren fügt sich zu einem strategischen Dilemma, wie es der Westen seit Jahrzehnten nicht mehr erlebt hat. Es behindert die Fähigkeit westlicher Staaten, ihre Sicherheit zu wahren und sich wirksam zu verteidigen. Die Pariser Unruhen seit 2005, wachsende Probleme der Staatsmacht, sich in vielen europäischen Großstädten durchzusetzen - von Marseille bis Malmö, von London bis Leipzig - zeugen von einer wachsenden ethnoreligiösen Mobilisierung gerade junger männlicher Migranten, häufig mit muslimischem Hintergrund. Der Staat zeigt dabei nicht selten Schwäche, die medialen Meinungsführer sogar Verständnis, und fördern dadurch noch die Erosion des Gewaltmonopols. Im Gegensatz zu „herkömmlichen" Kriminalitäts- und Gewaltphänomenen stellen das Ausmaß und die Dauerhaftigkeit des modernen Terrorismus die westlichen Demokratien vor eine noch viel größere Herausforderung. Ein „Abtauchen" der Staatsmacht kann den Normalbürger auf Dauer verunsichern.

Es ist nicht ausgeschlossen, dass westliche Staaten diesen Konflikt verlieren können, wenn sie nicht folgende Fragen ansprechen:

1. Westliche Staaten sollten sich entscheiden, ob sie sicherheitspolitisch von einem „Krieg" oder einem „kriminellen Problem" ausgehen. Ungeachtet dieser Entscheidung setzt eine erfolgreiche Sicherheitspolitik voraus, dass militärische und polizeiliche Spezialkräfte als Offensivwaffe betrachtet werden, und es gilt sie proaktiv, wenn auch selektiv, einzusetzen. Dieser Konflikt kann nur gewonnen werden, indem die Terroristen nachhaltig bekämpft und permanent durch den Druck der Sicherheitskräfte dazu gezwungen werden, taktisch zu improvisieren, weil ihnen der Spielraum zum Strategischen genommen wird.

2. Ist die Migration aus muslimischen Ländern stärker unter sicherheitspolitischen Aspekten zu behandeln? Ist die Annahme, der Westen befinde sich nicht im Kulturkampf mit dem politischen Islam, haltbar? Ohne diese Frage zu klären verhindert der Westen die Entwicklung von strategischen Konzepten und beschränkt sich auf taktisches Improvisieren. Würde die Frage mit „Nein" beantwortet werden, wäre zu klären, ob der migrationsbedingte Konflikttransfer nicht zu einer zunehmenden „Balkanisierung" führt.

3. Bedarf es eines „liberalen Nationalismus" (Michael Lind) zur Integration der Zuwanderer und zur Stärkung der Kohäsion der Bevölkerung, der zur nachhaltigen Stabilität westlicher Demokratien beiträgt und die Bewegungsspielräume der *Dschihadisten* reduzieren kann? Sollte dieser sich nur auf bürokratische Treueschwüre und „Verfassungspatriotismus" beschränken oder ein gelebtes, aktives Bekenntnis zur westlichen Wertegemeinschaft, zu Pluralismus und demokratischem Parlamentarismus bilden, um die ethnoreligiösen Bruchlinien zwischen muslimischen Migranten und Einheimischen langfristig überwinden zu können?

4. Können bessere Kommunikationskonzepte der „kulturellen Diplomatie" entwickelt werden? Können Muslime durch Aufklärungskampagnen davon überzeugt werden, dass Antiterrormaßnahmen differenziert durchgeführt werden und nicht gegen sie als Religionsgemeinschaft gerichtet sind? Können Journalisten besser über sicherheitspolitische Aspekte aufgeklärt werden?

5. Sind Westliche Staaten gut beraten, sich damit abzufinden, wie Leon de Winter zu bedenken gab, dass die Menschenrechte von Terroristen hinter den Menschenrechten ihrer Bürger stehen? Wird es notwendig sein, im Inneren Spezial- bzw. Antiterroreinheiten zu bilden oder auszubauen, die über außergewöhnlich weite operative Freiheiten verfügen und proaktiv handeln können? Wenn ja, kann Missbrauch vermieden werden, wenn z.B. eine Sonderabteilung in den jeweiligen Justizbehörden als Aufsichtsbehörde dient?

6. Ist es besser, biometrische Daten aller Bürger und Einreisenden zu erheben und damit die Mobilität von Terroristen und deren Unterstützern einzuschränken, als im Vollbesitz seiner persönlichen Daten zum Terroropfer zu werden?

Sollten westliche Gesellschaften diese Fragen beantworten können und obendrein noch in der Lage sein zu erkennen, dass der Rechtsstaat es sich nicht auf Dauer leisten kann, die zunehmende Destabilisierung seiner Exekutive untätig zu dulden, wären bessere Voraussetzungen geschaffen, die Terroristen von den Unbeteiligten zu trennen und die Freiheit und die Demokratie erfolgreich zu verteidigen.

Anmerkungen:

1) Hier orientiert sich der Verfasser stark an den Untersuchungen von Richard Schultz von der Tufts University in Boston. Vgl. Richard Schultz, Showstoppers - Nine reasons why we never sent our Special Forces after al Qaeda before 9/11, The Weekly Standard, 26.1.2004, S. 27.

2) Nach dem Babyboom der 50er- und frühen 60er-Jahre des vergangenen Jahrhunderts sanken die Geburtenraten unter das Ersatzniveau von 2,13 Kindern pro Frau.

3) Söhne und Weltmacht: Terror im Aufstieg und Fall der Nationen, Orell Füssli Verlag, Zürich 2003.

4) Robert Leiken: Europe's Angry Muslims, Foreign Affairs, July/August 2005, S. 134.

5) Herwig Birg: Die demographische Zeitwende - der Bevölkerungsrückgang in Deutschland und Europa, C.H. Beck Verlag, München 2001.

6) Robert Leiken: Europe's Angry Muslims, Foreign Affairs, July/August 2005, S. 121.

7) Die Welt, 5.5.2004.

8) Time Magazine, 20 September 2004, S. 42.

9) Der Spiegel, 14. April 1997, S. 88. Der Sozialarbeiter Ali Cakir vertrat deshalb schon Ende der 90er-Jahre die Meinung, dass deshalb „jeder türkische Jugendliche" in Deutschland eine „Zeitbombe" sei (Süddeutsche Zeitung, 7. August 1996, S. 5).

10) Jörn Brauns: Europa vor dem Bürgerkrieg - Der Islam - Thema seit 11.9.2001, unveröffentlichter Vortrag, 2003, S. 2.

11) Richard Herzinger: „Wenn Religion zur Quelle des Hasses wird", Welt am Sonntag, Online abrufbar unter
http://www.welt.de/wams_print/article1488563/Wenn_Religion_zur_Quelle_des_Hasses_wird.html.

12) Dass sich hier Sunniten und Schiiten zusammen mit Marxisten trafen und die beabsichtigte Vernichtung Israels besprachen, zeigt, dass die durchaus signifikanten inneren Spannungen muslimischer Gesellschaften angesichts eines gemeinsamen Feindes nicht übertrieben werden sollten.

13) 250 hochrangige Taliban- und Al Qaida-Mitglieder, darunter Saad bin Laden, ältester Sohn von Osama, fanden nach dem afghanischen Umsturz im November 2001 Unterschlupf im Iran. Behauptungen der iranischen Regierung, denen zufolge die Flüchtigen interniert seien, haben sich als unwahr erwiesen.

14) Eberhardt Seidel: „Lügen im Namen Gottes", Die Tageszeitung, 21.2.2000.

15) Gerald Skully schrieb schon 1995 im Bericht des National Center for Policy Analysis: „The most economically free and most culturally homogeneous representative nation has a predicted growth rate of 3.07 percent per annum. The least economically free and most culturally heterogeneous representative nation has a predicted growth rate of .08 percent, a difference of nearly 3 percent per annum." Donald Snodgrass, Fellow am Harvard Institute for International Development, schließt sich dem an und hat in einer Vergleichsanalyse zwischen kulturell homogenen und heterogenen Nationen gezeigt, dass die ökonomische Auswirkung von Heterogenität in den seltensten Fällen, und dann nur unter ganz bestimmten Umständen, zu mittel- und langfristigem ökonomischen Erfolg führt.

16) „The Clash of Peoples - Why Ethnic Nationalism will drive global politics for generations", Foreign Affairs, March/April 2008, S. 18-35.

17) Michael Klonovsky: „Sagen Sie mal, Irenäus Eibl-Eibelsfeldt... Ist der abendländische Mensch vom Aussterben bedroht?", FOCUS, 20.5.1996, S. 76.

18) Vgl. Jörg Nagler: Nationale Minoritäten im Krieg - „Feindliche Ausländer" und die amerikanische Heimatfront während des Ersten Weltkriegs, Hamburger Edition 2000. Darin erklärt Wilson den amerikanischen Ansatz: „Einmal in den Krieg geführt, wird dieses Volk vergessen, dass es jemals so etwas wie Toleranz gab. Um kämpfen zu können, muss man brutal und erbarmungslos sein, und der Geist unbarmherziger Brutalität wird in jeder Faser unseres nationalen Lebens eindringen, er wird den Kongress infizieren, die Gerichte, den Streifenpolizisten und den Mann auf der Straße."

19) Den Wilsonschen Maßnahmenkatalog gegen die potenzielle Gefahr durch eine feindliche Minderheit beschreibt Jonah Goldberg in seinem Werk „Liberal Fas-cism" als einen zeitlich begrenzten „Faschismus", wenn nach heutigen Maßstäben geurteilt werden müsste. Wobei Goldbergs Buch darauf abzielt, die Doppelmoral der modernen Linken aufzuzeigen, und ebenso deren inflationären Einsatz des Begriffs „Faschismus" kritisiert. Vgl. Richard Bernstein, „Who's a fascist now? The tables are turned", International Herald Tribune, 31 January 2008, S. 2.

20) Putnam hielt die Ergebnisse fast sieben Jahre unter Verschluss weil er sich politisch dem „Diversity" Lager zurechnet und, wie er selbst erklärte, zunächst verzweifelt nach alternativen Erklärungen suchte.
http://www.boston.com/news/globe/ideas/articles/2007/08/05/the_downside_of_diversity?mode=PF.

21) Robert Leiken: Europe's Angry Muslims, Foreign Affairs, July/August 2005, S. 121.

22) Sinking Globalisation, Foreign Affairs, March/April 2005.

23) Diese Unterbrechung hielt bis Ende des Zweiten Weltkrieges an.

24) Kein westlicher Staat ist autark und daher fehlen signifikante strategische Komponenten im Falle einer Unterbrechung des Welthandels durch ein elektronisches „Pearl Harbor" oder ähnliche Katastrophen. Durch „just in time delivery" verfügen auch keine westliche Staaten mehr über signifikante Depots, mit denen sie ihre Bevölkerungen in einem solchen Szenario vor Versorgungsengpässen schützen könnten.

25) Ein Vergleich mit jenen Staaten, die noch über relativ homogene Staatsvölker verfügen, macht diesen Unterschied noch deutlicher.

26) In: „The CNN effect: Strategic Enabler or Operational Risk?", Parameters, Autumn 2002, S. 100.

27) Warrior Politics - Why Leadership Demands a Pagan Ethos, Random House, New York 2002, S. 124-126.

28) Weshalb als strategische Maßnahme der Begriff „embedded Journalism" mit Ausbruch des Irakkrieges sein Debüt hatte.

29) Mit Ausnahme der Boulevardpresse. Wolfgang Donsbach: Der Kollektive Irrtum, Die Welt, 6. Dezember 2000, http://www.welt.de/print-welt/article551469/Der_kollektive_Irrtum.html.

30) Siegfried Weischenberger, et al: Die Souffleure der Mediengesellschaft - Report über die Journalisten in Deutschland, UVK Verlagsgesellschaft, Konstanz 2006, S. 70.

31) Wobei Untersuchungen zeigen, dass deutsche Journalisten gegenüber dem Phänomen Rechtsradikalismus als innen- bzw. sicherheitspolitischem Thema besonders sensibilisiert und aufmerksam sind. Dies liegt auch daran, dass sie sich in der Mehrzahl entlang des politischen Spektrums eher politisch links verorten. Vgl. Wolfgang Donsbach: Der kollektive Irrtum, Die Welt, 6.12.2000.

32) Obwohl zum Islam konvertiert und mit einem Iraker verheiratet, wurde sie wie eine „Ungläubige" rituell geschlachtet, ohne dass die deutschen Medien dies für besonders erwähnenswert gefunden hätten.

33) Dies war nur ein besonders spektakulärer Fall. Das Ausmaß der Falschberichte schildert Udo Ulfkotte. In: So lügen Journalisten - Der Kampf um Quoten und Auflagen, Goldmann, München 2001.

34) Dies war der Fall bei der tendenziell Pro-Kriegs-Berichterstattung nach dem 11. September wie auch bei der tendenziellen Anti-Kriegs-Berichterstattung der Zeit danach.

35) Am 30. Januar 1968 begann in Südvietnam eine Offensive des Vietkong, an dessen Ende diese Bewegung eine vernichtende Niederlage hinnehmen musste. Militärisch und moralisch war das Ergebnis für alle militärischen Beobachter eindeutig und der Vietkong erholte sich nie wieder von seinen verheerenden Verlusten. Dennoch gilt diese Offensive als Niederlage der USA und Wendepunkt im Vietnamkrieg. Die Niederlage war eine mediale und keine militärische. Doch das Ergebnis war ein Ver-

lust des politischen Willens seitens der USA bzw. deren Gesellschaft und kam daher einer militärischen Niederlage gleich.

36) Siehe Spiegel online 1.8.2005.

37) Martin van Creveld: The Rise and Decline of the State, Cambridge University Press 1999, S. 400.

38) In: „Der Westen hat seine Moral und macht sich damit das Leben schwer", Die Welt, 2. Februar 2002.

39) Die Befürworter des legalistischen Ansatzes könnten dagegenhalten, dass nach wie vor zwischen Soldaten und Terroristen unterschieden wird, da Letztgenannte noch immer als „Kriminelle" behandelt werden. Dabei wird leider übersehen, dass Freischärler in der Vergangenheit hingerichtet wurden und in der Gegenwart die Kategorie „Krimineller" nach dem Maßstab einer westlichen Haftanstalt im Regelfall einen Lebensstandard und Versorgungsgrad sichert, den wahrscheinlich viele der Betroffenen in ihren Ursprungsländern - selbst in Freiheit lebend - kaum wahrnehmen könnten.

40) Kenneth Roth argumentiert z.B., dass ein „Krieg gegen Drogen" oder gegen „Korruption" dem heutigen „Krieg gegen Terror" folgen könnte und der Begriff „Krieg" nicht allzu leichtfertig von der Anwesenheit eines konkreten Schlachtfeldes abgekoppelt werden sollte. In: Foreign Affairs, May/June 2004, S. 129.

41) Yorkshire Post, 2.9.2005.

42) Vgl. Leiken, Europe's Angry Muslims, a.a.O., S. 125.

43) Interview in: Der Spiegel, 9.7.2007.

44) „When Devils Walk the Earth - The Mentality and Roots of Terrorism, and How to Respond". The Center For Emerging Threats and Opportunities 2004, S. 8.

45) Spiegel online, 1.8.2005.

46) http://www.spiegel.de/politik/ausland/0,1518,552191,00.html, 8. Mai 2005.

47) Näher hierzu: Dorothee Dienstbühl: Symbiotischer Terrorismus - Die Ökonomie der „Gotteskrieger", Forum Sicherheitspolitik Nr. 5/2004, online: http://www.jusicherheitsforum.de/meinungsartikel/forum-sipo-beitrag-2004-05-dienstbuehl.pdf.

48) Der Spiegel, 44/2000, S. 68.

49) http://www.focus.de/panorama/welt/koeln_aid_54870.html, 29. April 2007.

50) Eine große Anzahl bekannter Terroristen wurde in Gefängnissen rekrutiert. Siehe dazu: Der Spiegel, 44/2004, S. 67.

51) Vgl. Molly Moore: „In France Prisons Filled With Muslims", Washington Post, 29 April 2008, S. 1.

52) Hier geht es v.a. um den Schutz der Identität von Spezialkräften.

53) Collins war vor einem Gericht des „Kriegsverbrechens" beschuldigt worden, weil er im Irak einen „schwierigen" Baathparteichef während einer Durchsuchung mit

seiner Pistole schlug. Collins wurde zwar freigesprochen, aber es war schon ein Scheitern der Politik, dass es überhaupt zur Anklage kam.

54) Der Vorfall war nicht nur ein Verbrechen, sondern auch ein Indiz für mangelnde Disziplin. Wobei allerdings zu erwähnen ist, dass die Definition der „Folter" durch Menschenrechtsorganisationen und Medien mittlerweile durch inflationäre Verwendung des Begriffs ins Absurde gezogen wird.

55) Die Welt, 2.2.2002.

56) Sie warnten auch vor der wachsenden Islamisierung und Afrikanisierung europäischer Großstädte, die sich aus sicherheitspolitischer Sicht zu „Zitadellen" entwickeln würden. Vgl. The Great Reckoning, Pan Books, London 1993.

57) Vgl. Irenäus Eibl-Eibesfeldt: Krieg und Frieden - Aus der Sicht der Verhaltensforschung, Piper Verlag, München 1984; Dave Grossman: On Killing - The Psychological Cost of Learning to Kill in War and Society, Little, Brown and Company, New York 1995; David Buss: „Mord steckt in uns", Spiegel Interview, 29.8.2005, http://www.spiegel.de/spiegel/0,1518,371749,00.html.

58) Die Welt, 5.5.2004.

59) Vgl. Grossman, On Killing, a.a.O.

60) Vgl. Richard Schultz: Showstoppers - Nine reasons why we never sent our Special Forces after al Qaeda before 9/11, The Weekly Standard, 26.1.2004, S. 27.

61) Daniel Byman: Do Targeted Killings Work?, Foreign Affairs, March/April 2006, S. 103-104; Simon Wunder: Die Taktik der gezielten Tötungen: Israelische Erfahrungen, in: Forum Sicherheitspolitik Nr. 5/2007 (online: http://www.ju-sicherheitsforum.de/meinungsartikel/forum-sipo-beitrag-2007-05-wunder.pdf).

62) 55 Special-Forces-Mitglieder haben in El Salvador mehr geleistet in der Bekämpfung marxistischer Rebellen, als Tausende reguläre Truppen (Kaplan 2004, S. 33).

63) Die Reaktion westlicher Gesellschaften auf den Begriff „Collateral damage" und das Ausmaß der Friedensdemonstration zeigt eine ausgeprägte Sensibilität, die sich direkt auf den politischen Willen westlicher Regierungen auswirkt.

64) Als ein besonders bezeichnendes, sicherheitspolitisch kontraproduktives Beispiel mag dabei die ablehnende Reaktion der kanadischen Öffentlichkeit und Regierung auf das Führen von Schießbüchern bei in Afghanistan eingesetzten kanadischen Scharfschützen dienen.

65) Zitiert nach: Allan B. Krueger and David D. Laitin: „Misunderestimating Terrorism", Foreign Affairs, September/October 2004, S. 13.

Der Einsatz der Streitkräfte im bevölkerungszentrierten „Comprehensive Approach"
(ÖMZ 2012)
Dirk Freudenberg

Carl von Clausewitz' klassische Definition des Krieges steht heute ganz sinnwidrig für Militarismus.[1] In der letzten Dekade wird allerdings immer deutlicher, dass die Streitkräfte ein aktives Instrument auch deutscher Sicherheitspolitik werden. Wenn Streitkräfte Werkzeuge der Politik sind, so stellen Spezial- und spezialisierte Kräfte Instrumente dar, die besonders sensible Operationen durchzuführen haben und in der Lage sind, aktiv den Kampf gegen irreguläre Kräfte[2] zu führen. Damit entsprechen sie einem chirurgischen Skalpell in der Hand militärischer Führer, die im Auftrag politisch verantwortlicher Regierungen zum Teil riskante Operationen exekutieren müssen. Der Kampf gegen den transnationalen Terrorismus muss dabei national und multinational als gesamtstaatliches, ressortübergreifendes Konzept verstanden werden, zu dem Streitkräfte ihren spezifischen Beitrag leisten.[3] Denn den Herausforderungen unserer Sicherheit durch asymmetrische Bedrohungen wird man nur mit einer Gesamtstrategie entgegentreten können, die militärische, paramilitärische, polizeiliche, politisch-diplomatische, wirtschafts- und finanzpolitische, psychologische und zivile Maßnahmen miteinander effizient verbindet und auf ein gemeinsames Ziel hin ausrichtet.[4] Diese Erkenntnis ist allerdings dem Grunde nach nicht wirklich neu. Bereits Carl von Clausewitz hat die „Allumfassendheit des Krieges" gesehen:
„Bei der absoluten Gestalt des Krieges, wo alles aus notwendigen Gründen geschieht, alles rasch ineinander greift, kein, wenn ich so sagen darf, wesenloser neutraler Zwischenraum entsteht, gibt es wegen der vielfältigen Wechselwirkungen, die der Krieg in sich schließt, wegen des Zusammenhanges, in welchem, strenge genommen, die ganze Reihe der aufeinander folgenden Gefechte steht, wegen des Kulminationspunktes, den jeder Sieg hat, über welchen hinaus das Gebiet der Verluste und Niederlagen angeht, wegen aller dieser natürlichen Verhältnisse des Krieges, sage ich, gibt es nur einen Erfolg, nämlich den Enderfolg. Bis dahin ist nichts entschieden, nichts gewonnen, nichts verloren. Hier ist es, wo man unaufhörlich sagen muss: Das Ende krönt das Werk. In dieser Vorstellung ist also der Krieg ein unteilbares Ganze[s], dessen Glieder (die einzelnen Erfolge) *nur Wert haben in Beziehung auf dies Ganze."*[5]

Clausewitz ist in seinen Schriften - insbesondere in jener „Vom Kriege" - bestrebt, „*...das Wesen der kriegerischen Erscheinungen zu erforschen, ihre Verbindung mit der Natur der Dinge, aus denen sie zusammengesetzt sind, zu zeigen.*"[6] Daher dürfen diese Gedanken Clausewitz' auch nicht isoliert von seinem Postulat gesehen werden, dass der Krieg ein Mittel der Politik ist, „*... eine Fortsetzung des politischen Verkehrs mit anderen Mitteln...*".[7] Demzufolge bedarf es einer Gesamtstrategie, in der die Rolle von Streitkräften im Allgemeinen sowie jene von Spezial- und spezialisierten Kräften im Besonderen definiert werden muss.

Counterinsurgency – Wesen und Begriff

Der Begriff „Counterinsurgency, COIN" bzw. seine wörtliche deutsche Übersetzung „Aufstandsbekämpfung" ist nicht unumstritten.[8] Der englische und als solcher im gesamten angloamerikanischen Sprachraum gebräuchliche Begriff „Counterinsurgency" hat ebenso eine Rezeption in die Fachliteratur und in die militärfachlichen Handbücher sowie entsprechende Vorschriften anderer Nationen gefunden. Über die NATO und die International Security Assistance Force (ISAF) in Afghanistan ist auch Deutschland strategisch und operativ in die Umsetzung der Doktrin zivil-militärischer Aufstandsbekämpfung eingebunden.[9]

Der Terminus „Counterinsurgency" setzt sich aus den Begriffen „Counter" und „Insurgency" zusammen. „Counter" bedeutet im Englischen in diesem Zusammenhang „jemandem entgegenzutreten" oder auch „einer Sache zuwiderhandeln, etwas durchkreuzen".[10] Also ist gemeint, „gegen" etwas zu wirken. Insofern wird der Begriff auch im weiteren Sachzusammenhang mit Gegenspionage, „counter espionage", und Spionageabwehr, „counterintelligence", sowie auch „counterterror" im Sinne von „Anti-Terror"[11] eingesetzt und ordnet sich somit in einem ausgedehnten fachlichen Umfeld ein. „Insurgency" heißt „Aufstand, Rebellion, Revolte";[12] der entsprechende Akteur ist der Insurgent bzw. der Aufständische. Dieser Begriff wie auch das entsprechende Verb „insurgieren, aufständisch sein" werden abgeleitet vom lateinischen Verb „insurgere", „sich erheben",[13] und sind ebenso wie das Substantiv „Insurrektion", „Aufstand", in der deutschen Sprache geläufig.[14] „Insurgent" gilt im deutschen Sprachgebrauch als der veraltete Begriff für den „Aufständischen" bzw. den „Aufrührer",[15] findet allerdings in seiner englischen Aussprache wieder aktuell Eingang in den deutschen militärischen Sprachschatz.[16] Mithin entspricht „Counterinsurgency" zunächst dem klassischen deutschen Wort „Aufstandsbekämpfung". Damit bezeichnet der Terminus in seinem Kern einen Zustand - den Aufstand -, ohne ihn zugleich politisch zu belegen oder gar zu werten. Entsprechendes gilt für den Akteur, den Aufständischen, den Insurgenten. Folglich ist mit dieser Bezeichnung offen gelassen, ob Zweck, Ziele und Mittel einer solchen Erhebung befürwortet oder abgelehnt werden. Eine entsprechende Diskriminierung der Akteure wird ebenso unterlassen, zumal eingeräumt wird, dass Insurgenten durchaus auch politische Zwecke verfolgen können und nicht zwangsläufig durch kriminelle Absichten geleitet sein müssen. Dementsprechend wird „Insurgency" verstanden als *„...Bezeichnung für den Prozess einer auf politischen, wirtschaftlichen und/oder sozialen Missständen beruhenden Destabilisierung eines Landes oder einer Region, die sowohl die staatliche Leistungsfähigkeit als auch die staatliche Legitimation beeinträchtigt; der Prozess wird zusätzlich durch irreguläre Aktivitäten von Insurgents verstärkt."*[17] So grenzt Kilcullen auch Insurgenten von Terroristen ab. Die entscheidenden Kriterien sind für ihn zum einen, dass Insurgenten im Gegensatz zu Terroristen tief in der Gesellschaft verwurzelt sind und diese somit repräsentieren, und zum anderen, dass Insurgenten Gewalt nicht als zentrales Merkmal auszeichnet, sondern sie Gewalt als Instrument einer integrierten politisch-militärischen Strategie einsetzen.[18] Mit diesen Definitionsansätzen wird grundsätzlich eingeräumt, dass Aufstände durchaus legitimiert sein können. Mithin handelt es sich bei der Bezeichnung „Insurgenten" um eine sachliche Beschreibung und somit schlussendlich um einen politisch neutralen Begriff. Das Wesen und die bestimmende Idee der Counterinsurgency ist dabei, dass sie grundsätzlich bevölkerungszentriert und nicht gegnerzentriert wirken soll, um Herz und Verstand, „hearts and minds", der Bevölkerung zu gewinnen und den Aufständischen somit den Rückhalt und die Unterstützung der Bevölkerung zu entziehen. Damit geht einher, dass dieser Ansatz nicht nur kostenintensiv, sondern v.a. zeitlich aufwändig ist sowie verschiedene Ebenen beinhaltet.

Abgrenzung der „Counterinsurgency" von anderen Begriffen und Konzepten

Der Begriff „Counterinsurgency" ist von den Begriffen „Counterguerilla" bzw. „Counterterrorism (CT)" abzugrenzen. Für Andrew Rathmell stellen CT-Strategien und -institutionen lebenswichtige Werkzeuge für die US-alliierten Staaten dar.[19] Während „Counterguerilla" und „Counterterrorism" als Stoßrichtung der Aktion konkret die jeweiligen irregulären Akteure haben, ist die Wirkrichtung und v.a. das Wirkungsumfeld der Counterinsurgency umfassender und umfangreicher.[20] Counterguerilla zielt demnach gegen das aktive militärische Element der Aufstandsbewegung,[21] und dementsprechend sind die Sicherheitskräfte hierauf fixiert. Daher hält Kilcullen diese isolierten strategischen Ansätze für inadäquat und stellt demgegenüber heraus, dass nicht nur klar sein muss, gegen wen gekämpft wird, sondern auch wofür.[22] Counterinsurgency ist umfassender und weitergehend. Gleichwohl können Counterinsurgency-Operationen selbstverständlich mit konkreten gewaltsamen Aktionen gegen irreguläre Kräfte einhergehen bzw. diese einbinden.[23] Mithin können „Counterguerilla-" wie auch „Counterterrorism"-Aktionen auch Teil einer Counterinsurgency sein. So wird Counterterrorism ebenso als „feindzentrierte Dimension"[24] des grundsätzlich bevölkerungszentrierten COIN-Ansatzes bezeichnet.

Der bevölkerungszentrierte Comprehensive Approach im Rahmen von Counterinsurgency

Der gegenüber klassischen Strategien innovative Gedanke des Comprehensive Approach ist der, dass nicht der Gegner im Zentrum der militärischen Betrachtung steht, sondern dass es sich um einen bevölkerungszentrierten Ansatz handelt. Das Verhalten der Bevölkerung soll im eigenen Sinne positiv beeinflusst werden bzw. soll der Bevölkerung vermittelt werden, dass getroffene Maßnahmen ihrem Wohle dienen und zu ihrem Nutzen sind, um den Rückhalt der Bevölkerung zu erhalten bzw. zu gewinnen. Das bedeutet, dass bei jeder Maßnahme und Handlung die Auswirkungen auf die Bevölkerung zu beurteilen und gegebenenfalls feindschädigende Unternehmungen zu unterlassen sind, auch wenn dadurch ein militärischer Vorteil nicht ausgenutzt wird, wenn unter Umständen die Auswirkungen auf die Lage der Bevölkerung und das zivile

Meinungsbild negativ sein könnten. Diese Einschränkungen gehen insofern weiter als die völkerrechtlichen Regelungen zum Schutze der Zivilbevölkerung. Sie haben gleichzeitig eine andere Wirkdimension als das weiterhin uneingeschränkt geltende Feindschädigungsrecht. Der hier zum Tragen kommende Grundgedanke entspricht dennoch überkommenen militärischen Grundsätzen: Das Ausnutzen eines möglichen taktischen Erfolges ist dann zu unterlassen, wenn dadurch absehbar, unmittelbar oder auch nur mittelbar eine schädigende Wirkung von strategischer Bedeutung eintritt. Weitere grundlegende Überlegung dieses Ansatzes ist es zudem, dass Aufstandsbekämpfung zwar Teil der Kriegführung ist, dass aber zur Aufstandsbekämpfung prinzipiell zivile Maßnahmen der humanitären Nothilfe, des zivilen Wiederaufbaus, der Entwicklungshilfe und der Entwicklungszusammenarbeit sowie der Staats- und Regierungsbildung wie auch des administrativen und des polizeilichen Bereichs grundsätzlich unerlässlich sind und den militärischen Maßnahmen in ihrer Wertigkeit und Bedeutung für den Erfolg voranstehen. Somit entspricht dieser Ansatz dem Prinzip der vernetzten Sicherheit als Ausfluss des umfassenden Sicherheitsbegriffs, wie er auch in verschiedenen sicherheitspolitischen Grundlagendokumenten der Bundesrepublik Deutschland[25] manifestiert ist und im internationalen Umfeld englischsprachig als „Comprehensive Approach" bezeichnet wird. Militärische Maßnahmen treten dabei grundsätzlich gegenüber zivilen - nicht zwingend in der chronologischen Abfolge - als subsidiär zurück.

Militärische Wirkmittel als Ultima Ratio einer Gesamtstrategie

Die Fähigkeit, gegnerische Ziele auszuschalten bzw. zu vernichten, bedeutet nicht, dass dies die erste Handlungsoption ist und das zwangsläufig so geschehen muss.[26] Die Ansatzpunkte und Strategien konstruktiver Konfliktbearbeitung in der Staaten- und Gesellschaftswelt können in Anlehnung an die Trias „Prävention – Eindämmung – Nachsorge" in drei Handlungsfelder eingeteilt werden: Gewaltprävention, Krisen- und Konfliktmanagement und Friedenskonsolidierung.[27] Die Problemlösungsansätze sind entsprechend den Herausforderungen komplexer geworden. Militäreinsätze gelten, soweit die Anwendung direkter Gewalt bzw. die Ausübung unmittelbaren Zwangs betroffen ist, als „Ultima Ratio", was aber nicht heißen kann, dass militärische

Komponenten einer Mission immer und unbedingt als zeitlich letztes Mittel eingesetzt werden.[28] Der Einsatz militärischer Mittel erfolgt in der Regel nicht mehr zeitlich als „Ultima Ratio", sondern komplementär zu einem Policy-Mix aus Außen-, Innen-, Entwicklungs-, Finanz-, Rechts- und Justizpolitik.[29] Der ressortübergreifende Ansatz Vernetzter Sicherheit geht von einem gesamtstaatlichen Verständnis von Sicherheit aus, in dem die sicherheitsrelevanten staatlichen und nichtstaatlichen Akteure gleichermaßen beteiligt sind und bereits das Entstehen von Risiken und Bedrohungen durch präventive Maßnahmen verhindert werden soll.[30] Network Enabled Capabilities, also Fähigkeiten, die auf der Vernetzung von Strukturen beruhen, stehen nicht allein im Raum und sind kein Selbstzweck.[31] Die Fähigkeitsorientierung ist nicht allein auf das Einsatzspektrum militärischer Streitkräfte beschränkt und soll alle sicherheitspolitischen Aufgaben und Akteure umfassen.[32] Dabei sind auch hier Netzwerke flexibler und anpassungsfähiger als Hierarchien, die ihrerseits oftmals zu sehr in der Horizontalen anstatt in der Vertikalen denken und die häufig ihren organisationsspezifischen Interessen verhaftet sind, die bisweilen wiederum in eklatantem Widerspruch zu übergeordneten Interessen stehen können.[33] Ausdruck für eine solche Vernetzung ist der „Comprehensive Approach" als ressort- und institutionenübergreifender Ansatz zur Einbindung aller relevanten Akteure und Abstimmung einer gemeinsamen Zielsetzung bereits in der Planungsphase eines etwaigen Einsatzes und eine frühzeitige Festlegung der Federführung für die vorhersehbaren Phasen des Krisenmanagements sowie der „Interagency-Prozess", das heißt, die Vernetzung aller staatlichen Akteure und die mögliche Einbindung nichtstaatlicher Institutionen. Diese können wissenschaftliche Institute, Think-Tanks, Wirtschaftsunternehmen, Finanzdienstleister, aber auch Hilfsorganisationen sein. Sie können eingeschaltet werden, um bestimmte, spezielle Wirkungen zu erzielen. Ihre Wirksamkeit beruht auf ihren speziellen Fähigkeiten, die sie nun zugunsten des Netzwerks einsetzen, um bestimmte Effekte zu erreichen. Netzwerke sollen also Netzwerke bekämpfen[34] bzw. gegen diese zur Wirkung gebracht werden. An diesem Netzwerk sind alle Organisationen und Institutionen zu beteiligen, die zur Terrorismusbekämpfung beitragen.[35] Damit werden die klassischen Instrumente Diplomatie, ökonomische Maßnahmen und der Gebrauch militärischer Macht erweitert. In den Überlegungen aller sicherheitspolitischen Akteure, Methoden, Strategien und Strukturen zu entwickeln, um Krisenbewältigung durchzuführen und ein hohes Maß an Stabilität zu erhalten bzw. wiederherzustellen, stellen die Streitkräfte insofern neben anderen nur eine Komponente dar.[36] Krisenvorsorge und Krisenmanagement müssen auf einen breiten, ressortübergreifenden Ansatz gestellt werden.[37] Die Einbindung nichtmilitärischer Akteure aus verschiedenen Disziplinen könnte das Bestreben zur Zielerreichung gewinnbringend katalysieren und oftmals sogar eine bessere Alternative zur Anwendung militärischer Gewalt darstellen. Militärische Stärke kann sich gegen asymmetrische Bedrohungen nur mehr im Verbund mit anderen staatlichen und internationalen Akteuren und Institutionen wirksam entfalten,[38] und umfassende militärische Fähigkeiten sind Teil eines mehrdimensionalen Ansatzes aus politischen, wirtschaftlichen, entwicklungspolitischen und sicherheitspolitischen Instrumenten, um im multilateralen Zusammenwirken mit Verbündeten und Partnern die regionale und/oder globale Sicherheit zu stärken.[39] Operationspläne (Concepts of Operation, ConOps) werden sich mehr auf eine Vielzahl von Effekten konzentrieren, weniger auf den Einsatz von Streitkräften.[40] Gleichzeitig sind auch innerstaatliche Szenarien denkbar, die eine enge Zusammenarbeit von Nachrichtendiensten, diplomatischen Diensten und die Koordination von Einsatzkräften der Polizeien, Rettungsdienste, Hilfsorganisationen und der Streitkräfte erfordern. Auf der organisatorischen Ebene geht es darum, die hierarchischen und netzwerkartigen Formen der Kooperation zwischen Behörden und anderen Akteuren zu optimieren, wobei die verschiedenen Hierarchien innerhalb dieses Netzwerkes in der Lage sein müssen, miteinander zu kooperieren und durch Koordination Informationen aus verschiedenen Teilen des Netzwerks zu einem gemeinsamen Bild zusammenzufügen und daraus entsprechende Schlüsse zu ziehen.[41] Im Zentrum der Überlegung steht also richtigerweise ebenso der ressort- und institutionenübergreifende Ansatz. Mithin ist der „Comprehensive Approach" im Ergebnis eine Weiterentwicklung des „Interagency-Interaction-Ansatzes". Fraglich könnte allerdings hier sein, ob es wirklich gelingen kann, die volle Komplexität und umfassende Form der Interoperabilität zwischen allen Sicherheitskräften sowie zwischen diesen und den zivilen Akteuren zu erreichen. Die bejahende Ansicht sieht zwar, dass es bereits beim Zusammenwirken staatlicher Kräfte wie Polizei und Militär anspruchsvolle Schnittstellenprobleme gibt. Diese werden durch das Problem der Multinationalität und die hierdurch bedingten vielschichtigen und mehrdimensionalen Interoperabilitätsprobleme noch verstärkt. Die sicherheitspolitische Antwort auf diese Herausforderungen wird denn auch im Erkennen der gegenseitigen Abhängigkeiten der Gesellschaften und der globalen Wirtschaft sowie der Notwendigkeit der gemeinsamen Vernetzung gesehen. Dementsprechend soll - nach diesem neuen, wirkungsorientierten Ansatz des Comprehensive Approach - der Schwerpunkt nicht auf einem engen militärischen Fokus liegen, sondern es ist vielmehr ein systemischer Ansatz gefordert, der Ziele, Instrumente, Fähigkeiten und Ressourcen in umfassender Weise aufeinander abstimmt und damit die unterschiedlichen staatlichen Wirkmittel aus den Bereichen Diplomatie, Information, Militär und Wirtschaft (DIME-Spektrum) aufeinander abstimmt.[42)] Dabei wird im deutschen Ansatz der Faktor „Militär" im DIME-Spektrum durch „bewaffnete Organisationen" ersetzt, was der Einsatzrealität wesentlich näher kommt. Bewaffnete Organisationen in diesem Sinne sind alle nationalen, multinationalen und internationalen Akteure, die mit der Befugnis ausgestattet sind, Recht und Ordnung nötigenfalls unter Anwendung von Gewalt durchzusetzen. Mit der Anwendung dieses weiten DIME-Spektrums im Interagency-Ansatz sollen Kollateralschäden und andere unerwünschte Nebeneffekte, Begleiterscheinungen und mittelbare Auswirkungen vermieden werden. Damit ist die physische Gewalt - wie bereits oben dargestellt - möglicherweise nicht mehr der Kern der kriegerischen Auseinandersetzung. Gleichzeitig ändert sich unter Umständen die Wirkrichtung des Eingriffs: An Stelle des Gravitationspunktes als der verwundbarsten Stelle des Gegenübers kann die Wirkung auch an der Peripherie der Systeme ansetzen, um den Gegner von Handlungsoptionen abzuschneiden.

Hierbei wird der Einsatz militärischer Mittel in den Gesamtkontext der diplomatischen, ökonomischen und militärischen Maßnahmen eingeordnet sowie mit den Wechselmechanismen im Informationsspektrum in Beziehung gesetzt.[43)] Das übergeordnete Handlungsprinzip transformierter Streitkräfte als vernetzte teilstreitkräftegemeinsame Truppen, die in der Lage sind, schnelle, entscheidende Operationen (Rapid Decisive Operations, RDO) an jedem Ort der Erde durchzuführen, ist das der wirkungsorientierten Operationen oder Effects-

Based Operations (EBO), die zum Erreichen der strategischen Ziele das ganze Spektrum gegnerischer Verwundbarkeiten und Schwächen ausnutzen und nach Möglichkeit auf ein direktes militärisches Kräftemessen oder gar einen Zermürbungskrieg verzichten.⁴⁴⁾ Wirkung geht vor Zerstörung.⁴⁵⁾ Der Fokus liegt somit weniger auf militärischen Zielen und deren Vernichtung als auf Aktionen und deren Auswirkungen auf Verhalten, Beeinflussung und Reaktion. Es kommt also nicht allein darauf an, mittels massiven militärischen Auftretens und kinetischer Operationen die möglicherweise dann doch nur zeitlich befristete Präsenz und somit die entsprechend begrenzte Überlegenheit im Raum herzustellen. Allerdings darf kein Zweifel darüber bestehen, dass kinetische Operationen, also militärische Kampfhandlungen zur Befriedung bzw. Sicherung eines Raumes durchaus Voraussetzung für alles andere sein können, und der Einsatz von Spezial- und spezialisierten Kräften ebenso das „scharfe Ende" einer Operation darstellen kann. Der grundlegende Unterschied zur klassischen konventionellen Kriegführung liegt in der besonderen Kontextbeziehung dieses in seiner Zusammenfassung innovativen und modernen Gesamtansatzes. Dabei wird der potenzielle Gegner ebenfalls als komplexes System mit den Untersuchungsthemen Politik, Militär, Wirtschaft, Soziales, Infrastruktur und Information (Political, Military, Economic, Social, Infrastructure, Information, PMESII) analysiert und als Systemverbund definiert, um die wesentlichen Beziehungen, Abhängigkeiten und Verwundbarkeiten zu verstehen.⁴⁶⁾ Folglich geht es in diesem Prozess um die rasche Generierung und Aufbereitung und damit um das schnelle Verfügbarmachen von Informationen. Information ist somit eine unerlässliche Größe. Informationsgewinnung und das rasche, zeitnahe Umsetzen von Informationen in Aktionen war in allen Epochen und zu allen Zeiten für effektives und erfolgreiches militärisches Handeln von entscheidender Bedeutung. Im Zeitalter des Wandels vom Industriezeitalter hin zum Informationszeitalter und zur Wissensgesellschaft unter den Bedingungen der zunehmenden Globalisierung ist die Bedeutung von Informationen bei der Entscheidungsfindung von noch größerer Bedeutung, als dies in der Vergangenheit bereits der Fall gewesen war. Informationsüberlegenheit und die Umsetzung in Entscheidungsüberlegenheit ist Voraussetzung, um zur Handlungsüberlegenheit über den Gegner gelangen zu können. Um eine langfristig richtige und zielführende Lagebeurteilung anzustellen, bedarf es eines umfangreichen und v.a. auch gegenüber den gegnerischen Akteuren überlegenen Wissens und eines entsprechenden Wissensmanagements. Allerdings soll direktes militärisches Wirken im Ziel, im Sinne von kinetischer Energie zum Bekämpfen, Ausschalten oder Vernichten eines potenziellen Gegners, ein subsidiäres Mittel zur Zielerreichung darstellen.

Der Ansatz Vernetzter Sicherheit
Beruhend auf der Unterstützung mit hochmoderner Informationstechnologie zur Beschleunigung der Beeinflussung des Gegners führen neue Konzeptionen zur Anpassung in den Bereichen Militärdoktrin, Organisation, Ausbildung, Infrastruktur, ressortübergreifende Interaktion, Führung, Personal sowie Anlagen und Einrichtungen.[47] Der Ansatz Vernetzter Sicherheit der Bundesrepublik Deutschland entspricht dem Comprehensive Approach und beschreibt einen umfassenden gesamtstaatlichen Prozess, der nahezu alle Bereiche staatlichen Handelns umfasst und in dem es um multinationale, kooperative Sicherheitsvorsorge, Krisenmanagement, Krisenprävention, aber - wenn erforderlich - auch um die Fähigkeit zur Eindämmung und Beendigung drohender oder bereits ausgebrochener Konflikte geht - unter Nutzung modernster Technologie und Integration militärischer Fähigkeiten in das Gesamtpaket „staatlicher Maßnahmen".[48] Der Comprehensive Approach wie auch das Konzept von Interagency Operations sehen sich der Herausforderung ausgesetzt, dass die Akteure - staatliche und nichtstaatliche - auf Zusammenarbeit und Zusammenwirken angewiesen sind. Voraussetzung für das Funktionieren dieser Ansätze ist die Abstimmung der Akteure auf verschiedenen Ebenen. So müssen die Interagency-Mechanismen auf organisatorischer Ebene angeglichen, die konzeptionellen Prozesse und technologischen Systeme aufgebaut und angepasst sowie auf gesellschaftlicher Ebene neue Ansätze zur Personalauswahl, Ausbildung und zum Handeln in Netzwerkbegriffen übernommen werden.[49] Dazu bedarf es aber v.a. einer ressort- und institutionenübergreifenden Abstimmung der Maßnahmen und Wirkmittel, die v.a. auf eine gemeinsame Ziel- und Zweckerreichung ausgerichtet sind. Auch wenn die Akteure weitgehend unabhängig agieren wollen und keine hierarchische Zuordnung zulassen, bedarf es mit Blick auf gemeinsame Stabilitätsziele klarer Regeln und Verfahren, um die Zusammenarbeit so wirksam wie möglich zu gestalten.[50]

Die gemeinsame Festlegung eines Endzustandes („end state") auf der politisch-strategischen Ebene vor Beginn eines Einsatzes, welche die Bedingungen für die Durchführung und v.a. den Zustand der Einsatzbeendigung beschreibt und festlegt, ist Conditio sine qua non für den strategischen Erfolg. Diese Tatsache wirkt sich auf den Ablauf von Operationen aus. Der letztendliche Zwang zum Konsens macht den Entscheidungsfindungsprozess kompliziert und verlangsamt somit den Führungsvorgang und die Umsetzung von Entscheidungen. Damit ist dieser Ansatz gegenüber schnell ablaufenden Entscheidungs- und Umsetzungsprozessen dort im Nachteil, wo es auf schnelles, zeitnahes Handeln in dynamischen Lagen ankommt. Mithin ergeben sich wechselnde Handlungsoptionen, die allerdings abgestimmt und im Gesamtkontext abgewogen sein müssen.

Indirekte Strategie und indirektes Vorgehen

Die „Indirekte Strategie" bzw. das „Indirekte Vorgehen" beinhalten v.a. den Einsatz nichtmilitärischer Mittel; hingegen beruht die „Direkte Strategie" v.a. auf dem Einsatz von Streitkräften.[51] Dementsprechend hat das „Indirekte Vorgehen" eine über den militärischen Bereich hinausgreifende, weit umfassendere praktische Bedeutung. Hier werden v.a. Mittel wie Subversion, Korruption, Manipulation durch Falschinformationen, Sabotage und Spionage eingesetzt.[52] Im militärischen Sinne hat Liddell Hart empfohlen, eine Richtung einzuschlagen, die der Gegner am wenigsten erwartet, und dort zuzuschlagen, wo dieser am wenigsten Widerstand entgegensetzen kann.[53] Es geht also darum, den Gegner abzulenken, ihn aus dem Gleichgewicht zu bringen, um ihn seiner Handlungsfreiheit zu berauben.[54] Folglich ist das Indirekte Vorgehen nicht auf die stärkste Konzentration feindlicher Kräfte in einem Schlüsselgelände gerichtet, sondern gegen Verstärkungs- und Folgekräfte in der Tiefe. Im weiter gefassten Sinne ist dieser Gedanke entsprechend umzusetzen; allerdings werden hier militärische mit nichtmilitärischen Mitteln kombiniert oder die militärischen sogar ganz ersetzt, sodass sie gar nicht in Erscheinung treten. In diesem Fall liegt der Schwerpunkt beim Indirekten Vorgehen auf dem Einsatz nichtmilitärischer Ressourcen. Die Indirekte Strategie bzw. das Indirekte Vorgehen findet seine Entsprechung allerdings auch auf der Seite der irregulären Kräfte. Die Vorgehensweise irregulärer Kräfte wird durch das Anschlagsziel bestimmt, wobei hier zwischen direkter und indirekter Vorgehensweise unterschieden wird.[55] Bei der direkten Vorgehensweise werden die Anschlagsziele gemäß der strategischen Zielsetzung gewählt; hingegen werden bei der indirekten Vorgehensweise Anschläge gewählt, um eine Botschaft zu transportieren, oder es werden Anschläge auf Einrichtungen ausgeführt, die Stoffe beherbergen, deren Verbreitung zu Schäden außerhalb der Einrichtung führen.[56]

Resymmetrierung

Es bedeutet ein „strategisches Paradox",[57] dass sich hochzivilisierte und hochgerüstete, technisch überlegene Staaten unsäglich schwer tun mit irregulären Kräften, die hinsichtlich ihrer Kampfkraft und ihres Gefechtswertes vielfach unterlegen sind, wirksam fertig zu werden. Stupka schlägt als Grundsatz für zu erarbeitende Theorien vor, dass asymmetrischer Kriegführung nur asymmetrisch beizukommen ist.[58] In diesem Sinne stellt die Art und Weise des Kampfes gegen irreguläre Kräfte den Versuch der Wiederherstellung der Symmetrie auf der Ebene des Gegners mit einer überlegenen Kombination aller zur Verfügung stehenden Mittel dar. Es ist schon früh erkannt worden, dass die beste Abwehr von Irregulären nur durch Truppen erfolgen kann, die diese Art der Kleinkriegführung selbst beherrschen.[59] In dieser Resymmetrierung, in der man sich der bis dato asymmetrischen Methoden des Gegners bedient und einer Strategie der Terrorisierung der Terroristen folgt, sehen einige Autoren die Gefahr, dass sich die regulären Streitkräfte in asymmetrischen Konflikten an die entsprechenden Kampfweisen ihrer Gegner anpassen und die Soldaten im Kampf gegen Partisanen und Terroristen selbst zu solchen werden.[60] Zudem wird in der Literatur angeführt, dass Staaten, die sich auf einen asymmetrischen Krieg mit nichtstaatlichen Akteuren einlassen, dazu neigen, Strategien anzuwenden, die kontraproduktiv sind und zu nicht intendierten Konsequenzen für die beteiligten Akteure und die institutionellen Rahmenbedingungen der internationalen Politik führen.[61] Die heutige Situation erfordert ein intelligentes Vorgehen gegen irreguläre Kräfte, das es ermöglicht, nachhaltig Wirkung zu erzielen. Die Strategie von Staaten gegen irreguläre Kräfte zielt zumeist auf eine möglichst kurze und entscheidende Auseinandersetzung ab, um „den Terror auszurotten" oder „die Aufständischen zu vernichten", und die substaatlichen Akteure setzen dieser Strategie zumeist eine psychische „Abnützungsstrategie" entgegen, die jede „Entscheidungsschlacht" zu vermeiden sucht und vielmehr auf räumlich und zeitlich ausgedehnte oder auch spektakuläre Aktionen setzt.[62] Die Kriege der jüngeren Vergangenheit zeigen allerdings, dass sich das strategische Denken und die Strategieschöpfung - insbesondere für den kombinierten Einsatz von Einheiten der Special Operation Forces (SOF), unbemannten Drohnen[63] und schwerer Bomber - weiterentwickeln[64] und die Entwicklung auf zwei Schienen verläuft: der Hochtechnologie- und der asymmetrischen Schiene.[65] Gleichzeitig entsteht eine neue Art der Kriegführung, die sämtliche Mittel nutzt, die das Informationszeitalter bietet, und die in hohem Maß auf Präzisionswaffen, Spezialeinheiten und psychologische Kriegführung vertraut.

Alte und neue Mittel und Kräfte werden so in neuer Weise kombiniert und effektiv zum Einsatz gebracht. Gerade im Kampf gegen Gruppierungen des transnationalen Terrorismus sind asymmetrische Mittel zum Einsatz zu bringen. Die Irregulären sind mit ihren eigenen Waffen zu schlagen, indem man ihre Taktiken annimmt, sie täuscht und überrascht, mobil und gerissen ist, über unkonventionelle Ideen, exzellente Geländekenntnisse sowie einen guten Draht zur Bevölkerung verfügt[66] und die Fähigkeit zur ständigen Improvisation beherrscht. Von der Heydte hat aber bereits früh darauf hingewiesen, dass es von strategischer Bedeutung ist, die Methoden des Irregulären weder zu ignorieren noch zu imitieren; dass es vielmehr notwendig ist, neue Formen der Kampfführung zu entwickeln.[67] Mithin kommt es darauf an, durch Resymmetrierung die Symmetrie wieder herzustellen. Gleichzeitig ist es wichtig, einer „Reasymmetrisierung" entgegenzutreten, um diese zu verhindern. Gerade auf besondere Einsatzverfahren wie den Jagdkampf wird in der Literatur über die Bekämpfung Irregulärer immer wieder hingewiesen. Ein weiterer konzeptioneller Ansatz, die irregulären Bedrohungen operativ in den Griff zu bekommen, geht von einer Dislozierung und Dezentralisierung von Spezial- und spezialisierten Kräften aus. Dieser Ansatz beinhaltet solche Erscheinungen wie verteilte Operationen (dispersed operations), Zusammenwirken zwischen diesen (networking) und größere Autonomie für kleinere Einheiten als bisher üblich. Ein wichtiger Teil dieses Ansatzes bezieht sich auf die Durchführbarkeit und den Nutzen der „swarm tactics", bei dem kleine, selbstständig handelnde Einheiten eingesetzt werden und bei dem bewegliches Feuer schnell und für den Gegner unerwartet auf einzelne Ziele wirken kann.[68] „Swarming" kann beispielsweise dazu eingesetzt werden, einen Gegner an mehreren Stellen punktuell anzugreifen oder um eine „antikörperähnliche Verteidigung" in einem Gebiet gegen Eindringlinge zu bilden.

Zusammenfassung und Schluss

Zusammenfassend kann festgestellt werden, dass Spezial- und spezialisierte Kräfte einen wichtigen Beitrag zur Bekämpfung irregulärer Kräfte in einer Counterinsurgency im umfassend verstandenen Sinne leisten können. Diese Kräfte können ein strategisches Mittel darstellen. Schlussendlich stellen diese Kräfte allerdings nur ein Mittel in einer breiten Palette staatlicher Instrumente dar und können nur zu bestimmten - eben speziellen - Zwecken wirksam eingesetzt werden. Oftmals können erst und auch nur militärische Mittel die Voraussetzungen zum Wirksamwerden anderer Instrumente schaffen. Allerdings darf kein Zweifel darüber bestehen, dass kinetische Operationen, also militärische Kampfhandlungen, zur Befriedung bzw. Sicherung eines Raumes durchaus Voraussetzung für alles andere sein können und gerade der Einsatz von Spezial- und spezialisierten Kräften ebenso das „scharfe Ende" einer Operation darstellen kann. Der grundlegende Unterschied zur klassischen konventionellen Kriegführung liegt in der besonderen Kontextbeziehung dieses in seiner Zusammenfassung innovativen und modernen Gesamtansatzes. Folglich ist der ressort- und institutionenübergreifende Ansatz des „Comprehensive Approach" als Weiterentwicklung des „Interagency-Interaction-Ansatzes" ein Konzept, das, im Sinne einer Gesamtstrategie abgestimmt, staatliche und nichtstaatliche Mittel - auch multinational - zielführend zum Einsatz bringen kann. Ein isoliertes Vorgehen ist - wie die aktuell verlaufenden Konflikte zeigen - häufig unzureichend und oftmals in den Auswirkungen und Reaktionen hinsichtlich des zu erreichenden politisch-strategischen Endzustandes auch kontraproduktiv.

Anmerkungen:

1) Paul-Ludwig Weinacht: Krieg denken. Eine typologische Orientierung aus der jüngeren politischen Ideengeschichte. In: Revista Chilena de Historia del Derecho, Estudios en Honor de Bernardino Bravo Lira, Premio Nacional de Historia 2010, Numero 22, Tomos I y II, o.OA., S. 687ff; S. 697.

2) Vgl. hierzu ausführlich: Dirk Freudenberg: Theorie des Irregulären. Partisanen, Guerillas, Terroristen im modernen Kleinkrieg, Wiesbaden 2008.

3) Vgl. Gert Gawellek: Aktuelle Konzeption und geplante Weiterentwicklung der Spezial- und Spezialisierten Kräfte innerhalb der DSO. In: Der Deutsche Fallschirmjäger, Heft 2, 2006, S. 13ff; 13.

4) Erich Vad: Asymmetrischer Krieg als Mittel der Politik. In: Thomas Jäger, Rasmus Beckmann (Hrsg.), Handbuch Kriegstheorien, Wiesbaden 2011, S. 586 ff; 586.

5) Carl von Clausewitz, Vom Kriege. Hinterlassenes Werk des Generals von Clausewitz, 16. Aufl., Bonn 1952, S. 854.

6) Ebenda, S. 82.

7) Ebenda, S. 108.

8) Vgl. NN., Vorwort. In: Heeresamt, Vorläufiger Beitrag von Landstreitkräften zur Herstellung von Sicherheit und Ordnung in Krisengebieten, Köln Juni 2010, vor S. 1.

9) Peter Rudolf: Zivil-militärische Aufstandsbekämpfung. Analyse und Kritik der Counterinsurgency-Doktrin, SWP-Studie, S. 2, Berlin, Januar 2011, S. 5.

10) Clara-Erika Dietl, Egon Lorenz: Wörterbuch für Recht, Wirtschaft und Politik, Teil I, Englisch - Deutsch, München 2000, S. 184.

11) Vgl. Christian Rojahn: Militärische Antiterroreinheiten als Antwort auf die Bedrohung des internationalen Terrorismus und Instrument nationaler Sicherheitspolitik - das Beispiel Amerika, München 2000, S. 71.

12) Dietl, Lorenz: Wörterbuch, a.a.O., S. 184.

13) Brockhaus Enzyklopädie, Bd. 10, 19. Aufl. Mannheim 1989, S. 547.

14) Wissen Verlag, Fremdwörterlexikon, Herrsching 1991, S. 121; vgl. Duden, Fremdwörterbuch, 4. Aufl., Mannheim, Wien, Zürich 1982, S. 349.

15) Brockhaus, Bd. 10, a.a.O., S. 547.

16) Vergleiche u.a.: Heeresamt, Vorläufiger Beitrag von Landstreitkräften zur Herstellung von Sicherheit und Ordnung in Krisengebieten, Köln Juni 2010.

17) Ebenda, S. 1.

18) David Kilcullen: Counterinsurgency, New York 2010, S. 188.

19) Andrew Rathmell: Building Counterterrorism Strategies and Institutions. In: David Aaron (Hrsg.), Three Years after. Next Steps in The War on Terror, Santa Monica 2005, S. 47ff; 47.

20) Vgl. Department of the Army, U.S. Army Counterguerrilla Operations Handbook, Guilford, Connecticut 2004, S. 1-5.

21) Ebenda.

22) Vgl. David Kilcullen: The Accidental Guerrilla. Fighting Small Wars in the Mist of a Big One, New York 2009, S. 274.

23) Vgl. Sarah Sewall: Introduction to the University of Chicago Press Edition. In: United States Department of the Army (Hrsg.), The U.S. Army/Marine Corps Counterinsurgency Field Manual: U.S. Army Field Manual No. 3-24: Marine Corps Warfighting Publication No. 3-33.5, Chicago 2007, S. xxiff; xxiii.

24) Peter Rudolf: Kriegsmüdigkeit und Strategiewandel in der amerikanischen Außenpolitik. In: SWP-Aktuell 43, September 2011, S. 3.

25) Vgl. Die Bundesregierung, Aktionsplan „Zivile Krisenprävention, Konfliktlösung und Friedenskonsolidierung", Mai 2004; vgl. Bundesministerium der Verteidigung, Weißbuch zur Sicherheitspolitik Deutschlands und zur Zukunft der Bundeswehr, Berlin 2006.

26) David S. Alberts: Information Age Transformation. Getting to a 21st Century Military, 2. Aufl., o. OA. 2003, S. 40.

27) Tobias Debiel: Konfliktbearbeitung in Zeiten des Staatszerfalls. In: Ursula Blanke (Hrsg.), Krisen und Konflikte. Von der Prävention zur Friedenskonsolidierung, Berlin 2004, S. 21ff; 24.

28) Rudolf Georg Adam: Fortentwicklung der deutschen Sicherheitsarchitektur - Ein nationaler Sicherheitsrat als strukturelle Lösung? Vortrag vor der Auftaktkonferenz der Veranstaltungsreihe „Gesamtstaatliche Sicherheit", Berliner Forum Zukunft (BFZ) der DGAP und Bundesakademie für Sicherheitspolitik, Berlin 13. Januar 2006, in: http://www.bits.de/public/articles/Rede_Adam_060113.pdf, Internet vom 15. März 2006, S. 2.

29) Manfred Engelhardt: Militärische Instrumente der Konfliktbearbeitung. In: Ursula Blanke (Hrsg.): Krisen und Konflikte. Von der Prävention zur Friedenskonsolidierung, Berlin 2004, S. 91ff; 91.

30) Ralph Thiele: Jenseits der Trennung - Sicherheit vernetzt und integriert, in: Thomas Jäger, Rasmus Beckmann (Hrsg.), Handbuch Kriegstheorien, Wiesbaden 2011, S. 594ff; 595.

31) Wolfgang Schneiderhan: Vortrag des Generalinspekteurs der Bundeswehr vor dem Bundesverband der Deutschen Industrie e.V. (BDI) am 18. November 2003 in Berlin, in: http://www.bmvg.de/portal/a/bmvg/kcxml/04_Sj9SPykssy0xPLMnMz0vM0Y_Qjz K, Internet vom 13.06.2006, S. 1.

32) Heiko Borchert, Reinhardt Rummel: Von segmentierter zu vernetzter Sicherheit in der EU der 25. In: ÖMZ 2004, Heft 3, S. 259ff; 264.

33) Axel Kuhlmann: Terroristische Netzwerke. Bekämpfung mit Netzwerken. In: Guido Korte (Hrsg.): Aspekte der nachrichtendienstlichen Sicherheitsarchitektur, Bühl/Rheinland 2005, S. 109ff; 144.

34) John Arquilla, David Ronfeldt: The Advent of Netwar (Revisted). In: John Arquilla, David Ronfeldt (Hrsg.): Network and Netwars, Santa Monica 2001, S. 1ff; 15.

35) Kuhlmann, a.a.O., S. 144.

36) Peter Vorhofer: Civil-Military Cooperation. Zur Evolution einer neuen Aufgabe in der Krisenbewältigung. In: ÖMZ 2003, Heft 6, S. 753, 753.

37) Rudolf Georg Adam: Fortentwicklung der deutschen Sicherheitsarchitektur - Ein nationaler Sicherheitsrat als strukturelle Lösung? Vortrag vor der Auftaktkonferenz der Veranstaltungsreihe „Gesamtstaatliche Sicherheit", Berliner Forum Zukunft (BFZ) der DGAP und Bundesakademie für Sicherheitspolitik, Berlin 13. Januar 2006, in: http://www.bits.de/public/articles/Rede_Adam_060113.pdf, Internet vom 15. März 2006, S. 2.

38) Bernhard Lauring: Network Centric Warfare. Die Supermacht Amerika hebt endgültig ab, in: ÖMZ 2003, Heft 6, S. 760ff; 761.

39) Manfred Engelhardt: Militärische Instrumente der Konfliktbearbeitung. In: Ursula Blanke (Hrsg.), Krisen und Konflikte. Von der Prävention zur Friedenskonsolidierung, Berlin 2004, S. 91ff; 92.

40) David S. Alberts: Information Age Transformation. Getting to a 21st Century Military, 2. Aufl., o. OA. 2003, S. 40.

41) Axel Kuhlmann: Terroristische Netzwerke. Bekämpfung mit Netzwerken. In: Guido Korte (Hrsg.): Aspekte der nachrichtendienstlichen Sicherheitsarchitektur, Bühl/Rheinland 2005, S. 109ff; 144.

42) Franz-Josef Schulz, Raoul Gruninger: Wirkungsorientierte Operationsführung. Neue Anforderungen an die sicherheitspolitische Wissensgrundlage. In: Heiko Borchert (Hrsg.): Verstehen, dass die Welt sich verändert hat. Neue Risiken, neue Anforderungen und die Transformation der Nachrichtendienste, Baden-Baden 2005, S. 34ff; 34.

43) Ralph Thiele: Innovation an der Spitze des FortschrittS. Die deutsche Beteiligung an US Multinational Joint Transformation. In: Europäische Sicherheit 2003, Heft 11, S. 25ff; 27.

44) Burkhard Theile: Transformation: Veränderte Streitkräfte und neue Rüstungstechnik. In: Heiko Borchert (Hrsg.): Vernetzte Sicherheit. Leitidee der Sicherheit im 21. Jahrhundert, Hamburg, Berlin, Bonn, S. 20ff; 25.

45) Michael Traut, Klaus Engel: Vernetzte Operationsführung - mit besonderer Bedeutung für Luftstreitkräfte. In: Europäische Sicherheit 2004, Heft 3, S. 48ff; 51.

46) Theile, a.a.O., S. 26.

47) Hans Reimer: Netzwerkgestütztes Management von humanitärer und Katastrophenhilfe im Informationszeitalter. In: ÖMZ 2006, S. 596ff; 596.

48) Thiele, a.a.O., S. 25.

49) John Arquilla, David Ronfeldt: The Advent of Netwar, Santa Monica 1996, S. 85.

50) Ralph Thiele: Vernetzte Sicherheit. Über die Konzeptionen gesamtstaatlichen Zusammenwirkens. In: ÖMZ 2008, S. 299; 302f.

51) Albert A. Stahel: Klassiker der Strategie - eine Bewertung, 3. Aufl., Zürich 2003, S. 19; 219.

52) Albert A. Stahel: Strategisch denken. Ziel - Mittel - Einsatz in Politik, Wirtschaft und Armee, Zürich 1997, S. 59.

53) Jürg Studer: Luftoperationen in lästigen kleinen Konflikten. In: Military Power Revue der Schweizer Armee, Nr. 1, Mai 2006, S. 28ff; 36.

54) Friedrich Ruge: Politik und Strategie, Strategisches Denken und politisches Handeln, Frankfurt am Main 1967, S. 49.

55) Manfred Eberhard: Bedrohung durch Kampf gegen irreguläre Kräfte bei Einsätzen im Rahmen der Konfliktverhütung/Krisenbewältigung, 2. Zwischenbericht zur IABG-Studie, Ottobrunn 2004, S. 32.

56) Ebenda.

57) Robert M. Cassidy: Counterinsurgency and the Global War on Terror. Military Culture and Irregular War, Westport, London 2006, S. 23.

58) vgl. Andreas Stupka: Kriegsgeschichte und klassische kriegstheoretische Betrachtungen zur asymmetrischen Kriegführung. In: Josef Schröfl, Thomas Pankratz (Hrsg.): Asymmetrische Kriegführung - ein neues Phänomen der Internationalen Politik?, Baden-Baden 2004, S. 41ff.; 56.

59) Paul Wimmer: Kleinkrieg - wesentliche Grundlagen. In: ÖMZ 1965, S. 440ff; 442.

60) Gerhard Kümmel: Chamäleon Krieg: Die Differenzierung des Kriegsbildes und ihre Folgen für die Streitkräfte. In: Gerhard Kümmel, Sabine Collmer (Hrsg.): Asymmetrische Konflikte und Terrorismusbekämpfung. Prototypen zukünftiger Kriege?, Baden-Baden 2003, S. 29ff; 40f.

61) Christopher Daase: Terrorismus und asymmetrische Kriegführung. In: IFDT 2004, Heft 4, S. 18ff; 19.

62) Walter Feichtinger: Differenzierung von Asymmetrie im Kontext bewaffneter Konflikte. In: Josef Schröfl, Thomas Pankratz (Hrsg.): Asymmetrische Kriegführung - ein neues Phänomen der Internationalen Politik?, Baden-Baden 2004, S. 117ff; 118.

63) John Arquilla, David F. Ronfeldt, Netwar Revisited: The Fight for the Future Continues. In: Robert J. Bunker (Hrsg.): Networks, Terrorism and Global Insurgency, London, New York 2005, S. 8ff; 9.

64) Albert A. Stahel: Klassiker der Strategie - eine Bewertung, 3. Aufl., Zürich 2003, S. 11.

65) Holger H. Mey: Moderne Kriegführung. Lehren aus dem Irakkrieg. In: Erich Reiter (Hrsg.): Jahrbuch für internationale Sicherheitspolitik 2003, Hamburg, Berlin, Bonn 2003, S. 71ff; 79.

66) Studer, a.a.O., S. 37.

67) Friedrich A. Frhr. von der Heydte: Die Rolle des Kleinkrieges in der Strategischen Theorie des Westens und des Ostens, Vortrag bei der Clausewitzgesellschaft an der Führungsakademie der Bundeswehr, Hamburg 11. Oktober 1972, S. 9.

68) Sean J.A. Edwards: Swarming on the Battlefield. Past, Present, and Future, Santa Monica, Washington D.C. 2000, S. xi.

Der Schattenkrieg – Ergänzungen zur „Counterinsurgency"-Debatte (ÖMZ 2013)
Stephan Maninger

Der Begriff „Counterinsurgency" (COIN) bedeutet „Aufstandsbekämpfung". Synonyme wie „low intensity conflict", „Guerillakrieg", „asymmetrische Kriegführung" oder auch „military operations other than war" beschreiben die Bekämpfung eines verborgenen Gegners, der als nichtstaatlicher Akteur den Staat oder einen Teil dessen unter seine Kontrolle bringen möchte.[1] Dazu bedient er sich nur im Endstadium seiner Bemühungen der offenen militärischen Auseinandersetzung, wenn der Staat bereits stark geschwächt ist oder kurz vor dem Kollaps steht. Bis zu diesem Punkt verfolgt er eine Strategie der Nadelstiche, der Politisierung und Mobilisierung der Lokalbevölkerung gegen die Regierung. Die damit einhergehende Instabilität führt häufig zu internationalen Interventionen, so genannten „Stabilisierungsoperationen", „Peace enforcement" oder „Friedenseinsätzen", die leicht in Verstrickungskonflikte ausarten. Interventionskräfte erweisen sich dabei meist als unbeholfen im Umgang mit dieser Art von unkonventioneller Herausforderung, bei der die Grenzen zwischen Kombattanten und Nichtkombattanten fließend sind.

Der folgende Beitrag behandelt einige der wesentlichen Erkenntnisse zu diesem Thema.

Ist Aufstandsbekämpfung machbar?
Die Vorstellung, dass Aufstände die Sicherheitskräfte vor unlösbare Probleme stellen, ist historisch unzutreffend. Die meisten Aufstandsszenarien bis Indochina/Vietnam (1950-1975) endeten für die Aufständischen mit blutigen Niederlagen, wie z.B. der philippinische Moroaufstand (1899-1913), der durch die US-Marineinfanterie beendet wurde. Erst seit der französischen Niederlage von Dien Bien Phu (1954) wird eine Art „Unmachbarkeit" mit Aufstandsbekämpfung verbunden.[2] Die Niederlage hatte durch eine militärische Fehleinschätzung einen ganz konkreten Hintergrund und fand in der konventionellen Phase des Konfliktes statt. Die US-Amerikaner zeigten während ihres Engagements in Südostasien hingegen, dass sie den kon-

ventionell geführten Gefechten mehr als gewachsen waren. Vielmehr vernebelt die Vietnammythologie der Nachrichten- und Unterhaltungsmedien die Tatsache, dass keine militärische Niederlage der US-Streitkräfte erfolgte, sondern eine politische.[3]

Zutreffend ist, dass westliche Akteure sich im Verlauf der zweiten Hälfte des 20. Jahrhunderts zunehmend moralisch verpflichtet haben, Rücksicht gegenüber der Zivilbevölkerung auch auf Kosten etwaiger militärischer Notwendigkeit zu praktizieren. Wenn also der ehemalige US-Verteidigungsminister Gates davon spricht, dass die USA sich nicht aus der Lage in Afghanistan „heraustöten" könnten, dann ist diese Aussage nicht eine militärische, sondern eine moralische und politische. Die USA möchten sich nicht aus der Situation „heraustöten", weil eine Gesellschaft nicht dauerhaft Krieg außerhalb ihrer Wertvorstellungen führen kann. Und westliche Gesellschaften haben Moralvorstellungen entwickelt, was den Einsatz von Staatsgewalt angeht, die Gates bestätigen. Colin Gray stellte dazu folgende Hypothese auf: *„American public, strategic, and military culture is not friendly to the means and methods necessary for the waging of warfare against irregular enemies."* Seine Schlussfolgerung ist, dass bei allem operativen und taktischen Geschick auf eine sinnvolle Strategie niemals verzichtet werden kann, dies jedoch eine kulturelle Anpassung erfordern würde, wozu die amerikanische Kriegführung (way of war) nur schwer in der Lage sei. Was fehle, sei eine „Theorie des Sieges", eine umfassende Vorstellung der Vorgehensweise, um die eigenen strategischen Ziele zu verwirklichen.[4] Hinzuzufügen wäre, dass die Verbündeten der USA auch ihre jeweils eigene Kultur einbringen, und unter ihnen gibt es keine, die Grays Maßstäben besser entsprechen würden. Der Bundeswehr bescheinigte der israelische Militärhistoriker Martin van Creveld sogar eine fehlende „Kultur des Krieges" und bezeichnete sie als „Armee ohne Seele".[5]

Erfolgreiche Ansätze aus einem Einsatzgebiet können zudem nicht immer auf andere Einsatzgebiete zielführend übertragen werden. Die Russen waren erfolgreich im zweiten Tschetschenienfeldzug (1999-2000), wenn auch ihre Methoden moralisch fragwürdig waren. Im Vergleich zu ihren vorherigen Erfahrungen in Afghanistan (1979-1989) und dem ersten Tschetschenienkrieg (1994-1996) gelang ihnen die Niederschlagung des Aufstandes. Die 2006 von den US-

Amerikanern bewirkte militärische Wende im Irak war für diese ein Erfolg, dessen Übertragung nach Afghanistan jedoch misslang.[6] Wie dauerhaft solche Erfolge sind, wird die Zukunft zeigen.

Veränderte Voraussetzungen für Aufstandsszenarien
Die klassischen Voraussetzungen, die ein Aufstandsszenario begünstigen, sind:
- schwach ausgeprägte Staatsstrukturen,
- eine heterogene Bevölkerung, die die Legitimität der Zentralregierung in Frage stellt,
- ein externer Akteur, meist ein Nachbarstaat, der als Rückzugsgebiet und Bereitstellungsraum den Aufständischen zur Verfügung steht.[7]

Die geopolitisch motivierte und gezielte Destabilisierung von Ländern im Kontext des Ost-West-Konflikts und der antikolonialen Grundstimmung war im Zeitalter ideologischer Konflikte bis 1990 ein zusätzlicher Faktor.

Das Ende des systemischen Konfliktes brachte eine Reihe von zerbrochenen Staaten hervor, verbunden mit einer Vielzahl von ethnonationalistischen Konflikten. Die ideologische Verbundenheit zu multiethnischen Lösungsmodellen und die Sorge vor einer zukünftigen Welt aus tausenden Staaten mit unzähligen Grenzkonflikten hat die internationale Gemeinschaft dazu bewogen, bei Interventionen sogar die willkürlich gezogenen Kolonialgrenzen zu verteidigen. Bevorzugt wird, auch wenn dies nicht immer gelingt und die Anzahl der Staaten daher weiter zunimmt, der teure und erfolglose Erhalt künstlicher Konstrukte, deren Verfallsdatum nach Abzug der eigenen Kräfte absehbar ist. Irak als Dreivölkerstaat zu erhalten und die Afghanistanintervention nicht als Paschtunenaufstand in einem gescheiterten Staat zu verstehen, sind politische Entscheidungen und keine nüchterne Analyse der Lage. Dies verhindert dauerhafte Lösungen, verlängert Einsätze oder sichert deren mittel- bis langfristiges Scheitern.

Der darauf beruhende Ausgangspunkt bei Interventionen ist, dass die Stärkung der Staatsstrukturen das Ziel der Maßnahmen sein muss. Was eher selten Erwähnung findet, ist, dass erfahrungsgemäß die erfolgreichsten politischen Stabilisierungsmaßnahmen Gebietslösungen und die Festlegung neuer Grenzen beinhalteten.[8] Die Etablierung einer Regierung ohne tragfähige Legitimität außerhalb der Grenzen der Hauptstadt macht jede Aufstandsbekämpfungsmaßnahme wirkungslos. David Kilcullen[9] betont: *„Man ist nur so gut wie die Regierung, die man unterstützt."*

Des Weiteren wandeln sich Art und Wesen der Aufstände. Mit Beginn des 21. Jahrhunderts zeigt sich eine Zunahme der Akteure. Die Konfliktkonfiguration wird durch globale Vernetzung komplexer und vielfältiger, wodurch das maoistische Aufstandsmodell als weitgehend überholt betrachtet werden kann. Zusätzliche opportunistische Akteure wie beispielsweise das Haqqani-Netzwerk, Drogenkartelle oder „Supergangs", teils gut vernetzt mit Nachrichtendiensten von „Schurken-" und „Mafiastaaten", stellen neue Bedrohungen dar und erfordern ein gänzliches Umdenken in der Aufstandsbekämpfungsdoktrin.[10] Durch Migrationsmuster und moderne Technologie ist die Aufstandsbekämpfung der Gegenwart gezwungen, sich dieser Art von „Hybridakteuren" und der Multidimensionalität moderner Sicherheitsherausforderungen zu stellen. Wenn nach zehn Jahren Intervention noch immer 93% der weltweiten Heroinproduktion in Afghanistan stattfindet, was wiederum einen wesentlichen Finanzierungsfaktor der Guerilla- und Terrorismusaktivitäten ausmacht, ist dies als problematisch zu betrachten und zeigt die Widersprüchlichkeit jener Verstrickungskonflikte, in denen halbherzige oder fehlerhafte Strategien zum Einsatz kommen. Das Ergebnis der Intervention ist, dass aus einem gescheiterten Staat unter Talibandominanz ein ebenso scheiternder „Narkostaat" wurde.[11]

Der Faktor „Macht"

Die häufig wiederholte Behauptung, Aufstandsbekämpfung sei zu 80% politisch und nur zu 20% militärisch, ist irreführend. Zunächst stammt diese Aussage von dem maoistischen General Chang Ting-chen, der nie behauptet hat, seine Zahlen seien mehr als nur sein subjektives Gefühl. Überprüft wurde seine Aussage nicht, nur immerzu wiederholt. Die Folgen dieser ungeprüften Annahme sind in der Masse an Literatur zum Thema allerdings nicht zu übersehen. Auch führende Bundeswehroffiziere waren lange davon überzeugt, dass der Bau von Brunnen und Mädchenschulen im Norden Afghanistans der Schlüssel zum Erfolg sei. Dies ging sogar so weit, dass Operationen der US-Verbündeten im Süden des Landes mit dem Hinweis kritisiert wurden, dass im Norden eine bessere Strategie implementiert würde. Es wurde verkannt, dass der Norden nicht aufgrund der Anwesenheit der Bundeswehr ruhig war, sondern die Bundeswehr sich im Norden befand, weil es dort ruhig war. Als die Lage sich ab 2008 veränderte, wurden dann US-Truppen in den deutschen Sektor verlegt, um die erforderliche Feuerkraft zu gewährleisten.

Es zählt zu den häufigsten Fehlern in Aufstandsbekämpfungsszenarien, dass Entscheidungsträger viele Ressourcen in Wunschvorstellungen, Selbsttäuschung oder selbstreferenzielle Annahmen investieren.[12]

Die Wirklichkeit von Aufstandsbekämpfung beinhaltet, dass das Verhältnis zwischen militärischen und politischen Maßnahmen sich ständig wandeln kann. Dennoch sind Kampfeinsätze unvermeidlich. Sie ausdrücklich vermeiden zu wollen und dies andauernd zu verkünden, den Frieden sogar für den Preis einer global eskalierenden Drogenproblematik zu erkaufen, ist ein unverzeihlicher Fehler, der dem Gegner Handlungsspielraum verschafft. Im Gegensatz zu konventionellen Szenarien scheint es daher viel wichtiger zu wissen, wem geholfen und wer bekämpft werden muss. Kommt zu viel Gewalt zum Einsatz, geht der politische Rückhalt für die Operationen verloren und stärkt damit möglicherweise die Gegenseite. Kommt zu wenig Gewalt zum Einsatz, stärkt dies die Aufständischen, weil sie sich entweder gewaltsam der Bevölkerung aufzwingen oder, sollte die Bevölkerung sympathisieren, den Grad der militärischen Beteiligung, d.h. z.B. die Mobilisierung, erhöhen können. Aufständische müssen keine Schlachten gewinnen, sondern lediglich dafür sorgen, keine zu verlieren. Interventionskräfte müssen hingegen sichtbar und andauernd Macht projizieren, um politischen Gestaltungsspielraum zu gewinnen. Es liegt der menschlichen Natur fern, den wahrscheinlichen Verlierer zu unterstützen, v.a., wenn dieser sich kaum aus seinen Stützpunkten traut. Dabei sei erwähnt, dass die Grundannahme vieler westlicher Interventionsbefürworter, die gesamte Welt wäre beim Gedanken einer importierten demokratischen Staatsform erfreut, auf einem Universalismus beruht, den es zu hinterfragen gilt. Es gibt Einsatzgebiete, bei denen das Gewinnen von „Herz und Verstand" der Bevölkerung aufgrund der kulturellen Distanz unrealistisch ist. Insofern mag sich der politische Teil der Operation auf pragmatischere Zwischenziele beschränken, wie es im irakischen Sunniten-Dreieck 2006 der Fall war. Dort konnten die Amerikaner die Sunniten nicht für sich gewinnen; vielmehr kooperierten diese mit den US-Truppen, um ihre eigene politische Marginalisierung durch die zahlenmäßig überlegenen Schiiten zu verhindern. Dazu opferten sie auch gerne die aus dem Ausland hinzugereisten Al Qaida-Kämpfer, die ohnehin die Gastfreundschaft der Einheimischen durch Zwangsehen und rücksichtslose Gewalt verspielt hatten. Insofern wird sich zukünftig noch zeigen, ob die Erfolge der Aufstandsbekämpfung im Irak auf die Erhöhung der Truppenzahlen, den so genannten „surge", zurückzuführen waren oder ob der Einstellungswandel der Bevölkerung eher zufällig mit der erhöhten Militärpräsenz einherging. Eine Wiederholung der gleichen Maßnahme in Afghanistan brachte hingegen keine spürbaren Veränderungen der Gesamtlage.

Insgesamt wird die Machtfrage häufig unterschätzt, und die Befürworter der zivilen Aufbaudimension der Intervention verweisen gerne auf die positive Langzeitwirkung der Aufbauhilfe für Deutschland und Japan nach Beendigung des Zweiten Weltkrieges. Dabei wäre es allerdings wichtig zu berücksichtigen, dass beide militärisch gänzlich besiegt waren und sowohl über eine homogene Bevölkerung als auch über ein modernes Staatsverständnis verfügten. Der erfolgreiche Militäreinsatz war somit die Voraussetzung für jeglichen weiteren Erfolg der zivilpolitischen Interventionsziele. Die Reduzierung der militärischen Fähigkeiten des Gegners ist in der Aufstandsbekämpfung keineswegs weniger wichtig.

Welche Instrumente für welche Lage?
Die geeigneten sicherheitspolitischen Instrumente der Aufstandsbekämpfung waren und sind leichte, schlagkräftige, vielseitige und für Art und Wesen dieser Konfliktform spezialisierte Einheiten. Reguläre Militäreinheiten sind nur bedingt nützlich, auch wenn sie für Entscheidungsträger ein bequemes „boots on the ground"-Instrument darstellen. Eigene Infanteriebataillone zu schicken und neue aus rekrutierten Einheimischen aufzustellen ist relativ unkompliziert, zeit- und kostengünstig. Sie stellen überschaubare Einheiten mit angemessener Feuerkraft dar und

vermitteln den Interventionskräften das Gefühl, etwas erreicht zu haben. Kritiker dieses Ansatzes würden anführen, dass die Anwesenheit vieler Soldaten zwar ein Gebiet saturiere und auch für den Zeitraum ihrer Präsenz die Aktivitäten der Aufständischen unterdrücke, der eigentliche Wert einer solchen Maßnahme allerdings trotzdem gering sei. Denn nach Abzug der Truppen ist die Lage häufig schlimmer als zuvor, weil die Truppenpräsenz an sich weitere Negativauswirkungen auf die Einstellung der Bevölkerung haben kann. Die Interaktion zwischen sich kulturell stark unterscheidenden Soldaten und Bevölkerung münden in Beziehungen, die häufig konfliktträchtig und kontraproduktiv sind. Selbst die Erfahrungen mit „Partnering" bzw. gemischten Einheiten, bestehend aus Einheimischen und Interventionskräften, erweisen sich als problematisch, weil kulturelle Unterschiede häufig zu Spannungen und so genannten „green on blue"-Tötungsdelikten führen.

Dies verschärft sich, wenn Aufständische nach Anschlägen in der Bevölkerung untertauchen, Soldaten durch Hinterhalte und Sprengstoffanschläge zu Schaden kommen und alle wissen, dass die lebensrettenden Informationen von den Zivilisten oder „Partnern" zurückgehalten werden. Der damit einhergehende disziplinschädliche Einstellungswandel unter den eingesetzten Truppen wird als „force degradation" bezeichnet und führt vereinzelt sogar zu Exzessen seitens der Soldaten, z.B. My Lai 1967. Solche Übergriffe müssen keineswegs weit verbreitet sein, sondern lediglich für eine mediale Skandalisierung und die Diskreditierung aller Akteure ausreichen.

- Die relativ kurze Einsatzdauer westlicher Einheiten erzeugt eine Kontinuitätslücke. Die Einheimischen erleben aufgrund der Rotationen eine ständige Wiederholung von Gewöhnungsprozessen und kulturellen Konfliktmustern. Da sich die meisten Einsatzgebiete in strukturschwachen Ländern befinden, sind die einheimischen Kulturen ausdrücklich beziehungsorientiert und teilen kaum die Regelorientierung westlicher Interventionskräfte. Vertrauensbildende Maßnahmen erfordern mehr Zeit.

Die Identifikationsradien der Bevölkerung sind enger und „Familie", „Stamm" oder „Ethnie" sind die Loyalitätskategorien von Interesse, weniger die staats- und völkerrechtlichen Vorstellungen westlicher Interventionsakteure. Wenn ein Vertrauensverhältnis aufgebaut werden kann, dann ist dies grundsätzlich personenbezogen und wird spätestens durch den Abzug der Personen ebenso beendet. Ausbilder der Interventionskräfte müssten daher auch im Einsatz präsent sein, um bei den einheimischen Verbündeten als vertrauenswürdige Partner wahrgenommen zu werden.

- Militärische Spezialeinheiten, Nachrichtendienste und Polizeieinheiten mit dauerhafter Präsenz im Einsatzland haben sich als die besseren Instrumente erwiesen, weil es sich hier um spezialisiertes Personal mit einer passenderen Mentalität und Einstellung handelt. Sie sind erforderlich, weil bei Aufstandsbekämpfung „Recht und Gesetz" eine zentrale Rolle spielt und für die Bevölkerung alltäglich und sichtbar präsent sein muss, weshalb das Gesamtkonzept das Zusammenspiel zwischen Militär- und Ordnungsaufgaben erfordert.[13] Robuste Polizeieinheiten haben sich in den meisten Aufstandsszenarien als erfolgreich erwiesen, wie die Geschichte der Canadian Mounted Police, Royal Ulster Constabulary und viele mehr belegen. Die Sorge vor einer „Militarisierung der Polizei" ist eine Reflexreaktion, bedingt durch die Erfahrungen im Zweiten Weltkrieg und weitgehend unsachlich, v.a. aber unzeitgemäß.

Polizisten verfügen über einen differenzierten Blick für gesellschaftliche Konflikte, unterscheiden zutreffender zwischen politischer Gewalt und Kriminalität oder erkennen gegebenenfalls die symbiotischen Dimensionen der beiden. Ihre Fähigkeiten in der Spuren- und Beweissicherung, Zeugenbefragung, dem Erkennen von Zusammenhängen und allgemeiner Ermittlungskompetenz unterscheidet sie von Soldaten. Sie sind geübt in der Verhältnismäßigkeit der eigenen Maßnahmen und können ein breites Spektrum abdecken, vom Nachbarschaftsstreit über politische Unruhen bis hin zur Niederschlagung von vorkonventionellen Aufständen in entlegenen Regionen. Ihre Ziele sind Ordnung und Gesetz, d.h. genau jene Sicherheit für die Zivilbevölkerung, die als höchstes Ziel der Aufstandsbekämpfung gilt, während Soldaten primär die Zerstörung des kämpfenden Gegners beabsichtigen. Robuste Polizeieinheiten mit einem Wirkmittelspektrum von der Kelle bis zum Luftschlag sind in den ersten Phasen eines Aufstandes das geeignetere Instrument der Aufstandsbekämpfung. Sie können dauerhaft in Einsatzgebieten zur Ausbildung und Beratung eingebettet werden, wenn sie, im Gegensatz zu den zivilpolizeilichen Missionen, zur Eigensicherung ausgebildet und ausgestattet sind. Als Spezialisten würden sie dadurch zu anerkannten, in der einheimischen Bevölkerung vernetzten Akteuren bzw. Multiplikatoren werden, Fähigkeiten heranbilden und Einsätze begleiten. So schreibt Modarelli:[14] *„COIN success ultimately requires building effective local and federal level police capabilities."*

Befindet ein Aufstand sich allerdings in seiner konventionellen Phase der Auseinandersetzung, wie dies beispielsweise im irakischen Falludscha (2004) der Fall war, ist das Militär das geeignete Instrument. Es spricht auch nichts dagegen, für Aufstandsbekämpfung ausgebildete Soldaten zur Unterstützung von Polizeieinheiten heranzuziehen.

Die geeigneten taktischen Maßnahmen

Die Betonung der Aufbaumaßnahmen in der Literatur zur Aufstandsbekämpfung,[15] dient der Herstellung einer legitimen Regierung, deren Akzeptanz den Aufständischen den Nährboden nimmt. Die Attraktivität dieses Ansatzes, der Sicherheit durch gute Taten verspricht, ist in den postheroischen Gesellschaften des Westens außerordentlich hoch. Der Konfliktforscher und Soziologe Gunnar Heinsohn[16] spricht hier von der „Illusion von Hungerbekämpfung als Friedensstifter". Auch der bemerkenswert belastbare Glaube an die Macht des gesprochenen Wortes ist eine Vorstellung, die sich in der sicherheitspolitischen Debatte gefestigt hat.

Solche Ansätze führen häufig zu einem Negieren der Rolle von Macht und Machtprojektion, weil ihnen eine strategische Vision fehlt, sie ein defensives operatives Umfeld schaffen und der Gegner sich dies zunutze macht. Das zeigt sich auch in der häufig überbetonten Trennung zwischen Aufstandsbekämpfung und Terrorismusbekämpfung, obwohl in der Praxis beide kaum trennbar sind. Die Folgen sind Unsicherheit auf taktischer Ebene und Mikromanagement durch weit entfernte Stäbe. Um die „COIN"-Grundsätze des „Nehmens, Haltens, Bauens" zu erreichen, ist Selbstbehauptung gefordert, obwohl diese kaum Erwähnung findet.[17] Die Kritiker der „weichen Doktrin" weisen auf die Tatsache hin, dass der sichtbare Sieg über die Aufständischen eine wichtige massenpsychologische Auswirkung hat, der in allen Kulturen verstanden wird, während der Eindruck, „schwach" zu sein, sich für die Aufständischen positiv auswirkt, die eigenen Kräfte demoralisiert und die Bevölkerung verunsichert.[18]

Diese Debatte wird möglicherweise durch die technologische Entwicklung überholt. Der Einsatz von Drohnen als Mittel der Informationssammlung und der chirurgischen Luftschläge verändert die Spielregeln der Aufstandsbekämpfung und entlastet die Sicherheitskräfte. Information ist der wichtigste Faktor in der effektiven Bekämpfung, und noch nie hatten COIN-Kräfte mehr davon verfügbar. Das Trennen der „Guten" von den „Bösen" beim Einsatz tödlicher Gewalt war noch nie so präzise und schonend für die Zivilbevölkerung. Solche Mittel ermöglichen den „leichten Fußabdruck", d.h. die Ziele von COIN mit minimalem Kräfteeinsatz zu erreichen.

Zur Unterstützung von Einsatzkräften in der Identifizierung von Aufständischen sind biometrische Erkennungsmöglichkeiten ein wesentlicher Faktor im Irak und in Afghanistan. Die Möglichkeiten des Aufständischen, sich unter die Bevölkerung zu mischen oder Identitäten zu wechseln, sind dadurch erheblich eingeschränkt. Die Digitalisierung der männlichen Bevölkerung erlaubt die Aufstellung von Bewegungsprofilen und erkennt die Infiltration von Aufständischen somit frühzeitig. Der Einsatz einer revolutionären Informationssoftware namens „Palentir" bedeutet zum ersten Mal in der Geschichte, dass die Verfolger der Aufständischen in deren Informationszyklus einbrechen und die Informationen aus dem Datenspeicher einer ausgehobenen Terrorzelle teilweise in Echtzeit verarbeitet werden und zu weiteren Folgeeinsätzen führen, noch bevor sich die Gegenseite des Personal- und Datenverlustes bewusst wird. Auf diese Art konnten US-Spezialkräfte im Irak bis zu ihrem Abzug die gesamte Al Qaida-Struktur aufrollen.[19]

Ein weiteres Instrument mit taktischer Langzeitwirkung zeigt sich beim Einsatz von Drohnen zum Zweck der selektiven Ausschaltung von Aufständischen, bevorzugt jene der Führungselite. Dies sind äußerst risikoarme Operationen mit einer Wirkung, die noch vor einer Generation ein Vielfaches an Personal und Ressourcen erfordert hätten. Ein sicheres Indiz für die Effektivität dieser Methode ist der politische Druck, der sich aufbaut, um dieses Instrument nicht mehr zu nutzen. Die exponentielle technologische Entwicklung in diesem Bereich verstärkt kontinuierlich die Wirkung und erhöht den Wert von Drohnen.

Fazit und Empfehlungen
- Aufstandsbekämpfung wird ein wichtiges Aufgabengebiet der Zukunft bleiben und entwickelt miteinander vernetzte Dimensionen durch die Vervielfältigung der nichtstaatlichen Akteure. Die Überbetonung der zivilen Aufbaudimensionen wurde von einer Unterbetonung der kriminellen und terroristischen Globalvernetzung der Aufstandsakteure begleitet. Dies erfordert eine Korrektur.
- Auf operativer und taktischer Ebene verbessern sich die Aussichten auf Erfolg durch die technologischen Möglichkeiten der Einsatzkräfte. Diesen Vorteil gilt es zu behalten und zu strategischen Gewinnen umzumünzen, weshalb über neue sicherheitspolitische Instrumente nachgedacht werden muss, um die polizeilichen, nachrichtendienstlichen und militärischen Fähigkeiten in den erforderlichen Dosierungen zur Anwendung bringen zu können.
- Auf politischer Ebene hingegen und daher unweigerlich auch auf strategischer Ebene besteht kaum Verständnis für die ethnische Dynamik dieser Konflikte. Dadurch werden gescheiterte Staaten künstlich erhalten und utopische Lösungsansätze verfolgt, die auch in Zukunft zu kostspieligen, aber aussichtslosen Verstrickungseinsätzen führen werden. Die Aufstellung, Ausstattung und Mandate der eingesetzten Sicherheitsinstrumente solcher Einsätze sind konzeptionell schildbürgerlich und erfordern einen grundsätzlichen Einstellungswandel. Neben einer Entbürokratisierung der Sicherheitsbehörden, der Aufstellung spezialisierter Einheiten zur Aufstandsbekämpfung und eines proaktiv agierenden Nachrichtendienstes besteht ein zwingender Bedarf nach Einsatzmandaten, bei denen die eingesetzten Kräfte großen Handlungsspielraum und Immunität genießen. Aufständische haben bewiesen, dass sie die operative Sofortlähmung westlicher Streitkräfte, auch bei unhaltbaren Vorwürfen, spätestens nach der „Kundusaffäre" als wirksames Mittel verstehen. Damit werden auch die gemachten Fortschritte verspielt und Lehren vergessen.

Strategische Planung ist weitgehend durch taktisches Improvisieren ersetzt worden, und die Sicherheitspolitik der europäischen Staaten hat noch nicht auf die schrumpfende Rolle der USA reagiert. Es wäre zwingend erforderlich, v.a. die Rolle von Spezialisten bei Militär, Polizei und Nachrichtendiensten sowie die Implementierung ziviler Aufbauhelfer in zukünftigen Auslandseinsätzen auszubauen.

Die größte Gefahr bleibt weiterhin die Unterschätzung der globalen Auswirkungen des Scheiterns.

Anmerkungen:

1) Vgl. David Galula: Counterinsurgency Warfare: Theory and Practice (Westport, CT: Praeger Security Int'l, 1964), S. 76-77.

2) Vgl. Robert Asprey: War in the Shadows: The Classic History of Guerilla Warfare from Ancient Persia to the Present, Little, Brown and Company, London 1994.

3) Im Irak hingegen verkannten die amerikanischen Entscheidungsträger die Realität multiethnischer Staaten und rechneten, nach ihrem Sieg auf dem konventionellen Schlachtfeld, in keiner Weise mit der Möglichkeit eines Aufstandes. Vgl. Fred Kaplan: „The End of the Age of Petraeus: The Rise and Fall of Counterinsurgency", Foreign Affairs Magazine, January/February 2013, S. 75-90.

4) Colin Gray: Irregular Enemies and the Essence of Strategy: Can the American Way of War Adapt?, Strategic Studies Institute, US Army College, Carlisle, March 2006, S. 5.

5) Vgl. Martin van Creveld: The Culture of War, Ballantine Books, New York, 2008, S. 370-373.

6) Vgl. Bing West: The Strongest Tribe: War, Politics and the Endgame in Iraq, Random House, New York 2008.

7) Vgl. Kaplan, 2013: S. 76.

8) Vgl. Chaim Kaufman: „Possible and Impossible Solutions to Ethnic Civil Wars", International Security, Vol. 20 (4), Spring 1996, S. 160-161.

9) Vgl. Robert Blackwill: „Plan B in Afghanistan: Why De Facto Partition is the Least Bad Option", Foreign Affairs Magazine, January/February 2011, S. 43.

10) Vgl. Nicholas I. Haussler: „Third Generation Gangs Revisited: The Iraq Insurgency" (Grad.diss., Naval Postgraduate School, 2005); United States Marine Corps, Countering Irregular Threats: A Comprehensive Approach, 2006 (Quantico, VA: MCCDC, 2006).

11) Vgl. Paul Miller: „Finish the Job: How the War in Afghanistan Can Be Won", Foreign Affairs Magazine, January/February 2011, S. 63.

12) Vgl. Falk Tettweiler: „Lernen in Interventionen? Evaluation am Beispiel der deutschen Afghanistan-Mission", SWP Studie, Stiftung Wissenschaft und Politik, Berlin, September 2011.

13) Daniel Marston and Carter Malkasian (Hrsg.): Counterinsurgency in Modern Warfare, Osprey Publishing, Oxford 2008, S. 305.

14) Mathew Modarelli: „Military Police Operations in Counterinsurgency", Small Wars Journal, 2008, S. 11.

15) Vgl. United States Army/United States Marine Corps, „Counterinsurgency Field Manual", University of Chicago Press, Chicago 2007.

16) In: Söhne und Weltmacht: Terror im Aufstieg und Fall der Nationen, Orell Füssli Verlag, Zürich 2003, S. 17.

17) Vgl. David Kilcullen: Counterinsurgency, Oxford University Press, Oxford 2010.

18) Vgl. Bing West: The Wrong War: Grit, Strategy and the Way Out of Afghanistan, Random House, New York 2011.

19) Mark Bowden: The Finish: The Killing of Osama bin Laden, Atlantic Monthly Press, New York 2012, S. 102-105.

Drohnen als militärisches Instrument
Die Auswirkungen einer „Game Changer"-Technologie auf asymmetrische Konfliktszenarien (ÖMZ 2014)
Stephan Maninger

Die allgemein als Drohnen bezeichneten unbemannten Flugzeuge bzw. Flugroboter verändern das vorherrschende Verständnis von Krieg, indem sie ein bisher unvorstellbares Spektrum an nachrichtendienstlichen, polizeilichen, militärischen und zivilen Nutzungsmöglichkeiten bieten. Wie die Entwicklung des „griechischen Feuers" oder des Hinterladers handelt es sich dabei um eine so genannte „game changer"-Technologie, die einen unverzichtbaren strategischen Vorteil für ihre Besitzer bietet. Drohnentechnologie führt zur Auflösung von Kampffliegergeschwadern zugunsten von weitaus billigeren Systemen mit einem technologisch exponentiell wachsenden Fähigkeitsspektrum. Die zivilen und militärischen Verwendungsmöglichkeiten passen zu einer Epoche, in der die Grenzen zwischen Krieg und Frieden zunehmend unklar sind.

In ihrer streng militärischen Funktion wurde der erste Kampfeinsatz 2002 im Jemen geflogen.[1] Allein in Barack Obamas Amtszeit haben die USA auf diese Weise mindestens 3.300 Personen des gesamtdschihadistischen Spektrums, darunter 50 hochrangige Führungskräfte in Afghanistan, Pakistan und im Jemen getötet. Im August 2012 wurde beispielsweise einer der drei Brüder des Haqqani-Netzwerks im pakistanischen Stammesgebiet, Badruddin Haqqani, durch eine CIA-Drohne eliminiert. Im November 2013 konnte auch der Taliban-Chef Hakimullah Mehsud auf diese Weise ausgeschaltet werden. Für deren Organisationen bedeutet dies den Verlust von Schlüsselpersonal wie Anführern, Fälschern, Schmugglern und IT-Spezialisten. Ersetzt werden sie meist durch weniger erfahrene Personen, die wiederum eine höhere Fehlerquote aufweisen und dadurch die Verletzlichkeit der jeweiligen Organisation erhöhen, während sie deren operative Fähigkeiten schmälern. Drohnen haben Aufständische und Terroristen gezwungen, Ausbildung und Kommunikation stark einzuschränken, um sich vor Drohnenangriffen zu schützen.[2]

Trotz oder gerade wegen ihrer hohen Erfolge sind Kampfdrohnen umstritten. Dabei gilt es zu berücksichtigen, dass militärische Innovation schon immer von Skepsis und Hoffnung gleichzeitig begleitet wurde. Auf der Seite der Skeptiker treffen religiöse, pazifistische und traditionalistische Kräfte aufeinander, die sich überwiegend emotional an die Gründe ihrer Ablehnung binden. Dies beinhaltet meist diverse Glaubensvorstellungen, z.B. den Glauben an die göttliche Intervention, die vermeintliche Macht des gesprochenen Wortes oder einfach an das bisher Bewährte. Während die ersten beiden Kategorien gesellschaftliche Strömungen sind, welche je nach innerem Zustand der Nation politischen Einfluss gewinnen oder verlieren, erweist sich Letztgenanntes v.a. bei Sicherheitsbehörden als wichtiger Bestimmungsfaktor. Traditionelle Kräfte im Militär haben sich in der Geschichte nicht selten gegen die Einführung schlachtentscheidender Innovation gestellt und sich selbst damit geschadet. Entscheidungsträger verfügen demnach häufig über eine „geistige Maginotlinie": Jene Mentalität, durch die sie sich sicherheitspolitisch grundsätzlich auf die vergangene Lage, auf die Bedingungen des vorherigen Krieges vorbereiten und sich folglich gegenüber einem aggressiven, innovativen und vitalen Gegner im mentalen Nachteil befinden. Die Einführung von Drohnen wird durch ähnliche Skepsis begleitet, und der folgende Beitrag wird aufzeigen, dass das Zeitalter der Drohnen die Sicherheitspolitik so nachhaltig verändern wird wie die Einführung des Steigbügels, der Armbrust oder des Schießpulvers.

Der militärische Wert von Drohnen

Das unbemannte Flugsystem (Unmanned Arial Vehicle System) hat die Kriegführung in den Aufstandsszenarios Afghanistans und des Iraks von Grund auf verändert, indem es die Verluste von Menschenleben reduziert, sowie erhebliche Einsparungen von Kosten, Personal und logistischem Aufwand ermöglicht. Seine Einsatzmerkmale sind:
- kein Bedarf an Piloten an Bord und folglich kein Verlust von qualifiziertem Personal durch Luftkampf bzw. -abwehr;
- die Fähigkeit, sich in ein menschenfeindliches Umfeld zu begeben;

- eine lange Flugzeit und eine dementsprechend lange Anwesenheit im Zielgebiet. Drohnen werden nicht müde, und die Piloten wechseln sich in den entfernten Steuerungszentren im Schichtsystem ab;
- die Erfüllung eines beachtlichen Aufgabenspektrums ohne Rücksicht auf Tageszeit, -licht oder Nebel;
- Einsätze können selbst nach Kontaktabbruch mit der Leitstelle durch eine vorprogrammierte Selbststeuerung erfolgreich zu Ende gebracht werden.[3]

Das Aufgabenspektrum lässt sich in die Bereiche Aufklärungs- und Kampfaufgaben aufteilen, wobei manche Systeme auch für beide Aufgabenbereiche geeignet sind.

Aufklärungsaufgaben
Informationen sind in allen Bereichen der Kriegführung von äußerster Wichtigkeit. Doch im Zeitalter von „asymmetrischer Kriegführung", in dem Sicherheitsbehörden mit verblassenden Grenzen zwischen Krieg und Kriminalität, Kombattanten und Nichtkombattanten konfrontiert sind, sind Informationen die Grundvoraussetzungen, um die Aktivitäten von Aufständischen und Terroristen einzudämmen oder zu unterbinden. Die Aufklärungstätigkeiten von Drohnen können strategisch, operativ und taktisch zugeschnitten oder auch in Lagezentren zusammengefasst und in annähernder Echtzeit präsentiert werden. Das Zuständigkeitsgerangel zwischen den Teilstreitkräften wurde durch die vielfältigen Einsatzmöglichkeiten der Systeme zunächst verstärkt. Um den Anforderungen gerecht zu werden, verfügen im US-Militär daher alle Bereiche – Luftwaffe, Heer und Marine – über eigene Drohnen. Während die zur Luftwaffe gehörenden Drohnen die strategische Aufklärung mit Systemen wie dem „Global Hawk" betreiben, das mit 36 Stunden Flugzeit und einer Einsatzhöhe von 18.000 Metern ein Arsenal an Sensoren zum Einsatz bringt, stehen taktisch/operative Systeme unter dem direkten Befehl von Boden- und Marinestreitkräften. Während die Systeme unter Luftwaffenbefehl ihre Informationen den Lagezentren zuführen, finden jene der anderen Teilstreitkräfte häufig eher taktische Verwendung, wie Aufklärungsflüge zur Beobachtung bzw.

Abschirmung von Versorgungswegen, Konvois, Hubschrauberoperationen etc.

Zu den Aufgaben zählen:
- Geologische und topographische Aufklärung: Sammeln von Daten über Hindernisse und/oder natürliche bzw. durch Menschen verursachte Bodenveränderungen. Daraus lassen sich in Echtzeit Bodentruppen über gegnerische Verstecke, Stellungen, Hinterhaltsmöglichkeiten, Minen oder improvisierte Sprengfallen am Straßenrand informieren. Drohnen sichern auf diese Weise z.B. Straßen vor IED-Angriffen,[4] indem Pioniereinheiten direkt zu verdächtigen Objekten geführt werden können.
- Visuelle und Thermalaufklärung: Beobachtung menschlicher Aktivitäten. Dadurch können Bewegungen von feindlichen Kämpfern nicht nur beobachtet werden, sondern zunehmend mit Hilfe von biometrischer Software zu individualisierten Bewegungsprofilen beitragen. Die taktische Aufklärungsdrohne vom Typ „Scan Eagle" bot die erforderliche Echtzeit-Bildübertragung für die Scharfschützen eines US-Seal-Kommandos, die dadurch 2009 den Kapitän eines Frachters aus den Händen von Piraten befreien konnten.[5]
- Elektronische bzw. Signalaufklärung: Erfassung sämtlicher Funk- und funktelefonischer, PC- und TV-Aktivitäten.

Die Fähigkeiten entwickeln sich exponentiell, und die Bestückung der Drohnen erlaubt durch das so genannte LIDAR-System (ein Zusammenschluss der Begriffe „Licht" und „Radar") die Darstellung von 3-D-Karten aus 5.000 Metern Höhe, mit einer Zoomfähigkeit bis auf wenige Zentimeter. Systeme wie „Gorgon Stare" verbinden bis zu zehn Kameras einer Drohne, um eine gleichzeitige Flächenbeobachtung von 16 Quadratkilometern zu ermöglichen und dabei umfassende Lagebilder fast in Echtzeit an die beteiligten Kräfte übertragen zu können oder einzelne Menschen und Objekte zu identifizieren.[6] Zukünftig werden gesuchte Personen aus großen Menschenmengen oder in urbanen Bedingungen aufgrund biometrischer Suchmöglichkeiten auffindbar sein. Kontrollzentralen, wie z.B. in Dubai, verfügen über Bildschirme der Größe eines IMAX-Kinos, verbinden das System mit einer Vielzahl von Drohnen und ermöglichen so eine umfassende Vernetzung.

Kampfaufgaben
Am 4. November 2002 wurde über dem Jemen eine Rakete vom Typ „Hellfire" durch eine Predator-Drohne abgefeuert und ein Fahrzeug, in dem sich der Al Qaida-Anführer Abu Ali Al-Harithi befand, getroffen. Dieser hatte den Anschlag auf das US-Kriegsschiff „U.S.S. Cole" im Jahre 2000 zu verantworten und starb nun durch eine ihm unbekannte Waffe. Inzwischen sind Kampfdrohnen das modernste und risikoärmste Instrument der selektiven Gewaltausübung im Arsenal der US-Streitkräfte. Die Doktrinen der Aufstandsbekämpfung und der Terrorismusabwehr zielen bei der Ausübung von tödlicher Gewalt ausdrücklich auf eine Minimierung der nicht beabsichtigten Verluste. Ausschließlich die tatsächlichen „Gefährder" sollen durch gezielte Tötung eliminiert werden, um so das Wohlwollen der Bevölkerung zu gewinnen bzw. zu erhalten.[7] Drohnen vom Typ „Predator" und „Reaper" verfügen über die dazu erforderlichen Kampffähigkeiten:

- Deren Reichweite, Verborgenheit und dauerhafte Einsatzfähigkeit ermöglichen eine ungleich effektivere Detektion und Bekämpfung von verborgenen Gegnern in schwer zugänglichen Gegenden und Verstecken, als dies mit anderen Mitteln möglich wäre. Sie haben dabei den Vorteil, sehen zu können, ohne gesehen zu werden.
- Die Piloten können wirksamer die Zielgenauigkeit der Operation gewährleisten, da sie ihr Ziel längere Zeit, manchmal für Wochen und Monate, beobachten und den Status von Zielpersonen bestätigen können. Dies erlaubt es dem Piloten, den optimalen Zeitpunkt des Einsatzes zu bestimmen.
- Die Präzision der Wirkmittel erhöht sich mit jeder Generation. Bei deren Anwendung ist der Pilot, im Gegensatz zum Kampfpiloten, vergleichsweise stressfrei und weder müde noch durch Gefühle von direkter Bedrohung oder existenzieller Angst beeinflusst. Dies reduziert die Fehlerquote und minimiert nicht intendierte Verluste am Boden.
- Drohnen behalten zu jedem Zeitpunkt des Einsatzes das Umgebungsbewusstsein und bieten ständig neue Informationen. Bei

Kampfeinsätzen von bemannten Flugzeugen sind die periphere Bodenobservation und Wahrnehmung spätestens bei Zielanflug weitaus stärker eingeschränkt.

Die Erfahrung mit Drohnen hat dazu geführt, dass 2013 der Leiter der Forschungs- und Entwicklungsabteilung im israelischen Verteidigungsministerium bestätigte, dass die Mehrheit der Einsätze der israelischen Luftwaffe inzwischen unbemannter Natur ist.[8]

Aufgrund des vergleichsweise geringen logistischen Aufwands sind Drohnen mehr als nur Ersatz für Kampfflugzeuge der Luftwaffe. Sie finden selbstständige und dennoch vernetzte Verwendung bei Marine und Heer, wodurch Kommunikationsebenen und Koordinierungsaufwand zwischen den Teilstreitkräften erheblich reduziert werden. Bei den Bodenstreitkräften der USA verfügt der Brigadekommandeur einer Striker Brigade in Zukunft über Drohnen vom Typ „Gray Eagle". Abgesehen von deren Aufklärungs- und Kampffähigkeiten wie bereits bei ihren Vorgängersystemen „Predator" und „Reaper" bringen diese darüber hinaus noch eine Besonderheit mit: Der „Gray Eagle" fliegt nicht mit Flugbenzin, sondern mit konventionellem Treibstoff, wodurch die Versorgung erleichtert und die Brigadelogistik erheblich entlastet wird.[9] Das Ziel soll sein, dass die taktisch eingesetzten Drohnen als integraler Bestandteil der Brigade betrachtet werden und dies wiederum eine Vernetzung auf höheren Ebenen ermöglicht.

Die menschlichen Dimensionen

Verändern Drohnen die menschlichen Dimensionen der Kriegführung? Zunächst verändert militärtechnologischer Fortschritt zwangsläufig die Militärkultur, was sich gleichermaßen auch auf einen zivilen Kontext übertragen lässt. Doch die Sorge, dass Drohnen ein distanziertes und daher vereinfachtes Töten ermöglichen, erscheint aus folgenden Gründen unberechtigt: Drohneneinsätze erlauben den Piloten einen weitaus intimeren Blick in das Leben und den Tod ihrer Ziele, weil sie aufgrund der hochauflösenden Kameras und der Beobachtungsdauer bis zum Luftschlag im Vergleich zu Bomberpiloten in der Lage sind, länger und genauer auf die Zielperson zu achten. Dadurch verfügen sie über den Vorteil, dass sie den optimalen Zeitpunkt für den Einsatz bestimmen können und dadurch Unbeteiligte, z.B. Familienangehörige der Zielpersonen, nicht zu Schaden kommen. Letztgenannter Punkt ist Gegenstand der kontrovers geführten Moraldebatte, bei der die Kritiker von Kampfdrohnen gerade diese von den Befürwortern angeführte vergleichsweise schonende, chirurgische Eigenschaft von Kampfdrohnen bestreiten oder ignorieren.

Das Büro für Investigativen Journalismus geht von 411 bis 890 Toten durch 371 verübte Drohnenschläge in den so genannten „Stammesgebieten" Pakistans zwischen 2004 und Mitte 2013 aus. Zuvor wurde mit mindestens 2.564 und maximal 3.567 Toten gerechnet. Ausgehend von diesen Zahlen, liegt die geschätzte Anzahl der Ziviltoten zwischen 12% und 35%, eine eher große Diskrepanz.[10] Für die erste Hälfte von 2012 setzte die Einrichtung die Zahl der getöteten Unbeteiligten auf drei von bis dahin insgesamt 152 Drohnentoten und bestätigte, dass selbst nach der eher drohnenkritischen Art der Zählung eine stetige Abnahme der Zivilopferzahlen zu beobachten ist.[11] Dabei stellt sich die Frage, woher diese Zahlen stammen, da sich Journalisten eher selten in den entlegenen Regionen und Terroristenunterschlüpfen aufhalten, noch seltener zur Zeit der Luftschläge. Die Kritiker der offiziellen Zahlen des US-Militärs und der Regierung, wie das Human Rights Institute der Columbia Law School, räumen in einem ausführlichen Bericht im Oktober 2012[12] ein, dass *„die Medienberichte sich oft auf beschränkte Quellen stützen, insbesondere auf anonyme pakistanische Beamte, die nicht ihre Namen mit ihrer Aussage verbinden möchten"*. Eine weitere Quelle ist die pakistanische Organisation „Pakistan Body Count", deren Sympathien alles andere als westlich sind. Deren Sprecher Usmani beschreibt seine Herangehensweise wie folgt: *„neither the United States nor Pakistan releases any detailed information about the victims...so although the United States likes to call everybody Taliban, I call everybody civilians."*[13] Weitere Quellen sind die durch Aufständische, Al Qaida oder die pakistanische Regierung zugelassenen Journalisten. Insgesamt ist die Faktenlage bezüglich der Opferzahlen unter den Unbeteiligten daher äußerst unzuverlässig.

Dies gilt auch für die Definition von „Zivilisten" und „Kämpfern" in einem nichtstaatlichen Konflikt. Hierbei lässt sich die Unterscheidung nicht auf das Tragen von Uniformen reduzieren. Auch hier gesteht der Bericht der Columbia Law School zu: *„Es besteht keine Stan-*

darddefinition, die die Medien nutzen, um Personen als Militante oder Zivilisten zu kategorisieren...".[14] Daniel Bymann[15] stellt daher die Fragen: *"Wäre der Fahrer eines ‚Warlords' bei einem Drohnenschlag ein ‚Zivilist'? Wäre der Leibarzt von Taliban-Chef Mullah Omar ein ‚Zivilist'?"* Zumindest mit Blick auf Al Qaida, die als Terrororganisation die menschliche Interaktion, in eigenem Interesse, sehr stark einschränkt, scheint die Anwesenheit von „Unwissenden" bzw. „Unbeteiligten" begrenzt zu sein.

- Die visuelle und akustische Nähe zum Ziel hat allerdings gleichzeitig den Nachteil, dass die Piloten auch viel stärker mit der blutigen Realität ihres Wirkens konfrontiert werden und Explosionen wie auch Leichenteile sehr genau vor Augen haben. Die Nachbereitungen von Operationen haben gezeigt, dass die emotionalen und psychologischen Auswirkungen auf Piloten, trotz aller technologischen Distanz, mit denen von Kampftruppen durchaus vergleichbar sind.[16]
- Die Kommunikationsfähigkeiten von Drohnen erlauben ihren Operateuren einen vergleichbar dauerhaften und familiären Einblick in die Aktivitäten der eigenen Bodentruppen, die es aus der Luft zu unterstützen gilt. Sie interagieren mit den Kräften vor Ort, erleben deren Bodenkampf mit all seiner Hektik und die auf das Überleben zielenden Emotionen visuell und akustisch hautnah, auch wenn sie sich selbst keiner physischen Gefahr ausgesetzt sehen.

Daher beruht der Gedanke, dass die Kampfeinsätze von Drohnen zu einer technologischen Distanz jenseits der Gefühlswelt und des moralischen Kompasses des Soldaten führen würden, auf antimilitärischen Vorurteilen und nicht auf Fakten.

Drohnen und Machtprojektion

Die hier angeführten Eigenschaften von Drohnen haben dazu geführt, dass diese als Instrument der Machtprojektion über einen hohen Beliebtheitsgrad verfügen. Israel als wichtigster Drohnenentwickler liefert Systeme an 24 Länder. Dort finden sie Verwendung z.B. in polizeilichen Bereichen, zur Grenzsicherung, Überwachung von Schmugglerrouten, bei der Küstenwache oder im Katastrophenschutz und damit weit über die bisher angeführten Bereiche hinaus. Im Kontext von Aufstandsbekämpfung und Terrorismusabwehr sind Drohnen unter den Sicherheitsbehörden unbestritten beliebt. Eine kurze Zusammenfassung der Vor- und Nachteile ergibt folgendes Bild:

Vorteile

Drohnen ermöglichen den so genannten „kleinen Fußabdruck", indem Aufklärung und Machtprojektion mit keiner oder vergleichsweise kleiner Bodentruppenpräsenz gesichert werden können. Im Bereich der Terrorismusabwehr entstehen Drohnenstützpunkte in entlegenen Gebieten, z.B. West- und Ostafrika, wodurch die globale Aufklärungsreichweite und -qualität sehr viel höher ist als ohne den Einsatz dieser Technologie. Mit Niger vereinbarten die USA Anfang 2013 die Errichtung eines solchen Stützpunkts, um die in der Region agierende Islamistengruppe Ansar Dine und andere destabilisierende Aktivitäten zu beobachten. Drohnenschläge wurden dabei allerdings ausdrücklich ausgeschlossen. Doch allein schon die Detektion von terroristischen Aktivitäten wie z.B. Ausbildung, Waffen, Rekrutierungsbemühungen und Bewegungsprofile von feindlichen Kräften kann Absichten bzw. Terrorziele erkennen lassen. Angriffe, wie jener auf die algerische Ölraffinerie in Amenas im Januar 2013 würden schon in der Vorbereitungsphase erkannt und dadurch möglicherweise verhindert.[17] Drohnen stellen bislang die einzige dauerhafte strategische Bedrohung für nicht-staatliche Akteure dar; das einzige Wirkmittel mit der Fähigkeit, proaktiv, offensiv und nachhaltig deren Aktivitäten zu stören und deren Vorhaben zu vereiteln. Der ehemalige Al Qaida-Anführer Osama bin Laden schien die strategische Tragweite der Drohnen weitaus besser verstanden zu haben als viele westliche Beden-kenträger. Er reagierte auf deren Wirkung mit folgender Notiz: *„Wir könnten unsere Reserven durch feindliche Luftschläge verlieren. Wir können Luftschläge nicht mit Sprengmitteln bekämpfen."*[18] Seine Organisation hatte zu diesem Zeitpunkt einen Großteil ihrer Führungskräfte verloren, zudem 75% ihres Personals in Pakistan. Drohnen drückten daher sehr auf die Moral der verbliebenen Kräfte. Fast die gesamte Aktivität verlagerte sich auf Ausweichbemühungen und Detektionsvermeidung bzw. „Anti-Drohnen Maßnahmen". Selbst die Kritiker mussten eingestehen, dass die Gewalt im pakistanischen Grenzgebiet zwischen 2007 und 2011 aufgrund der Drohnen dramatisch gesunken war.[19]

Drohnen verfügen außerdem über Sicherheitsmechanismen der Selbstzerstörung, die sie zu unbrauchbarer „Kriegsbeute" machen: Die durch den Iran erbeuteten Drohnen vom Typ „Scan Eagle" und „Sentinel" lieferten wenige Erkenntnisse, da die wichtigsten Teile durch Fernsteuerung zerstört werden konnten.[20]

Nachteile

Die Nachteile von Drohnen lassen sich in zwei Kategorien platzieren, nämlich technologische und völkerrechtlich/politische Nachteile.

Technologische Nachteile: Drohnen sind, im Vergleich zu bemannten Flugzeugen, anfällig für Fehlfunktionen und Abstürze. Anfangs lag die Fehlerquote des „Predator" bei 28 pro 100.000 Flugstunden. Inzwischen liegt sie bei 7,6, verglichen mit den 2,36 der F-15-Kampfjets immer noch hoch. Die Anschaffungs-, Unterhalts- und Schadenskosten sind allerdings weitaus geringer, und die technologische Entwicklung verbessert die Unfallquote ständig.[21]

Außerdem ist der bisher überwiegend unproblematische Einsatz von Drohnen sehr stark mit der absoluten Luftherrschaft verbunden. In den meisten asymmetrischen Konfliktszenarien ist diese zwar ohnehin gegeben, doch in zukünftigen zwischenstaatlichen Auseinandersetzungen wird mit erheblichen Abwehrmaßnahmen und auch gegnerischen Drohnen gerechnet werden müssen. Es ist nicht ausgeschlossen, dass im Verlauf der Zeit auch nicht-staatliche Akteure, Aufständische und Terroristen selbst zu gewissen Abwehrmaßnahmen in der Lage sein werden, z.B. durch Hackerfähigkeiten. Insgesamt ist davon auszugehen, dass bei deren Bekämpfung auf dem asymmetrischen Schlachtfeld trotzdem der technologische Vorteil von Drohnen ausgebaut werden und den gegnerischen Akteuren die Bewegungsfreiheit fast gänzlich entzogen werden kann.

Völkerrechtlich/politische Nachteile: Es besteht auch begründete Kritik an der Sinnhaftigkeit von Drohnenschlägen, bei der v.a. die legalen Grauzonen thematisiert werden. Amnesty International beklagt beispielsweise die Verletzung des Völkerrechts durch die USA, mit dem Hinweis, dass dies als Präzedenzfall und Negativvorbild für andere Staaten dient.[22] Zukünftig könnten Länder sich mit ähnlichen Argumenten gegen Dissidenten wenden und in Nachbarländern selektive Drohnenschläge durchführen, mit dem Resultat, dass die Aushöhlung des Völkerrechts unweigerlich zu internationalem Chaos führen würde. Außerdem besteht die Sorge, dass die Drohnenschläge weite Teile der Bevölkerung in den Zielländern gegen die USA aufbringen, dadurch den Zulauf zu den Terroristen verstärken und insgesamt auf strategischer Ebene die Lage eher verschlechtern könnten. Zur Stützung dieser Schlussfolgerung dienen diverse Umfragen, die auf eine weltweite Verurteilung der Drohnenstrategie deuten.[23]

Beide Argumente sind berechtigt, wenngleich nicht ganz neu. Zum einen ist das Völkerrecht ohnehin ein Instrument, das sich in ständiger Veränderung befindet und grundsätzlich hinter der Lage her geschrieben wird. Es hatte seine beste Zeit, als die Weltordnung den Nationalstaat als alleinigen Akteur kannte und außerdem das westliche Regelsystem globale Dominanz genoss. Es wurde nicht für eine postnationalstaatliche Ordnung bzw. Unordnung geschrieben, in der nicht-staatliche Akteure und ein demographisch verblassender Westen sich auf einem nicht-konventionellen Schlachtfeld treffen. Durch diese globalen Machtverschiebungen der Gegenwart und Zukunft könnte das völkerrechtliche Regelwerk möglicherweise auch zunehmend obsolet werden. Staaten führen immer seltener offen gegeneinander Krieg, sondern umgehen das Völkerrecht, wie es auch schon im Kalten Krieg gemacht wurde, indem Stellvertreter agieren. Auf diese Weise agiert Iran im Irak, in Syrien und im Libanon. Auf diese Weise operiert Pakistan im Grenzgebiet von Afghanistan.

Zum anderen besteht ein Denkfehler in der „Kriminalisierung" von Terrorismus und Aufstandsaktivitäten, wenn doch zumindest der von extern praktizierte Terrorismus und auch die „Out of area"-Aufstandsbekämpfung eigentlich als Krieg betrachtet werden müssten. Wenn die Verhaftung und rechtsstaatliche Verurteilung die Ziele sein sollen, dann erscheinen Drohnenschläge als unangemessene Instrumente, denn hier wäre, dieser Logik folgend, eigentlich polizeiliches Handeln erforderlich. Mit Blick auf das globale Ausmaß der Bedrohung und das beachtliche demographische Potenzial des Islamismus scheint dies jedoch kein realistischer sicherheitspolitischer Ansatz zu sein.

Bleibt die Sorge, dass Drohnenschläge die Einstellung der Menschen zu den USA oder zum Westen im Allgemeinen negativ beeinflussen. Dies scheint eine zutreffende Beobachtung zu sein, obwohl die Einstellungen der Menschen zu diesem Thema ohnehin viel stärker auf die Medienberichterstattung als auf eigene Erfahrungen zurückzuführen sind. Zumindest lassen sich die vermeintlichen oder tatsächlichen Auswirkungen schwer messen.[24] Würden die Amerikaner Flächenbombardements oder Massenvernichtungswaffen einsetzen und ganze Landstriche verwüsten, wäre eine Negativreaktion wohl auch verständlich, obwohl sogar Nachkriegsdeutschland und -japan trotz einer solchen Erfahrung erstaunlich zuverlässige Partner ihrer Bezwinger wurden. Wenn Menschen in muslimischen Ländern jedoch die vergleichsweise zurückhaltend vorgehenden Verfolger von Terroristen stärker ablehnen als die Terroristen selbst, dann ist auch dies eine Aussage, die darauf deuten lässt, dass signifikante Teile der Bevölkerung in diesen Ländern den Westen womöglich weniger dafür hassen, was er tut, sondern eher dafür, was er ist. Daraus ließe sich eine auf kultureller Distanz beruhende Ablehnung ableiten. Ein solche würde allerdings auch kaum überwunden werden, wenn die Verfolgung von Terroristen eingestellt oder auf formal richtig ausgefüllte Auslieferungsanträge begrenzt wäre.

Fazit

Die Drohnentechnologie bietet eine angemessene Antwort auf die globale Bedrohung durch staatliche und nicht-staatliche Akteure. Sie verändert die Art der Kriegführung, wobei in erster Linie die Bekämpfung asymmetrischer Bedrohungen, Terrorismus und Aufstandsszenarien vom Drohneneinsatz profitieren werden. Die gesteigerten und weiterhin exponentiell steigenden Vorteile durch die Echtzeitvernetzung von Information und Daten, die risikoarme Detektion, Differenzierung, Reichweite und zielgenaue Bekämpfung verbessern die Frühwarn- und Reaktionszeiten der eigenen Kräfte. Sie reduzieren die Einsatzrisiken und schonen die Nichtbeteiligten. Dadurch werden die wesentlichen Herausforderungen des Handelns in einer komplexen und schnell veränderlichen, nicht-konventionellen sicherheitspolitischen Globallage besser angesprochen als zu jedem anderen Zeitpunkt der Geschichte.

Anmerkungen:

1) Eben Kaplan: „Targeted Killings," Council on Foreign Relations, 2 March 2006, www.cfr.org/publication/9627/targeted_killings.html#.

2) Daniel Byman: „Why Drones Work: The Case for Washington's Weapon of Choice", Foreign Affairs, Vol. 92 (4), July/August 2013, S. 33.

3) http://www.uavs.org/advantages.

4) Improvised Explosive Device.

5) Thom Shanker: „Simple, Low-Cost Surveillance Drones Provide Advantage for US Military", 24 January 2013.

6) Vgl. http://www.globalsecurity.org/intell/systems/gorgon-stare.htm, 25.11.2013.

7) Über die vorherrschenden Vorstellungen von Aufstandsbekämpfung hat der Autor an anderer Stelle geschrieben und darauf hingewiesen, dass solche Erwartungen unrealistisch sind und der Erfolg viel stärker durch die kulturelle Distanz zwischen Einsatzkräften und Bevölkerung bestimmt wird als durch die eingesetzten Mittel.

8) Timothy Guzman: „Israel's ,New Army' Will Use ,Technological Advantages' Including More Drones in Future Middle East Wars", Silent Crow News, 17 July 2013, http://silentcrownews.com/wordpress/?p=2282.

9) Amy Butler: „General Atomics Eyes Gray Eagle Endurance Boost", Aviation Week & Space Technology, 9. April 2013, http://www.aviationweek.com/Article.aspx?id=/article-xml/AW_04_01_2013_p39-562580.xml.

10) Mark Bowden: The killing Machines - How to Think About Drones, The Atlantic Monthly Magazine, September 2013, ttp://www.theatlantic.com/magazine/archive/2013/09/the-killing-machines-how-to-think-about-drones/309434.

11) Scott Shane: The Moral case for Drones, New York Times, 14 July 2012, http://www.nytimes.com/2012/07/15/sunday-review/the-moral-case-for-drones.html?_r=0.

12) http://web.law.columbia.edu/sites/default/files/microsites/human-rights-institute/COLUMBIACounting%20Drone%20Strike%20DeathsSUMMARY.pdf, Oktober 2012.

13) Daniel Byman: „Why Drones Work: The Case for Washington's Weapon of Choice", Foreign Affairs, Vol. 92 (4), July/August 2013, S. 36.

14) Ebd.

15) Ebd.

16) Scott Shane: The Moral case for Drones, New York Times, 14 July 2012, http://www.nytimes.com/2012/07/15/sunday-review/the-moral-case-for-drones.html?_r=0.

17) Seth Jones: „The Benefits of U.S. Drones in West Africa", 5 April 2013, http://www.usnews.com/opinion/blogs/world-report/2013/04/05/us-drone-hub-in-west-africa-will-help-combat-terrorism.

18) Bowden, a.a.O.

19) Audrey Kurth Cronin: „Why Drones Fail: When Tactics Drives Strategy", Foreign Affairs, Vol. 92 (4), July/August 2013, S. 45.

20) Bowden, a.a.O.

21) Vgl. Ashley Boyle: „The US and its UAVs: A Cost-Benefit Analysis", 24 July 2012, http://americansecurityproject.org/blog/2012/the-us-and-its-uavs-a-cost-benefit-analysis/.

22) Vgl. http://compliancecampaign.wordpress.com/tag/extrajudicial-execution/.

23) Vgl. Audrey Kurth Cronin, a.a.O., S. 49-50.

24) James Igoe Walsh: „The Effectiveness of Dronestrikes in Counterinsurgency and Counterterrorism campaigns", US Army War College, October 2013, S. 22.

Die Fragmentierung des Iraks und ihre sicherheitspolitischen Auswirkungen (ÖMZ 2015)

Stephan Maninger

> „I'll see you guys in New York."
> Der spätere „Kalif" Abu Bakr al-Baghdadi
> zum Wachpersonal bei seiner Freilassung 2009

Die Entstehung des so genannten „Kalifatstaates" 2014 - als Ergebnis des 2003 begonnen Irakkonfliktes - hat nicht nur Staatsgrenzen im Nahen Osten aufgehoben, sondern auch Auswirkungen auf Europas sicherheitspolitische Lage. Die Befreiung und Demokratisierung des Irak als Modell für den gesamten Nahen Osten erwies sich als undurchführbar, und darüber hinaus scheint es, als hätte dieser Teil des US-strategischen Kerns sogar zu einer Destabilisierung der Region beigetragen. Der globale Rückzug der USA, eingeleitet durch eine versöhnlich gemeinte Rede des US-Präsidenten Barack Obama an der Kairoer Universität 2009, hat ein weltweites Sicherheitsvakuum entstehen lassen. Dies hat es den dschihadistischen Kräften ermöglicht, sich nicht nur von den schweren Rückschlägen des vorherigen Jahrzehnts zu erholen, sondern 2014 auch eine geographische Basis zu erlangen, die als „Kalifat" bezeichnet wird und aus den sunnitischen Teilen Iraks und Syriens besteht.

Entstehungsgeschichte, Folgen und Handlungsoptionen sind Gegenstände der folgenden Betrachtung.

Die strukturelle Instabilität des Irak

Beobachter mögen sich streiten, ob die Ursachen für die Fragmentierung, in deren Verlauf die östlichen Teile Syriens und die westlichen Teile des Irak Mitte 2014 zum Kernland eines ausgerufenen Kalifats wurden, im Abzug der amerikanischen Streitkräfte aus dem Irak 2011 liegen oder aber der Grundstein dafür schon durch den Irakkrieg selbst 2003 gelegt wurde. Andere mögen die nach dem Zusammenbruch des Osmanischen Reiches 1916 künstlich gezogenen Kolonialgrenzen bzw. den Kolonialismus als Ganzes anführen, um Erklärungen für die heutige Lage zu finden. Alle diese Faktoren spielen eine

Rolle, wenngleich folgende entscheidender sind, dafür aber seltener Erwähnung finden: die Bevölkerungskonstellation und die strategischen Ziele der Intervenierenden.

Die Bevölkerungskonstellation

Der Irak ist - wie auch Syrien - ein Vielvölkerstaat, und als solcher handelt es sich nicht nur um ein künstliches Kolonialkonstrukt, sondern auch um eine wichtige Bruchlinie zwischen dem schiitischen und dem sunnitischen Islam. Das Spannungsverhältnis zwischen den zahlenmäßig wichtigsten Akteuren Schiiten, Sunniten und Kurden beruht neben den religiösen auch auf soziologischen Gegebenheiten. Dazu zählen enge substaatliche Identifikationsradien, bei denen oft Stammes- bzw. Clanloyalitäten ausschlaggebend sind und die jedem Versuch eines „Nation building" entgegenwirken. Ein Gesellschaftsvertrag im westlichen Sinne, geschweige denn eine belastbare irakische Nationalidentität, hat sich somit kaum in ausreichendem Maß entwickelt, da die ethnokulturelle Vielfalt des „Staatsvolks" jeder nachhaltigen Identifikation mit dem zentralen Nationalstaat im Wege steht. Schon Saddam Hussein schlug Aufstände von Schiiten oder Kurden nieder, die weniger gegen seine politische Ideologie gerichtet waren als gegen die Herrschaft seiner Sunniten. Westliche Kommentatoren bevorzugen es hingegen häufig, möglicherweise aufgrund einer vom Zeitgeist bestimmten Abneigung gegenüber ethnonationalistischen oder gar stammesarchaischen Bewegungen oder Moitvationsmustern, solche Aufstände als Indiz für Demokratiebestrebungen zu verklären.

Diese Sicht verdeckt häufig die Tatsache, dass die gesamte Region sich durch ihre fremdbestimmten Kolonialgrenzen in einem konfliktfördernden Zustand benachbarter „Völkergefängnisse" befindet, die die internationale Gemeinschaft erhalten möchte, indem sie Abspaltungstendenzen grundsätzlich ablehnt und so genannte „Power sharing"-Modelle propagiert. Die dauerhafte Überwindung ethnoreligiöser Loyalitäten zugunsten einer tragfähigen westlichen Demokratie blieb bisher aus, weil das Wahlverhalten im Irak sich entlang ethnischen Loyalitäten orientiert und dadurch die zahlenmäßig überlegene schiitische Bevölkerung über eine strukturelle Mehrheit verfügt. Dies führte v.a. nach dem Abzug der USA zur endgültigen Marginalisierung der Sunniten und der ohnehin separatistischen Kurden. Beide

Gruppen mussten erkennen, dass Demokratie als Regierungsform der Wahrung ihrer Partikularinteressen nicht zuträglich ist. Der Erhalt des Irak als Einheitsstaat ist unter diesen Voraussetzungen illusorisch oder wäre nur durch eine dauerhafte Präsenz externer Akteure zu erzwingen.

Die strategischen Ziele der Intervenierenden

Zwei intervenierende Kräfte spielten im Irak ab 2003 eine maßgebliche Rolle, nämlich die westliche Koalition und der Iran. Beide führten bzw. führen im Irak Stellvertreterkriege, während sie dennoch seit Ende 2014 gezwungenermaßen, wenn auch nur taktisch, gegen die Kräfte des „Islamischen Staates" kooperieren.

Die Ziele der USA und des Westens

Die internationale Kontroverse um den Besitz von Massenvernichtungswaffen und eine unterstellte Zusammenarbeit mit Al Qaida führte 2003 zum Einmarsch der USA und ihrer Verbündeten in den Irak. Der Angriff beruhte auf einer Mischung aus unzutreffenden Annahmen über die Bedrohung, die von einem durch Saddam Hussein regierten Irak ausging, und dem Ziel, durch dessen Sturz („regime change") und eine darauf folgende Demokratisierung des Irak eine positive Kettenreaktion für den gesamten Nahen Osten auszulösen. Durch den damit errungenen Erfolg des westlichen politischen und wirtschaftlichen Modells sollte regionalen islamistischen Tendenzen nachhaltig entgegengewirkt werden.

Die strategische Logik der USA wurde maßgeblich durch die schleichende Verschlechterung der regionalen Lage bestimmt. Islamisten gewannen nicht nur immer mehr an Einfluss, sondern nutzten die vermeintlichen humanitären Folgen der internationalen Sanktionen gegen den Irak als Propagandamittel. Gleichzeitig war es Saddam gelungen, die Wirkung der Sanktionen abzufedern, in Teilen zu unterlaufen und sich so zunehmend aus der Isolation zu winden.[1] Dies war eine Entwicklung, die die Bush-Regierung nicht länger dulden und auch gleichzeitig nutzen wollte. Denn es bot sich die Gelegenheit, die strategische Initiative zu ergreifen und den Islamismus in der Herkunftsregion zu bekämpfen, indem das westliche Erfolgsmodell „Demokratie und Marktwirtschaft" zum Einsatz käme. Al Qaida würde ihre Ressourcen verstärkt im Kampf um den Irak investieren und dadurch ihre Operationen im Westen herunterfahren müssen.[2] Außerdem wäre der Iran im Erfolgsfalle wieder mit einem amerikanischen Verbündeten an seiner Westgrenze konfrontiert, dessen Ziel die Aufgabe des iranischen Nuklearwaffenprogramms wäre und von dessen Territorium möglicherweise ein Sturz des Mullah-Regimes ausgehen könnte.

Eine weit verbreitete geopolitische Erklärung des Irakkrieges, der medial oft zitierte „Krieg um Öl", hat sich inzwischen als unzutreffend erwiesen, da mehr als die Hälfte der Ölproduktion 2013 durch chinesische Firmen kontrolliert wurde.[3] Wobei ein Krieg um Öl, eine strategische Ressource, möglicherweise realistischer gewesen wäre als ein Krieg zur Errichtung eines westlichen Brückenkopfes im islamischen Kulturkreis. Eine „Zwangsdemokratisierung" in einer Region, die jeglicher demokratischer Tradition entbehrt, riskiert fast immer, dass sie als „Fremdprodukt" wahrgenommen wird.

Die Faktenlage nach dem Sieg über Saddam Hussein widerlegte allerdings die Behauptung, dass der Irak weiterhin im Besitz seiner zuvor gegen Schiiten und Kurden zum Einsatz gebrachten Massenvernichtungswaffen sei. Für die USA bedeutete dies einen schwerwiegenden Glaubwürdigkeitsverlust und außen- wie innenpolitischen Schaden.

Die Ziele der USA änderten sich unter der Bush-Regierung nur insofern, als die ursprüngliche Annahme, Demokratie und Marktwirtschaft seien mehr oder weniger Selbstläufer, als fehlerhaft erkannt wurde. Den USA als „Schmelztiegel" fehlte jegliches Verständnis für Ethnopolitik und somit auch für den Erfolg der ethnisch basierten Parteien an den Wahlurnen.[4] Es wurde zunächst weder ein Aufstandsszenario erwartet noch ein „Nation building"-Programm vorgesehen, sondern lediglich die Übergabe an eine gewählte Regierung. Die Ereignisse zeigten, dass hier erhebliche Strategiekorrekturen erforderlich waren. Doch eine grundsätzliche Verschiebung zu einer Territoriallösung fand nicht statt, selbst dann nicht, als die Lage 2013/14 einer De-facto-Aufhebung der Staatsgrenzen gleichkam.

Nach dem Antritt der Obama-Regierung 2009 kam es lediglich zur politischen Entscheidung eines Truppenabzugs um jeden Preis. Zu diesem Zeitpunkt erlaubte die relative Stabilität des Landes dem US-Präsidenten den Spielraum, sein Wahlversprechen, nämlich die Beendigung des Irakkrieges, umzusetzen. Warnungen seiner Sicherheitsberater und des Verteidigungsministers Leon Panetta, dass eine Sicherheits- bzw. Unterstützungstruppe von mindestens 5.000 Mann erforderlich sei, um die erzielten Erfolge auf dem Schlachtfeld nicht zu gefährden, fanden wenig Gehör.[5] Als sich die Verhandlungen mit der irakischen Regierung um den rechtlichen Status einer solchen Truppe als schwierig erwiesen, ordnete Obama den Rückzug an und verabschiedete sich so endgültig von den strategischen Zielen seines Vorgängers.

Die Ziele des Iran

Der Iran gilt als inoffizieller Interventionsakteur, dessen Unterstützung maßgeblich zu den Aufständen der irakischen Schiiten nach 2003 beitrug. Die erfolgreiche Invasion des Irak stellte eine klare Bedrohung für den Iran als schiitische Theokratie dar.[6] US-amerikanische Truppen bzw. Stützpunkte würden nicht nur eine militärische Bedrohung bedeuten, sondern sich auch innenpolitisch auswirken und Oppositionsgruppen erstarken lassen. Im Verlauf des Kriegsgeschehens nutzte der Iran jede Gelegenheit, teilweise durch logistische und finanzielle Hilfe an schiitische Milizen, teilweise durch eingeschleuste Spezialkräfte, die US-Truppen zu bekämpfen und somit seinen Einfluss in den schiitischen Gebieten auszubauen. Es bestand ein strategisches Interesse sowohl an der territorialen Ausweitung in die schiitischen Teile des Landes hinein als auch an der Ausschaltung jener exil-iranischen Volksmudschaheddin (PMOI), die von irakischem Gebiet aus operierten.[7]

Der Iran hatte bis 2011 folgende strategische Ziele erreicht:
- Die demokratisch legitimierte Regierung in Bagdad war aufgrund der strukturellen Schiitenmehrheit grundsätzlich iranfreundlich.
- Die Sunniten waren geschwächt, da sie nicht nur durch die Invasion der USA ihre Macht verloren hatten, sondern durch die Maliki-Regierung nach dem Abzug der USA noch mehr marginalisiert wurden.
- Irans eigene Widerstandsbewegung verlor ihren geographischen Rückzugsraum und wurde neutralisiert.
- US-Truppen standen nicht mehr an der irakisch-iranischen Grenze.

Der Iran war somit, bis zur Entstehung des IS, der Sieger dieses Konfliktes.

Der Kriegsverlauf

Die konventionelle Phase des Krieges vom 19. März bis zum 9. April 2003 war begrenzt auf einen schnellen und vergleichsweise verlustarmen Feldzug, bei dem die irakische Armee schnell geschlagen wurde. Am 1. Mai erklärte US-Präsident Bush offiziell den erfolgreichen Abschluss des Kampfauftrags.

Der Aufstand

Bei Interventionen in multiethnischen Staaten ist in der postkonventionellen Phase der Militäroperationen grundsätzlich mit multiplen Aufstandsszenarien zu rechnen, da die jeweiligen ethnonationalistischen Akteure sich neu positionieren. Der Wechsel vom Restwiderstand eines geschlagenen Regimes in die Aufstandsszenarien eines fragmentierenden Staates, mit mehreren eigenständigen Akteuren, war kein Ereignis, sondern ein Prozess. Der überwältigende Sieg auf dem konventionellen Schlachtfeld stand im krassen Gegensatz zu der Ratlosigkeit, mit der die westlichen Verbündeten auf die veränderte Lage der „Phase IV" reagierten - jener turbulenten Phase unmittelbar nach der Niederlage eines Regimes und vor dem Aufbau einer neuen Ordnung. Die Interventionskoalition sah zu diesem Zeitpunkt noch kein „Nation building"-Programm vor, weil fälschlicherweise von der Existenz einer selbstbestimmenden irakischen Nation und einem funktionalen Staatsapparat ausgegangen wurde.[8] Die Entstehung eines Machtvakuums war dabei nicht vorgesehen. Der daraus resultierende Bürgerkrieg vollzog sich in zwei Stadien: der chaotischen Phase, die fast mit der Niederlage der Koalition endete, und der Aufstandsbekämpfungs- bzw. Terrorismusbekämpfungsphase.

Die Chaosphase

Durch die Auflösung der staatstragenden Baath-Partei Saddam Husseins und des irakischen Militärs wie auch durch die Entlassung der überwiegend sunnitischen Offiziere war die Ordnung in vielen irakischen Städten zusammengebrochen. Die Koalitionskräfte sahen sich mit der Aufgabe konfrontiert, als Außenseiter die inneren Sicherheits- und Regierungsaufgaben zu übernehmen, ohne allerdings die Konflikthistorie oder -kultur des Landes zu kennen. Das Aufgabenspektrum erweiterte sich auf Polizei- bzw. Ordnungsaufgaben wie auch auf die Instandhaltung von Infrastrukturen und Diensten. Das „Entbaathisierungsprogramm" verhinderte dabei den Einsatz von erfahrenen Staatsdienern, und es entstand eine Regierbarkeitslücke, die durch US-Beamte und Militärs unter der Leitung von Paul Bremer als „Coalition Provisional Authority" provisorisch gefüllt werden sollte.

Neben einer Zunahme von Kriminalität bildeten sich sunnitische und schiitische Extremistengruppen. Auf der Seite der Sunniten bildeten sich zwei Bewegungen, eine säkulare und eine religiöse, die sich zuvor in den Norden und Westen der Hauptstadtregion, das „Sunni-Dreieck" zwischen Bagdad, Ramadi und Tikrit, zurückgezogen und neu gruppiert hatten.[9] Beide verfolgten die Ziele, die Besatzung durch die westliche Koalition zu beenden und gleichzeitig den sunnitischen Machtverlust zu verhindern.

Die religiöse Bewegung, an oberster Stelle „Al Qaida im Irak" (AQI) unter der Führung des Jordaniers Abu Musab Al-Zarkawi, verfolgte ein zusätzliches Ziel: die Gründung eines Gottesstaates als militärischer Stützpunkt für Al Qaida.[10] AQI bediente sich zur Finanzierung ihrer Aktivitäten von Anfang an der Kriminalität, darunter Entführungen, Raub, Erpressung und Diebstahl. Al-Zarkawi konnte auf seine eigene kriminelle Vergangenheit zurückgreifen, hatte Verbindungen in die grenzübergreifende organisierte Kriminalität und nutzte diese zur Sicherung seiner Logistik.

Die Baathisten praktizierten den Einsatz von improvisierten Sprengsätzen und Heckenschützen, überwiegend gegen die Besatzungstruppen und Kollaborateure. AQI spezialisierte sich hingegen auf Zivilziele und spektakuläre Hinrichtungen von Geiseln unter Einsatz moderner Medien. Bevorzugtes und wirksamstes Mittel waren dabei die Autobomben der Selbstmordattentäter. Während zu den beliebten Erklärungen eines Selbstmordanschlags der Glaube gehört, dass es sich um eine Verzweiflungsreaktion auf die fremde Besatzung handle,[11] waren viele Selbstmordattentäter keine Einheimischen und die meisten Opfer keine Fremden. Ihre bevorzugten Ziele waren Heiligtümer und Menschenansammlungen der schiitischen Mehrheit.

Über den Zeitraum 2003 bis Anfang 2008 kam es im Irak zur größten Anzahl von Selbstmordanschlägen in der bisherigen Geschichte der Menschheit, mit über 10.000 Toten.[12]

Auf Seiten der Schiiten galt 2003 noch als das Jahr der Befreiung oder zumindest der Entmachtung der sunnitischen Minderheit. Der Einfluss des heimgekehrten Exilirakers Ayatollah Ali al-Sistani schien von der Euphorie des Wandels getragen. Er empfahl Bremer die schnelle Umsetzung der Demokratisierungsabsichten. Bremer gehörte jener Denkschule an, die davon überzeugt ist, dass Demokratie eine Art natürliches „Gegengift" gegen Extremismus darstellt.[13] Auf schiitischer Seite, als Mehrheitsbevölkerung, wurde daher ein Machttransfer abgewartet, der durch demokratische Mittel vollzogen werden konnte. Die schiitischen Milizen der „Mahdi-Armee" um Al-Sadr bildeten sich erst durch den Verlust des Sunni-Dreiecks und aufgrund der zahlreichen anti-schiitischen Anschläge.

Eine weitere Eskalation der Lage deutete sich durch verstärkte Angriffe gegen Koalitionstruppen ab Mitte 2003 an. Dabei zeigte sich, dass die verfügbaren Truppen, v.a. die des US-Heeres, für die Aufstandsbekämpfung ungeeignet ausgebildet, ausgestattet und aufgestellt waren. Überwiegend mechanisiert und ausgebildet, gegen konventionelle Gegner zu kämpfen, fehlten die erforderlichen Fähigkeiten für infanterieintensive, urbane und kulturell komplexe Operationen. In Aufstandsbekämpfungslagen verschieben sich die Maßstäbe, und Soldaten sind im Einsatz mit folgenden Aspekten konfrontiert, die sich durch die „Politisierung" ihres Handelns von konventionellen Lagen unterscheiden und durch moderne Informationstechnologie noch verstärkt werden:

- Die Verschiebung der Führungsebenen, wobei Echtzeitübertragungen die operativen und strategischen Ebenen zu taktischem Mikromanagement verleiten. Gleichzeitig ist die Entscheidung eines taktischen Kommandeurs oder gar einzelner Soldaten möglicherweise von strategischer Auswirkung auf den weiteren Verlauf des Konfliktes, weil die nahezu zeitgleiche mediale Verbreitung ein taktisches Ereignis auf die strategische bzw. politische Ebene hebt, wie beispielsweise der Abu Ghraib-Vorfall zeigt.[14]

- Gefechtsrichtlinien, die - häufig aufgrund der hier erwähnten Verschiebung - politischer Natur sind und taktische Hürden darstellen oder gar Einsatzkräfte gefährden.
- Die Verschiebung des Fokus, weg von der Zerstörung des Gegners, hin zum bevölkerungszentrierten Ansatz. Das bedeutet: die Sicherheit der Zivilbevölkerung und der Staatsfunktion gewährleisten.

Dabei konnten sich Lagen von irregulären zu quasikonventionellen Szenarien entwickeln, an deren jeweilige Erfordernisse sich Soldaten anpassen mussten. Im März 2004 kam es beispielsweise zu einer Eskalation der Lage um Falludscha, bei der die Stadt von circa 2.000 Aufständischen übernommen und befestigt wurde. US-Interventionskräfte wurden angewiesen, die schon laufende Gegenoperation zu unterbrechen, weil sunnitische Politiker damit drohten, die Zusammenarbeit mit Bremers Übergangsrat zu beenden und dieser dadurch den Demokratisierungsprozess bedroht sah. Somit wurde eine Lage von der operativen auf die strategische und politische Ebene gehievt. Das bewirkte politisch ein Ergebnis, zu dessen Erzielung die aufständischen Sunniten militärisch nicht in der Lage gewesen wären. Dieser Schritt wirkte sich nämlich nicht nur mobilisierend unter den Sunniten aus, die darin Schwäche erkannten, sondern ermunterte einen weiteren Aufstand, diesmal im schiitischen Süden. Hier hatte ein schiitischer Geistlicher, Muktada al-Sadr, im April seine eigene Miliz im Raum Nadschaf zum Einsatz gebracht. Der Aufstand weitete sich schnell auf Bagdad, Kirkuk, Kerbala, Basra und zahlreiche andere Orte aus. Die Schiiten waren zwar de facto an der Macht, doch auch sie lehnten die Anwesenheit fremder Soldaten im Irak ab. Umfragen ergaben, dass zu diesem Zeitpunkt mittlerweile 89% aller Iraker die Koalitionstruppen als „Besatzer" betrachteten. Insgesamt stieg die Anzahl der Anschläge von 200 wöchentlich auf 500. Sie breiteten sich auf Ramadi und Samarra aus, während Falludscha und Umgebung zu einer operativen Al Qaida-Basis ausgebaut wurde.[15] Zwei Aufstände drohten das Land zu spalten. Die Koalitionskräfte, in erster Linie Briten und Amerikaner, befanden sich unvorbereitet in einem asymmetrischen Aufstandsszenario, in dem das Moraldilemma moderner Kriege zum Tragen kommt und das Medienzeitalter zudem die klassischen Regeln des Krieges verändert. Die auf dem Grundsatz der Gegenseitigkeit beruhenden Kriegsregeln (Kriegsrecht) zwischen Nationen gelten darin nicht.[16] Die Kriegführung des nichtstaatlichen Akteurs, des asymmetrisch vorgehenden Gegners, ist häufig eine Aneinanderreihung von Gräueltaten und spiegelt eher die Regellosigkeit vorstaatlicher Epochen.

Am 28. Juni 2004 wurde das Land unter einer Übergangsregierung, die durch Premierminister Ayad Allawi geführt wurde, in die Unabhängigkeit entlassen. Durch die schiitisch dominierte Regierung und den durch US-Streitkräfte erfolgten Neuaufbau eines 300.000 Mann starken Sicherheitsapparates gelang es immerhin, die Mahdi-Milizen zur Selbstauflösung zu bewegen. Ausschlaggebend mag dabei gewesen sein, dass sich die Schiiten ohnehin mittels der Wahlurne die politische Macht sichern würden, während die bisherigen Angriffe gegen die Alliierten mit hohen Verlusten einhergegangen waren und al-Sadr am 24. Juni zur Einstellung der Kampfhandlungen aufrief und die Miliz nur noch sporadisch in Erscheinung trat. Falludscha hatte sich hingegen zu einer Festung entwickelt, verstärkt durch Tausende zusätzliche Aufständische. Es erforderte einen sechswöchigen Angriff im November und Dezember des gleichen Jahres, um die Stadt den Aufständischen zu entreißen. Das US-Militär ging mit konventionellen Kräften vor und eroberte im zähen Häuserkampf die Stadt.[17] Dabei kam ihnen zugute, dass sie über die erforderlichen Kräfte und Mittel verfügten, darunter schweres Gerät. Panzer und gepanzerte Mannschaftstransportwagen erwiesen sich als alternative „Artillerieplattformen", die den Vormarsch der Infanterie ermöglichten. Ungefähr 2.000 der circa 6.000 Aufständischen starben in den Trümmern.

Jetzt zeigte sich, dass die Auflösung der irakischen Armee 2003 ein schwerer Fehler gewesen war, denn die Leistungen der eilig aufgestellten Bataillone der „Nationalgarde" erwiesen sich als sehr unterschiedlich. Während die kurdischen „Peschmerga" und auch einige schiitische Einheiten gute Kampfleistungen erbrachten, verweigerten sich die sunnitischen Truppen fast gänzlich. Diese betrachteten die Regierung in Bagdad als eine iranisch gesteuerte Schiitendominanz, während sie gleichzeitig in den Aufständischen ihre Stammesbrüder und Verwandten sahen. Von insgesamt sieben sunnitischen Bataillonen in der Anbar-Provinz waren bis Ende Oktober 2004 lediglich zwei Kompanien noch nicht desertiert.[18] Ethnoreligiöse Loyalitäten hatten gesiegt, der

Irak war zu diesem Zeitpunkt schon de facto in seine jeweiligen ethno-religiösen Bestandteile fragmentiert.

Die Wahlergebnisse des Jahres 2005 hatten die schiitische Macht weiter zementiert, und die Mehrheit der Sunniten lehnte daher auch die neue Regierung ab.[19] Ab 2006 verschlechterte sich die Lage dermaßen, dass eine Niederlage der Koalitionstruppen zu befürchten war. „Al Qaida im Irak" (AQI) verübte am 22. Februar einen Anschlag auf die „goldene Moschee" in Samarra, was zu einer Welle der „ethnischen Säuberung" in Bagdad führte, bei der Schiiten circa 30.000 Sunniten aus den gemischten Wohngegenden der Stadt vertrieben. Schiiten bildeten Todesschwadronen, um Sunniten zu töten. Sie beschworen wieder die schiitische Tradition des „Mahdi" und führten gleichzeitig einen messianischen Aufstand gegen die Koalitionstruppen in den schiitischen Gebieten. Unterstützt wurden sie dabei durch den Iran. Im Vergleich zum Vorjahr verfünffachte sich die Anzahl der Zivilopfer auf über 25.000. Die Durchschnittszahl der Anschläge erhöhte sich von 70 im Januar auf 180 im Oktober.[20]

Der amerikanische Präsident George W. Bush tauschte angesichts der Lage sein Sicherheitsteam aus, einschließlich des Verteidigungsministers Donald Rumsfeld, und folgte dem Vorschlag, ein Aufstandsbekämpfungsprogramm zu starten, dessen Grundlage eine massive Truppenverstärkung von 30.000 Mann beinhaltete, bekannt als „The Surge".

Die Aufstands- und Terrorismusbekämpfungsphase

Die Strategie des so genannten „bevölkerungszentrischen Ansatzes" beinhaltete das Zusammenwirken von Militär, Polizei und zivilen Organisationen („comprehensive approach") als integralem Bestandteil einer neuen Aufstandsbekämpfungsstrategie unter der Leitung von General David Petraeus. Vorgesehen war dabei u.a., dass sunnitische Stammesstrukturen zum Kampf gegen Al Qaida eingesetzt werden. Dies gelang zum Teil durch finanzielle und politische Anreize, aber auch durch das Verhalten der Al Qaida-Kämpfer selbst, deren Brutalität und Schikane, darunter Verdrängung der Stammesgesetze durch die Einführung der Scharia, aber auch Vergewaltigungen und Entführungen, bei der Zivilbevölkerung auf zunehmenden Widerstand stießen. Sie respektierten weder die Gepflogenheiten der einheimischen Bevölkerung noch die Herrschaftsstrukturen der sunnitischen Stämme. Letztgenannte reagierten auf den drohenden Verlust ihrer wirtschaftlichen und politischen Macht an AQI, indem sie die (sunnitische) Lokalpolizei mit Informationen zu deren Bewegungen unterstützten und sich verstärkt selbst am Kampf beteiligten.[21] Eine bis zu 100.000 Mann zählende Stammesmiliz, die „Söhne des Irak", bildete sich auf diese Weise unter der Leitung der US-Streitkräfte und zerstörte die Al Qaida-Strukturen in den sunnitischen Gebieten des Landes.

Die verbesserten Beziehungen zur Lokalbevölkerung und der daraus resultierende Gewinn an nachrichtendienstlich verwertbaren Informationen wurden durch die Revolution im Bereich technischer Aufklärungsmittel, wie etwa Drohnen und Überwachungssoftware, massiv ergänzt. Dazu zählte die digitale bzw. biometrische Erfassung der männlichen Bevölkerung, wodurch dem irregulären Kämpfer ein großer Teil seiner Anonymität und Bewegungsfreiheit genommen werden konnte. Viele Kämpfer wurden aufgrund dieser Fähigkeiten verhaftet oder ausgeschaltet. Es gelang der Einbruch in den Kommunikationszyklus des Gegners, wodurch die US-Kräfte auch taktisch über Echtzeitaufklärung verfügten, mit der eine klare Informationshoheit errungen werden konnte. Der Gegner büßte jegliche operative Entfaltungsmöglichkeit ein und räumte geschlagen das Feld. Die Verluste der Amerikaner sanken von knapp 100 Gefallenen im Juni 2007 auf 25 im Dezember des gleichen Jahres und 16 im Dezember 2008. Von den 4.484 gefallenen US-Soldaten fielen nur 577 nach 2007. Die Anzahl der Ziviltoten sank im gleichen Zeitraum von 23.333 auf 1.600.[22] Insgesamt sank die Anzahl der Vorfälle von 1.500 im Juni 2007 auf 200 im August 2008. Al Qaida verlor mindestens 700 ihrer ausländischen Kämpfer, war aus dem Irak vertrieben worden, und ihre Führung gab den Kampf verloren.

Erfolge in der Verbesserung der Zusammenarbeit zwischen den US-Sicherheitskräften und den Sunniten bei der Bekämpfung von AQI dienten jedoch nicht der Überwindung der ethnoreligiösen Bruchlinien des Landes. Viele Sunniten sahen in der Regierung lediglich einen Ableger des Iran, und unter ihnen befürworteten 34% die Fortsetzung von Anschlägen gegen diese.[23]

Gleichzeitig hatten die Briten im schiitischen Süden des Landes ihren eigenen Aufstand zu bekämpfen, bei dem sich die Milizen der Mahdi-Armee in Basra, der zweitgrößten Stadt des Landes, etablierten und sich dadurch auch gegen die „Kollaboration" der Regierung mit den Alliierten in Aufstand befanden. Im Gegensatz zu den USA schienen die Briten weder in der Lage noch willens zu sein, die Anzahl ihrer 13.000 Truppen zu erhöhen. 2007 lag ihnen mehr an einem Abzug, der nicht wie eine Niederlage aussah, als an einem Sieg. Sie arrangierten sich mit den „Mahdis" in zweierlei Hinsicht: Erstens nahmen sie Gespräche mit hochrangigen Gefangenen auf, in denen sie ihr gemeinsames Ziel, das eines britischen Abzugs, hervorhoben. Zweitens erklärten sie Anschläge durch Mahdi-Milizen zur „Kriminalität", wodurch die Zuständigkeit an die lokalen Polizeistrukturen überging und man somit eigene Kampfeinsätze vermeiden konnte. Als z.B. im Dezember 2007 40 Frauen vergewaltigt und ermordet wurden, wurde dies als Zunahme sexueller Kriminalität kategorisiert und nicht als Methode der Mahdi-Miliz, die Scharia zu etablieren.[24]

Die Briten zogen ab, die Milizen übernahmen Basra. Erst im April und Mai 2008 gelang es den irakischen Streitkräften mit Hilfe der USA, den Kampf um Basra zugunsten der Maliki-Regierung zu entscheiden.

Der Abzug

Der Abzug der Koalitionskräfte im Dezember 2011 verlief anders, als durch die militärischen Planer vorgesehen. Wie oben erwähnt, kam es zum Abzug ohne den Verbleib einer Nachhut, die bei den neu gebildeten irakischen Sicherheitskräften eine Korsettstangenfunktion hätte verrichten sollen. Analysen zur Sicherheitslage hatten nicht nur ergeben, dass AQI sich 2009 im benachbarten Syrien etabliert hatte und eine Bedrohung für eine schwächelnde irakische Regierung darstellen könnte, sondern auch, dass die zunehmende Macht der iranisch unterstützten Schiitenmilizen das Ausmaß einer „Schattenregierung" annahm. Die Vierteljahresberichte des US-Militärs an den US-Kongress zwischen 2005 und 2011 benannten die Mängel des irakischen Militärs folgendermaßen:[25]

- unzureichende nachrichtendienstliche Fähigkeiten, einschließlich mangelhafter Rekrutierung, Führung und Auswertung nachrichtendienstlicher Quellen;
- unfähig, Kampfoperationen durchzuführen bzw. durchzuhalten;
- schlechte Instandhaltung von Waffen und Gerät;
- keine Aus- und Fortbildungskultur;

- schwache Befehlsstrukturen;
- kaum Kenntnisse bezüglich des Einsatzes von Überwachungs- und Aufklärungstechnik;
- kaum vorhandene Terrorismusbekämpfungsfähigkeiten ohne Unterstützung der US-Spezialkräfte.
- Die Luftwaffe ist zu keinen Kampfunterstützungsmissionen fähig, sondern kann lediglich Transportflüge gewährleisten und Truppen verlegen.

Die Gespräche über den Verbleib von circa 5.000 US-Soldaten, um diese Mängel zu kompensieren und gleichzeitig durch Aus- und Fortbildung zu beheben, scheiterten an den Vorstellungen der Iraker einerseits wie auch am mangelnden politischen Willen der Obama-Regierung andererseits. Damit scheiterte auch das „Zwei-Säulen-Konzept" der USA, demzufolge die Demokratisierung des Landes und die stabilisierende Kraft einer multiethnischen Armee zu einem stabilen Irak führen sollten, an der Wirklichkeit ethnischer Konfliktmuster. Das Land war zwar noch relativ stabil, doch seine Zukunft hing wiederum an der politischen Tragfähigkeit seines multiethnischen Regierungsmodells. Und dies erwies sich, wie alle solche Modelle, anfällig für die Fortsetzung der Rangordnungs- und Ressourcenkonflikte zwischen den jeweiligen ethnischen Bevölkerungsgruppen.

Mit dem Abzug der US-Kräfte begann eine ethnische Säuberung der Sicherheitsbehörden, indem die verbliebenen Sunniten weitestgehend aus den staatlichen Strukturen verdrängt oder zumindest stark marginalisiert wurden. Am Tag nach dem Abzugszeremoniell ließ Premierminister Nuri Al-Maliki einen Haftbefehl gegen seinen sunnitischen Vizepräsidenten Tarek Al Hashimi ausstellen. In der gleichen Woche starben 65 Menschen bei einer Anschlagsserie in Bagdad, für die AQI die Verantwortung übernahm. Eine Welle von Verhaftungen folgte gegen namhafte Sunniten, während Schlüsselpositionen im Sicherheitsapparat aus den Händen von Sunniten und Kurden genommen und an Schiiten vergeben wurden, die zu Al-Malikis Vertrauten zählten. Übergriffe und Repressalien gegen Sunniten führten zu einer weiteren Abwanderungswelle aus Bagdad in die Provinz Anbar, die an Syrien grenzt, die dadurch wieder zum Al Qaida-Gebiet wurde.[26]

Die Auswirkungen auf die Streitkräfte zeigten sich durch zunehmendes Misstrauen, Zerfall von Disziplin und in der Rückkehr uferloser Korruption. Ab 2013 kam es wieder zu verstärkten Aktivitäten sunnitischer Gruppierungen, darunter eine Erneuerung der islamistischen Bemühungen um die Kontrolle des Landes.

Bis zu seinem Abzug hatte das US-Militär den Irak, wie auch schon Vietnam, zweimal militärisch erobert und zweimal politisch verloren. Während man in Vietnam den Nationalismus unterbewertet hatte, hatte man ihn im Irak überbewertet und nicht erkannt, dass eine Aufteilung des Landes, die „gütliche Trennung", ein realistischeres strategisches Ziel dargestellt hätte als alle Bemühungen zur Erhaltung einer künstlichen nationalen Einheit.

Der Zusammenbruch

Geographisch hat die Ausbreitung von islamistischen Bewegungen während der Amtszeit Barack Obamas massiv zugenommen. In Libyen, traditionell eines der wichtigsten Rekrutierungsländer von Al Qaida-Kämpfern, kostete dies im September 2011 den amerikanischen Botschafter Stevens das Leben, als das US-Konsulat in Bengasi von Islamisten in einem koordinierten Angriff überrannt wurde. Tunesien und Ägypten verspürten eine Entlastung ihrer jeweiligen innenpolitischen Lage, weil die Eskalation des Bürgerkrieges in Syrien zu einer Abwanderung der dschihadistischen Gruppierungen führte. Dies dürfte jedoch zeitlich begrenzt sein.[27] Denn auch ISIS hatte seinen Ursprung in der 2007 aus dem Irak vertriebenen AQI.

Wie bei allen islamistischen Aktivitäten sind die Akteure alles andere als monolithisch. So waren zum Höhepunkt des Irakkonfliktes 2006 insgesamt 56 Widerstandsorganisationen aktiv. Aus den späteren Kämpfen in Syrien haben sich ISI und Al-Nusra-Front als die zwei herausragenden Akteure hervorgetan, beide mit salafistisch-dschihadistischen Programmen und aus AQI entsprungen. Die Al-Nusra-Front besteht zum größten Teil aus Syrern, deren Ziele sich vorerst auf den Sieg über Assad konzentrieren. Gleichzeitig trug sie mit der weitaus internationaler ausgerichteten ISI-Truppe zeitweise einen offenen Konkurrenzkampf um die Führung im Dschihad aus. Letztgenannte zeigte sich dabei als brutaler und kompromissloser.[28]

Im Kampf gegen die syrische Regierung gestärkt, gelang es ISI ab März 2013, sich in der syrischen Provinzhauptstadt Rakka festzusetzen und dies als geographischen Ausgangspunkt zu nutzen. Im April folgte die Umbenennung in „ISIS", um auch Syrien als Bestandteil des zukünftigen Kalifats zu würdigen. Im Januar 2014 erfolgte die Einnahme von Falludscha und damit der Vormarsch im Irak. Im darauffolgenden Monat kam es zum Bruch mit Al Qaida, weil strategische und methodische Differenzen nicht mehr überwunden werden konnten. ISIS bestand auf der Ausrufung des Kalifats und der Bekämpfung des „nahen Feindes", jener regionalen Akteure bzw. Regime, die als unislamisch betrachtet werden, während Al Qaida ihren Schwerpunkt bei der Bekämpfung des „fernen Feindes", der USA und Europas, sieht.

Der Kampf gegen Assad diente als Sog für radikale Sunniten, nicht nur aus diesen Ländern, sondern aus vielen Teilen der Welt, einschließlich Europas, Nordamerikas, Asiens und Australiens. Bis September 2014 stammten circa 4.000 ISIS-Kämpfer in der umkämpften Region aus westlichen Ländern, wodurch auch diese Herkunftsländer durch Konflikttransfer bedroht sind und ISIS dorthin ausstrahlen wird. Geschätzt wird, dass bis Dezember 2014 die Anzahl dieser „Kriegstouristen" mit circa 1.000 pro Monat zunahm.

Mit Beginn der ISIS-Operationen gegen die irakischen Sicherheitskräfte lösten sich Letztgenannte mehr oder weniger kampflos auf und bestätigten dadurch die oben aufgelisteten Befürchtungen zu deren Einsatzfähigkeit. Die vorangegangene „Säuberung" sunnitischer Offiziere seitens der al-Maliki-Regierung erleichterte deren Abwerbung durch ISIS, während sunnitische Soldaten insgesamt entweder nach Hause gingen oder samt Ausrüstung zu den „Gotteskriegern" überliefen. Da die ISIS-Führung zahlreiche ehemalige irakische Offiziere beinhaltet, darunter geschätzte 1.000 mittlere und höhere Führungskräfte, war der kommunikative Zugang leicht.[29] Außerdem besteht ein weiterer Teil der Führung, darunter der Kalif al-Baghdadi, aus erfahrenen Terroristen, die während der Aufstandsphase in Gefangenschaft geraten waren und dann, ironischerweise im Rahmen des Aufstandsbekämpfungskonzepts, wieder freigelassen wurden.

Selbst kampfwillige Einheiten schmolzen dahin, weil ISIS gezielt per SMS Soldaten anschrieb und ihnen die Ermordung ihrer Familien androhte. Moderne, insbesondere soziale Medien ermöglichten ISIS durch den Zugang zu persönlichen Daten der Soldaten die Demoralisierung der irakischen Truppen. Und an der Umsetzung ihrer Drohungen ließ ISIS auch keinen Zweifel, indem sie die psychologische Wirkung ihrer medial transportierten Gräueltaten nutzte, um Widerstand zu brechen. ISIS hatte dadurch die Gelegenheit, die sunnitischen Gebiete und die gesamten Bestände des dort stationierten irakischen Militärs zu erobern, ohne sich dabei militärisch beweisen zu müssen, weil sich ihnen kaum jemand in den Weg stellte. Medien unterstellten ISIS zu Unrecht eine Kampfkraft, die lediglich aus der Fähigkeit, im Konvoi zu fahren und Massenmord zu begehen, abgeleitet wurde. Die Berichterstattung stellte somit für ISIS einen wertvollen Machtverstärker dar, während die postheroischen Regierungen des Westens untätig blieben, und dies, obwohl minimale Kräfte schon ausgereicht hätten, um den Vormarsch dieses irregulären Akteurs sehr schnell zu stoppen.

Wie so häufig dienten Luftangriffe als bevorzugtes militärisches Mittel zur Abwehr einer humanitären Katastrophe in den Kurdengebieten des Irak und Syriens. Während diese ausreichten, ab September den weiteren Vormarsch weitestgehend zu verhindern, waren die circa 1.000 Einsätze, die bis Anfang Dezember geflogen wurden, nur ein Bruchteil dessen, was erforderlich gewesen wäre, um die Mobilität von ISIS ernsthaft einzuschränken. Für ISIS endete 2014 mit einem 8 Millionen Einwohner umfassenden Kalifat, einer soliden Kriegskasse, die auf circa 2 Mrd. EUR geschätzt wird und durch ein tägliches Einkommen von ca. zwei Mio. EUR durch Ölpiraterie bzw. -schmuggel wächst. Darüber hinaus trugen die Lösegeldzahlungen europäischer Regierungen mindestens 125 Mio. USD zur Kriegskasse bei. ISIS wurde somit die wohlhabendste Terroristenorganisation der Welt und mutierte von einem nichtstaatlichen Hybridakteur, der organisierte Kriminalität und Terrorismus zu kombinieren verstand, zu einem quasistaatlichen Akteur, dessen Fähigkeiten weit über seine neuen geographischen Grenzen hinausreichen.

ISIS hatte durch seine schnellen Gebietsgewinne seine finanzielle und logistische Grundlage ausbauen können, während der Irak de facto aufhörte zu bestehen bzw. auf seine schiitischen Teile reduziert wurde. Diese Realität bewegte den ehemaligen CIA-Chef Hayden dazu, die Unumkehrbarkeit des irakischen Staatszerfalls hervorzuheben.[30] Doch Skeptiker weisen auf die Gefahren einer solchen Lösung hin, bei der sich durch die Entstehung eines Schiitenstaates unter der Kontrolle des Iran dessen direkter Einfluss bis an die Grenzen von Saudi-Arabien und Kuwait erweitern würde. Dadurch entstünde die Gefahr einer regionalen Eskalation. Gleichzeitig bezweifelt der ehemalige stellvertretende irakische Botschafter bei den Vereinten Nationen, Feisal Istrabadi, dass eine Territoriallösung zu einer „sauberen Aufteilung" führen würde, und befürchtet die Entstehung eines „Somalias".[31]

Die Rückkehr von US-Kräften in der Form von Luftschlägen und 1.500 Soldaten erwies sich als halbherzig und zögerlich. Kalifatskräfte hatten sich inzwischen in der Bevölkerung verteilt und boten damit weniger Ziele als zur Zeit ihres Vormarschs. Lediglich ein Viertel der geflogenen Kampfeinsätze resultierte im Wirkmitteleinsatz.[32]

Auswirkungen
Die Auswirkungen dieser Entwicklung zeigen sich auf der taktischen, operativen und strategischen Ebene.

Taktische Ebene
- Bei allen Hinweisen auf „comprehensive approach" zeigt der Irakeinsatz, dass infanterieintensive Häuserkämpfe und irreguläre Gegner noch immer klassische militärische Fertigkeiten wie Ausdauer, Disziplin und Kampfgeist erfordern. Die Tastatur ersetzt nicht Kampfkraft, sie ergänzt und potenziert sie. Westliche Armeen müssen sich darauf einstellen.
- Die klassische Nachrichtengewinnung hat sich dramatisch verändert. Terroristen nutzen die Betonung der Rechtsstaatlichkeit im Aufstandsbekämpfungskonzept zu ihrem Vorteil. Dies führt dazu, dass Aufständische bzw. Terroristen freigelassen werden, um wieder auf dem Schlachtfeld zu erscheinen oder aber medienwirksam ihre Ankläger bzw. Vernehmungsoffiziere zu verklagen. Die britische Regierung hat nicht nur Hunderte Mio. Pfund in solchen Fällen gezahlt, sondern sogar das „Anschreien" von Verdächtigen untersagt. Die verbliebenen Vernehmungsregeln sind aus Sicht der Experten unwirksam, und die Gewinnung von taktischen Informationen ist unmöglich.[33]

- Der Stellenwert von Aufklärungstechnologie steigt weiterhin exponentiell. Technologie war der entscheidende Faktor bei der physischen Aufspürung und Bekämpfung von Gegnern und deren Wirkmitteln.

Operative Ebene
- Die erfolgreiche Aufstandsbekämpfung in der zweiten Hälfte des Irakkonfliktes zeigt, dass sich gut umgesetzte Aufstandsbekämpfung ohne tragfähige politische Zielsetzung und definierten Endzustand als nutzlos erweisen kann. Eine Methode kann niemals die Zentrifugalkräfte eines multiethnischen Staates neutralisieren oder eine Nation „bauen", wenn sich die jeweiligen ethnokulturellen Eigenschaften der Bevölkerungsbausteine stärker voneinander unterscheiden als ergänzen. Demokratisch legitimiertes „Nation building" ist immer ein Prozess, der auf kultureller Kompatibilität beruhend von „unten" nach „oben" stattfindet und nicht durch kosmopolitische Eliten, geschweige denn durch externe Akteure, erzwungen werden kann.
- Stammesmilizen haben sich als wichtige Akteure erwiesen. Die Kooperation zwischen regulären und irregulären Kräften muss geübt sein, um erfolgreich gegen Aufständische operieren zu können.
- Interkulturelle Kompetenz und ein Verständnis für die Kommunikationswege und Machtgeflechte in einer multiethnischen bzw. tribalen, strukturschwachen Umgebung sind folglich wichtige Wissensbausteine für Interventionskräfte, die dadurch ein Gespür für die Vorgehensweise entwickeln können.
- Mikromanagement und wirkungslose Gefechtsrichtlinien sind zu vermeiden, indem die drei vorausgehenden Punkte in Ausbildung und Einsatz verinnerlicht werden.

Strategische Ebene
- Der „Islamische Staat" zielt mittel- bis langfristig auf die gewaltsame Errichtung eines Kalifats weit über die Grenzen des jetzigen Einflussgebietes hinaus. Nicht nur aufgrund seiner Nähe zum NATO-Partner Türkei stellt er dadurch eine Gefahr für westliche

Länder dar, sondern auch aufgrund seiner vielen internationalen Kämpfer mit Staatsbürgerschaft in den zukünftigen Zielländern seiner Operationen. Rückkehrer und durch das Kalifat inspirierte Individuen drohen ein dauerhaftes und stetig zunehmendes Sicherheitsproblem für westliche Länder zu werden. Der Unterschied zwischen Einsatz- und Heimatland wird dadurch weiterhin verblassen und schwerwiegende Änderungen im Sicherheitsverständnis erfordern. Nicht nur haben IS-Anhänger schon Aufklärung gegen US-Spezialkräfte in den USA betrieben, vielmehr wird auch der Wettbewerb um die Vorherrschaft im islamistischen Terrorismus dazu führen, dass Al Qaida verstärkt mit internationalen Anschlägen punkten möchte, z.B. Anschläge in Brüssel und Paris 2014/15. Durch die Etablierung des Kalifats wurde aus einer lokalen Aufstandslage eine Bedrohung von globaler Reichweite.

- Es besteht ein strategisches Interesse des Westens, den Kalifatstaat nachhaltig zu zerstören und durch eine Ordnung zu ersetzen, die dem Selbstbestimmungsrecht der Sunniten in deren Gebieten gerecht wird. Dabei ist es zunächst zweitrangig, ob eine solche Ordnung demokratisch ist.
- Die amerikanischen Verbündeten in der Region haben ihr Vertrauen in die Handlungsbereitschaft der USA verloren und werden andere Wege finden, um ihre Interessen zu wahren. Regionale Rivalen, darunter Staaten wie Saudi-Arabien, Ägypten, der Iran und die Türkei, werden sich in diesem Sinne positionieren und die Auflösung der irakischen Grenzen zum Anlass nehmen, ihren Einfluss zu verstärken. Der Erwerb von Massenvernichtungstechnologien, zum Schutz vor einem verstärkten iranischen Einfluss, wird dadurch für Akteure wie Saudi-Arabien wahrscheinlicher.
- Die westliche Intervention im Irak wird sich verstärkt mit einer Territoriallösung auseinandersetzen müssen, da weder die USA und deren Verbündete noch die internationale Gemeinschaft über die Kraft und Ressourcen verfügen, um einen fragmentierten Irak wieder zusammenzufügen. Die Ziehung natürlicher Grenzen scheint vielversprechender als ein weiterer „Nation building"-Versuch, nach einer dritten Intervention der USA.

Fazit

Der Krieg im Irak hat sich zu einer Quelle der regionalen und globalen Instabilität entwickelt und eine Neuordnung der Grenzen und der Machtverhältnisse im Nahen Osten eingeleitet. Die dort gemachten Erfahrungen zeigen erneut die Schwächen westlicher Konfliktlösungsansätze auf und erfordern ein Umdenken in den Interventionsstrategien, weg von den Vorstellungen eines Staatserhalts, hin zur Territoriallösung. Gleichzeitig führt die Reisefreiheit vieler „Rückkehrer" und Flüchtlingsströme zu einem Konflikttransfer in westliche Länder, die ernsthafte und dauerhafte sicherheitspolitische Veränderungen erzeugen. Das Ergebnis ist dabei angesichts eines zurückweichenden, vergreisenden und moralisch erschöpften Westens ungewiss.

Anmerkungen:

1) Gideon Rose: How Wars End: Why we Always Fight the Last Battle, Simon & Schuster, New York, 2010, S. 242.

2) David Kilcullen: Counterinsurgency, Oxford University Press, Oxford, 2010, S. 189.

3) „Griff nach den Ölreserven: Chinesen zapfen Amerikanern das Irak-Öl ab", Focus. 3.6.2013, http://www.focus.de/finanzen/news/griff-nach-den-oelreserven-chinesen-zapfen-amerikanern-das-irak-oel-ab_aid_1004255.html.

4) Amy Chua und Jed Rubenfeld: „Ethnic Divisions in Iraq: A Commentary by Profs Amy Chua and Jed Rubenfeld", 5 January 2004,
http://www.law.yale.edu/news/2478.htm.

5) Rebecca Kaplan: „Panetta Criticizes Obama for Iraq Withdrawal", CBS News, 2 October 2014, http://www.cbsnews.com/news/leon-panetta-criticizes-obama-for-iraq-withdrawal/.

6) Martin van Creveld: „Is Iran really a Threat to the United States and Israel?" , Interview in Executive Intelligence Review, Vol. 33, Nr. 13, 31 March 2006, http://www.larouchepub.com/eiw/public/2006/2006_10-19/2006_10-19/2006-13/pdf/49-53_613_intcreveld.pdf.

7) „Zahlreiche Tote bei Angriff auf iranische Opposition", Der Standard, 8.4.2011, http://derstandard.at/1301874235728/Zahlreiche-Tote-bei-Angriff-auf-iranische-Opposition.

8) Max Boot: „More Small Wars", Foreign Affairs Vol. 93 No. 6, November/December 2014, S. 6,8.

9) Stefan Aust und Cordt Schnibben: Irak - Geschichte eines modernen Krieges, Deutsche Verlags Anstalt, München 2003, S. 519.

10) Carter Malkasian: „Counterinsurgency in Iraq May 2003 - January 2010". In Daniel Marston and Carter Malkasian (eds.): Counterinsurgency in Modern Warfare, Osprey Publishing, Oxford 2010, S. 288.

11) Robert Pape: Dying to Win: The Strategic Logic of Suicide Terrorism, Random House, New York, 2006, S. 26.

12) Max Boot: Invisible Armies: An Epic History of Guerillla Warfare from Ancient Times to the Present, Norton & Company, New York, 2013, S. 530-531.

13) Malkasian, S. 288.

14) Emile Simpson: War from the Ground up, Twenty-First-Century Combat as Politics, S. 93.

15) Malkasian, S. 292-293.

16) Vg. Michael Gross: Moral Dilemmas of Modern War: Torture, Assassination, and Blackmail in an Age of Asymmetric Conflict, Cambridge Press, Cambridge, 2009, S. 74.

17) Vgl. David Bellavia: House to House: The Most Terrifying Battle of the Iraq War Through the Eyes of the Man Who Fought It, Simon & Schuster, New York 2007.

18) Malkasian, S. 294.

19) Ebd., S. 301

20) Ebd., S. 303.

21) Vgl. Norman Cigar: „Tribal Militias: An Effective Tool to Counter Al-Qaida and its Affiliates?", Security Studies Institute, US-Army War College, November 2014, S. 8-10.

22) Max Boot: Invisible Armies: An Epic History of Guerillla Warfare from Ancient Times to the Present, Norton & Company, New York, 2013, S. 543.

23) Malkaisan, S. 303.

24) Malkaisan, S. 305.

25) Rick Brennan: „Withdrawal Symptoms: The Bungling of the Iraq Exit", Foreign Affairs, Vol. 93, No. 6, November/December 2014, S. 25.

26) Yazeem Ibrahim: „The Resurgence of Al Qaida in Syria and Iraq", Strategic Studies Institute, US-Army College Press, May 2014, S. 19.

27) Die Rückkehr von kampferprobten Dschihadisten wird auch in diesen Ländern als zukünftige Destabilisierungsgefahr gesehen.

28) Steinberg, Guido, „Eine tschetschenische Al Qaida?", SWP-Aktuell, Deutsches Institut für Internationale Politik und Sicherheit, Juni 2014, S. 4.

29) Ruth Sherlock: „Inside the leadership of Islamic State: how the new caliphate is run", The Telegraph, 9 July 2014,

http://www.telegraph.co.uk/news/worldnews/middleeast/iraq/10956280/Inside-the-leadership-of-Islamic-State-how-the-new-caliphate-is-run.html.

30) Melissa Clyne and Bill Hoffmann: „Gen. Hayden: The state of Iraq is gone.", 18 June 2014, http://www.newsmax.com/Newsmax-Tv/Michael-Hayden-Benghazi-Abu-Khatallah/2014/06/18/id/577786/.

31) Faisal Al Yafai: „Opinion: New Iraqi borders would be drawn across bodies, not sand.", CNN, 1 July 2014, http://edition.cnn.com/2014/07/01/opinion/iraq-borders-sykes-picot/.

32) Eric Schmitt: „Obstacles Limit Targets and Pace of Strikes on ISIS", The New York Times, 9 November 2014, http://www.nytimes.com/2014/11/10/world/middleeast/trouble-pinning-down-isis-targets-impedes-airstrikeS. html?_r=0.

33) Robert Mendick and Tim Ross: „Don't Yell at Terrorist Suspects, Soldiers Told", The telegraph, 13 December 2014, http://www.telegraph.co.uk/news/uknews/defence/11292578/Dont-yell-at-terrorist-suspects-soldiers-told.html.

Gedanken über Schutz als Aufgabe der Streitkräfte im Einsatz (ÖMZ 2003)
Dirk Freudenberg/Thomas Greim/Rolf Neumeyer

Nicht zuletzt der Kosovo-Konflikt hat deutlich gezeigt, dass auch in Europa Kriege mit höchst entwickelten Waffensystemen möglich sind; zum anderen hat man das Phänomen Krieg aus dem allgemeinen Sprachgebrauch, aber auch aus der völkerrechtlichen Judikatur weitgehend verbannt, bzw. als „Konflikte unterhalb der Kriegsschwelle"[1], „Auseinandersetzungen geringer Intensität, interkommunale Gewalt, Konflikt zwischen aufrührerischen Parteien, Einsätze, die keine Einsätze sind"[2] etc. definiert. Dabei gab es allein zwischen 1945 und 1995, also in der Phase der „strategischen Stabilität"[3], weltweit ca. 190 Kriege, an denen 105 Staaten beteiligt waren bzw. noch sind.[4] Allerdings hatte sich das Kriegsbild grundlegend gewandelt; das Spektrum militärischer Konflikte hatte sich von großen konventionellen Kriegen zwischen regulären Armeen souveräner Staaten zu Kriegsformen verschoben, die Guerillataktik und Terrorismus gleichermaßen umfassten, und der bewaffnete Kampf zwischen Staaten und nicht-staatlichen Akteuren war als „Kleinkrieg" die dominierende Form des militärischen Konflikts geworden.[5] Insofern erschienen Atombombe und Kleinkrieg als die beiden Dominanten im Bereich drohender oder tatsächlicher bewaffneter Auseinandersetzungen.[6] Und Werner Hahlweg warf bereits in den 60er-Jahren des 20. Jahrhunderts die Frage auf, ob nicht der Kleinkrieg, der Partisanenkrieg, mehr oder weniger alle künftigen militärischen Auseinandersetzungen prägen werde, dass er dazu zwinge, die Relation von Politik, Krieg und Friedensordnung, Gesellschaft, Wirtschaft und Technik neu zu durchdenken.[7] In diesem Sinne stellt sich gerade heute auch die Frage, ob der Krieg nicht als Zustand *de jure*, sondern als Zustand *de facto* zu definieren und zu begreifen ist.[8]

Die Unterschiedlichkeit der Akteure, ihrer Motive und Handlungsmuster

Unter dem Vorzeichen von Globalisierung und wachsenden (asymmetrischen) Interdependenzen von Akteuren haben Bedrohungen anderer Art an Bedeutung gewonnen.⁹⁾ Die Existenz einsatzbereiter Streitkräfte stellt einen entscheidenden, oft unterschätzten Faktor dar.¹⁰⁾ Militärische Sicherheitsvorsorge bleibt unverzichtbar.¹¹⁾

Zu Beginn des 21. Jahrhunderts ist einer der menschlichen Urinstinkte - der Kampf - durch den rasanten technischen Fortschritt der Mittel, mit denen der Mensch den Menschen bekämpft, die Veränderungen der Gründe für gewaltsame Auseinandersetzungen sowie die Kampfweisen in einem grundlegenden Wandel begriffen.¹²⁾ Erschwerend kommt hier hinzu, dass nicht nur bei innerstaatlichen, sondern auch bei den globalen Konflikten, Konflikt- und Krisenursachen häufig nicht mehr auf klar identifizierbare Verursacher, häufig auch nicht mehr in Gestalt von Verursacherstaaten, zurückzuführen sind.¹³⁾

Isolierte Staaten können auf militärischem Gebiet erhebliche Machtmittel einsetzen; zudem können Terrorismus und andere Formen der Gewaltanwendung in den Westen „exportiert" werden, um Unruhe und Chaos zu schaffen.¹⁴⁾ Feindselige Aktivitäten werden nun von Gruppen ausgeführt, die sich von Armeen sehr wesentlich unterscheiden,¹⁵⁾ und nicht-staatliche Akteure beginnen mit militärischen Mitteln zu handeln.¹⁶⁾

Die Bezeichnung der Akteure mag vielfältig und umstritten sein, z.B. irreguläre Kämpfer, Aufständische, Terroristen, Freiheitskämpfer oder Gotteskrieger, die nicht im Namen eines staatlichen Interesses, sondern für ihre „gerechte Sache" kämpfen und oftmals mit dem internationalen organisierten Verbrechen verquickt sind.¹⁷⁾

Viele dieser Akteure sind Kriegsunternehmer, die den Krieg auf eigene Rechnung führen und sich die dazu benötigten Mittel durch die Unterstützung reicher Privatleute, den Verkauf von Bohr- und Schürfrechten für die von ihnen kontrollierten Gebiete, Betreiben von Drogenhandel, Schutz und Lösegelderpressung verschaffen.¹⁸⁾ Dieses Bild vom Kriegsunternehmer erinnert an den Condottiere Cesare Borgia, der sich seinerzeit meisterhaft mit List, Brutalität und Verrat durchzuschlagen verstand, und an dem bereits Niccolò Machiavelli mit Interesse studierte, wie in einem zerrissenen Land politische Macht aus dem Nichts gewonnen, gehalten und vermehrt werden kann, unter der einzigen Voraussetzung, dass vor keinem Mittel zurückgeschreckt wird.¹⁹⁾

Der sowohl seiner atomaren Fesseln entledigte wie archaische Formen einbeziehende Kriegsbegriff des ausgehenden 20. Jahrhunderts droht die Totalität des Krieges ins Unermessliche zu steigern.[20] In diesem Sinne entsteht ein diffuses Kriegsbild. Der Anschlag auf das *World Trade Center* am 11. September 2001 und der Kampf der USA und ihrer Alliierten gegen den Terrorismus im Mittleren Osten entsprechen diesem Kriegsbild.

Militärische Macht als Mittel zur Problemlösung und die Bedeutung der räumlichen Dimensionen
Folglich ist zu fragen, wie und in welcher Form diesen aktuellen Tendenzen begegnet werden soll. Eine einseitige Ausrichtung auf hochtechnologisierte Streitkräfte dürfte nicht die Antwort auf alle Bedrohungen und deren Erscheinungsformen sein. Denn jede Waffe verlangt ein ihr entsprechendes Ziel, und eine Möglichkeit, den Gegner vom Einsatz einer bestimmten Waffe abzuhalten, besteht darin, ihm kein Ziel für diese Waffen zu bieten.[21] Es ist allerdings nicht möglich, sich einer Angreifbarkeit durch Terroristen vollständig zu entziehen.

Die hoch gepriesene Technik erweist sich dort als unbrauchbar, wo der Nahkampf neben den Errungenschaften modernster Technologie zum Tragen kommt, die Unterscheidung zwischen staatlichen und nicht-staatlichen Akteuren zum Hauptproblem wird und somit der fortschreitenden Technik in puncto Erhöhung der Effizienz klare Grenzen gesetzt sind.[22] Demzufolge kann Technik - in welcher Form auch immer - nie etwas anderes als nur ein Mittel im Sinne einer unterstützenden Funktion zur Durchsetzung militärischer Ziele sein. Eine einseitige Ausrichtung auf technischelektronische Systeme kann somit nicht zielführend sein. Dies gilt umso mehr, wenn es darum geht, einen Raum militärisch zu beherrschen oder einen hochmobilen Gegner, der nicht aus der Luft und großer Distanz bekämpft werden kann, auszuschalten.

Carl Schmitt, einer der wohl umstrittensten, einflussreichsten und bedeutendsten deutschen Staatsrechtslehrer des 20. Jahrhunderts,[23] erkannte in seinem spezifisch juristischen Interesse im Sinne von Recht als Einheit von Ordnung und Ortung am politischen Handeln politischer Größen als handlungsfähige Einheiten die Bedeutung des Raumbegriffes.[24] Ihm ging es dabei in seinem Raumordnungsdenken u.a. auch um den Raum in seiner strategischen Bedeutung.[25] In seiner Schrift „Der Nomos der Erde im Völkerrecht des Jus Publicum Europaeum" teilte Schmitt zunächst zwei „Raumordnungen" - Land und Meer - ein, die jeweils eigene Ordnungsbezüge zum Krieg aufwiesen.[26] In seiner „Theorie des Partisanen"[27] nahm Schmitt diesen Gedanken wieder auf, indem er den räumlichen Strukturbegriffen von Land und Meer die „Dimension" der Luft hinzufügte und somit den Krieg zunächst in drei Dimensionen einteilte: See-, Land- und Luftkrieg. Die „Raumstrukturen" von Meer, Land und Luft unterteilte Schmitt jeweils noch einmal durch die „Dimension der Tiefe", die durch die Entwicklung der U-Boot-Waffe für den Kampfeinsatz erschlossen wurde, und - in „Analogie" hierzu - die „Tiefendimension" der irregulären Kriegführung des Partisanen, der aus seiner Irregularität heraus die Dimensionen nicht nur taktischer, sondern auch strategischer Kriegführung der regulären Armeen beeinflusse.[28]

Die Unterscheidung des irregulären Kampfes in der Raumstruktur begründete Schmitt damit, dass ein kompliziert strukturierter Aktionsraum entstanden sei, weil der Partisan nicht auf einem offenen Schlachtfeld und nicht auf der gleichen Ebene des offenen Frontenkrieges kämpfte.

Seit Anfang der 60er-Jahre kam zunächst als Version, die mit dem SDI- und später dem NMD-Programm immer deutlichere Züge annahm, die Dimension des Weltraumkrieges hinzu.[29] Und spätestens mit dem zweiten Golfkrieg kam zusätzlich eine weitere, siebte Dimension ins Spiel: der Cyberspace, in dem der Computerkrieg in den militärischen Planungen und Führungsvorschriften der modernen Staaten eine immer wichtigere Rolle einnahm.[30]

Doch ändert der technische Fortschritt nichts an der Tatsache, dass es in Konflikten auch zukünftig darum geht, sich gegenüber dem Gegner durchzusetzen. Das bedeutet als Ultima Ratio den Einsatz militärischer Macht, nicht nur aus der räumlichen Distanz, sondern auch den unmittelbaren Einsatz von Truppen am Boden. Irgendwann erreichen auch die Kriege der Zukunft, unabhängig, in welcher Dimension sie beginnen, den Punkt, an dem es darum geht, ein bestimmtes Stück Erdoberfläche, Land, zu erobern, zu verteidigen, zu kontrollieren.[31]

Der Schutz der Streitkräfte

Fraglich ist hier allerdings, inwieweit die westlichen Streitkräfte, insbesondere die Bundeswehr, auf die Herausforderungen eingestellt sind, ihre eigenen Einsatzkräfte vor Anschlägen und Störungen zu schützen. Gliederung, Ausrüstung und Ausbildung der Bundeswehr entsprechen weitgehend noch nicht dem Charakter der Bedrohung durch irreguläre Kräfte. So wird der Begriff *Force Protection* [32] ringsum in der Bundeswehr verwendet. Er ist aber bislang noch nicht definiert oder strukturell organisiert. Folglich verfügen die Streitkräfte der Bundesrepublik Deutschland im Kampf gegen irreguläre Kräfte bzw. zur asymmetrischen Kriegsführung noch nicht über alle erforderlichen Fähigkeiten.[33]

Die Bundeswehr, die sich seit Anfang der 90er-Jahre an internationalen Missionen beteiligt, sieht sich mit dem Problem konfrontiert, den Schutz ihrer Kräfte und Einrichtungen gegen irreguläre Kräfte zu gewährleisten, und hat hierfür entsprechende Grundlagen erarbeitet.[34] Der Kampf gegen irreguläre Kräfte[35] vermag u.a. durch verschiedene operative Faktoren[36] maßgeblich bestimmt werden; als Beispiel seien hier genannt: Geschwindigkeit, indirektes Vorgehen und Reichweite. Dabei ist die Geschwindigkeit des Kampfes so zu bestimmen, dass die eigenen Absichten und Fähigkeiten am besten zur Geltung gebracht und die der irregulären Kräfte wirkungsvoll eingeschränkt werden können.

Das indirekte Vorgehen meint die Orientierung an den gegnerischen Schwachpunkten. Ziel ist es, durch geeignete Wirkung an diesen Punkten die Schwäche der irregulären Kräfte zu verstärken und so geeignete Bedingungen für ein eigenes Vorgehen gegen diese Kräfte zu schaffen. Dies kann die Voraussetzung für ein dann zielgerichtetes direktes Vorgehen gegen irreguläre Kräfte sein, um diese nachhaltig zu schwächen oder zu zerschlagen.

Die Reichweite wird hier definiert durch den Zusammenhang zwischen räumlicher Distanz und zeitlicher Dauer, innerhalb deren militärische Kräfte unter Erhalt ihrer Wirksamkeit und Durchhaltefähigkeit für einen gegebenen Auftrag eingesetzt werden können.

Die Reichweite wird wesentlich bestimmt durch Geografie, Infrastruktur, Logistik und die Art der Kräfte, die zum Einsatz kommen.

Dabei haben alle drei Faktoren gemeinsam, dass modern ausgebildete Kräfte, die an den speziellen operativen und taktischen Erfordernissen des Kampfes gegen irreguläre Kräfte ausgerichtet[37] sind, und hoch moderne technisch-elektronische Systeme, Waffen und Geräte zum Einsatz kommen. Eine weitere Gemeinsamkeit sind die Informationsüberlegenheit mit dem Primat der Notwendigkeit der ständigen Verbesserung der nachrichtendienstlichen Möglichkeiten und Fähigkeiten und der multinationale Austausch von nachrichtendienstlichen Erkenntnissen, polizeilicher Zusammenarbeit, formalen Vereinbarungen usw.

Conclusio
In den sich wandelnden asymmetrischen Szenarien mit der ihnen immanenten Dynamik und ihren unterschiedlichen Akteuren ist der Raum in allen seinen Dimensionen zu betrachten, die diesen Akteuren und den eigenen Kräften die Möglichkeit zum Handeln bieten. Eine verantwortungsvolle Truppenführung muss darauf eingestellt sein, dass ein potenzieller Gegner jede Chance nutzen wird, seine Ziele zu erreichen. Dazu wird er jede sich bietende Möglichkeit nutzen und jedes verfügbare Mittel einsetzen.

Unter Berücksichtigung aller möglicher operativen Faktoren kommt es also darauf an, im Rahmen der vorgegebenen rechtlichen Normen selber alle verfügbaren Mittel einzusetzen, um die Absicht eines potenziellen Gegenübers bereits im mittelbaren Ansatz zu erkennen, Maßnahmen zur Verhinderung dieser Absicht einzuleiten und gegebenenfalls rasch und robust auf die Ausführung reagieren zu können.

Der Grundsatz des Schutzes der Streitkräfte ist eine ständige Richtschnur, deren Anwendung als Conditio sine qua non für die Durchführung eines militärischen Einsatzes betrachtet werden muss. Das Grundlagendokument „Schutz" bietet hierzu einen guten ersten konzeptionellen Ansatz.

Anmerkungen:

1) Vereinigung Schweizerischer Nachrichtenoffiziere: Armee-Einsätze unterhalb der Kriegsschwelle, Überlegungen, Fallbeispiele, Ausbildungsideen, Checklisten. 2. Aufl., Zürich 1996.

2) Clarke, John L.: Der Konflikt im Wandel der Zeit. Herausforderungen der sich wandelnden Kriegführung. In: ÖMZ 1997, S. 115ff.

3) Rühl, Lothar: Strategische Stabilität und die politische Dimension militärischer Macht. In: Fels, Gerhard/Huber, Rainer/Kaltefleiter, Werner/Pauls, Rolf F./Schulze, Franz-Joseph (Hrsg.): Strategiehandbuch Bd. 1, Herford, Bonn 1990, S. 505ff.

4) Dingemann, Rüdiger: Krisenherde der Welt. Konflikte und Kriege seit 1945. Daten, Fakten, Hintergründe. Westermann Lexikon, Braunschweig 1996, S. 7.

5) Daase, Christopher: Kleine Kriege – Große Wirkung. Wie konventionelle Kriegführung die internationale Politik verändert. Baden-Baden 1999, S. 11f.

6) Hahlweg, Werner: Typologie des modernen KleinkriegeS. Wiesbaden 1967, S. 7.

7) Ebenda, S. 5f.

8) Carr, Caleb: Terrorismus – Die sinnlose Gewalt. Historische Wurzeln und Möglichkeiten der Bekämpfung. München 2002, S. 204f.

9) von Bredow, Wilfried: Sicherheitspolitik, Streitkräfte und Wehrstruktur vor den Herausforderungen einer turbulenten Weltordnung. In: Jacob, Ludwig/Justenhoven, Heinz-Gerhard (Hrsg.): Wehrstruktur auf dem Prüfstand. Zur Debatte um die neue Bundeswehr. Stuttgart, Berlin, Köln 1998, S. 11ff.

10) Kuebart, Jan: Bundessicherheitsrat und Bundessicherheitsbüro. In: Europäische Sicherheit 5/1999, S. 40ff.

11) Scharping, Rudolf: Grundlinien deutscher Sicherheitspolitik. Rede des Bundesministers der Verteidigung an der Führungsakademie der Bundeswehr am 08.09.1999 in Hamburg. In: HFüKdo (Hrsg.), Sonder-Pressespiegel vom 09.09.1999, S. 1; vgl. Wagner, Rolf: Zu einigen militärökonomischen Aspekten des militärischen Erneuerungsprozesses. In: Forschungsinstitut für Militärökonomie und angewandte Konversion Berlin, Gesellschaft für Militärökonomie e. V. Koblenz (Hrsg.), Verteidigung und Ökonomie, 1992, S. 69ff.

12) Clarke, a.a.O., S. 115ff.

13) Gottschalk, Norbert: Neue strategische Trends – Herausforderungen für Strategie und Militärstrategie. Lehrgangsarbeit an der Führungsakademie der Bundeswehr Hamburg 1998, S. 22; vgl. Clarke, a.a.O., S. 115ff.

14) O'Neill, Robert: Europas Sicherheit in den neunziger Jahren. Eine neue Organisation für eine neue Herausforderung: Die Europäische Entwicklungsallianz. In: ÖMZ 1991, S. 102ff, S. 107; vgl. Waldmann, Peter: Terrorismus im internationalen Umfeld. In: Internationale Politik 11/1999, S. 21ff.

15) Clarke, a.a.O., S. 115ff.

16) Naumann, Klaus: Rolle und Aufgaben der NATO in der Zukunft, Manfred Wörner-Rede, veranstaltet vom Freundeskreis der Bundesakademie für Sicherheitspolitik am 20.03.1999 in Bonn. Internet-Dokument: http://www.baks.com/60HotSpot.html, 18.05.1999, S. 3. Interessant ist in diesem Zusammenhang der innenpolitische Streit in Deutschland um den möglichen Einsatz der Bundeswehr im Inneren, der diese neuen Bedrohungen zu Grunde legt. (NN: SPD streitet über neue Aufgaben der Bundeswehr. In: SZ vom 14.08.1999, S. 5; NN: Transparenz der Truppe. In: Frankfurter Rundschau vom 14.08.1999, S. 2; vgl. NN: Union setzt Debatte über neue Aufgaben für Soldaten fort. In: Generalanzeiger vom 14.08.1999, S. 2; NN: Union: Über Aufgaben der Bundeswehr offen reden. In: Der Tagesspiegel vom 14.08.1999, S. 4.) Mit dieser Entwicklung könnte die grundsätzliche Trennung von Bundeswehr und Polizei in Frage gestellt sein, wie sie das Grundgesetz festschreibt. Allerdings lässt das Grundgesetz auch heute schon im Einzelfall auf Anforderung mit Spezialisten unterstützen. (Vgl. Bundesministerium der Verteidigung, Presse und Informationsstab: Zu dem Welt-Artikel „Plant Bundeswehr doch den Truppeneinsatz im Inland?" Bonn, 21.08.1999.)

17) Erhart, Hans-Georg: Militärische Macht als außenpolitisches Instrument im 21. Jahrhundert. In: ÖMZ 2002, S. 683ff.

18) Münkler, Herfried: Die neuen Kriege. 1. Aufl., Reinbek bei Hamburg 2002, S. 7.

19) Vgl. Schmitt, Eberhard: Machiavelli. In: Maier, Hans/Rausch, Heinz/Denzer, Horst (Hrsg.): Klassiker des Politischen Denkens. I. Bd. Von Plato bis Hobbes; 6. Aufl., München 1986, S. 165ff.

20) Vad, Erich: Strategie und Sicherheitspolitik. Perspektiven im Werk von Carl Schmitt. Opladen 1996, S. 137.

21) von der Heydte, Friedrich A. Frhr.: Der moderne Kleinkrieg als wehrpolitisches und militärisches Phänomen. Wiesbaden 1986, S. 73.

22) Vgl. Clarke, a.a.O., S. 115ff, S. 120f.

23) Ebenda.

24) Brill, Heinz: Die Bedeutung des Begriffs „Geostrategie". In: ÖMZ 1996, S. 301ff. Diesen Zusammenhang beschreibt Schmitt auch in einer späteren Schrift: Schmitt, Carl: Land und Meer. Eine weltgeschichtliche Betrachtung. 3. Aufl., Stuttgart 1993, S. 71ff.

25) Vgl. Vad, a.a.O., S. 90.

26) Schmitt, Carl: Der Nomos der Erde im Völkerrecht des Jus Publicum Europaeum. 4. Aufl., Berlin 1997, S. 144.

27) Schmitt, Carl: Theorie des Partisanen. Zwischenbemerkung zum Begriff des Politischen. 4. Aufl., Berlin 1995, S. 72.

28) Ebenda, S. 72f.

29) Zu den militärischen Gesichtspunkten des Weltraumes und ihrer historischen Entwicklung vgl. Messner, David: Space, Military Aspects of. In: Franclin D. Margiotta: Brassey's Military Encyclopedia of Land Forces and Warfare. Washington/London 2000, S. 963ff.

30) Vgl. Kopeinig, Arnulf: Information Warfare. Versuch eines definitorischen Zugangs im Rahmen politikwissenschaftlicher Untersuchungen. In: ÖMZ 1999, S. 23ff; vgl. Ebner, Martin: Netzwerke und ihre Angreifbarkeit. In: ÖMZ 1999, S. 293ff.

31) May, Holger H.: Neue Waffentechnologien. In: Kaiser, Karl/Schwarz, Hans-Peter (Hrsg.): Weltpolitik im neuen Jahrhundert. 1. Aufl., Baden-Baden 2000, S. 358ff.

32) Unter dem Begriff „Force Protection" wird der „Ganzheitliche Schutz" zusammengefasst. Darunter versteht das VN-AusbZ Bw/Bereich 3/ExpGrp das Zusammenwirken aller passiven und aktiven Schutzmaßnahmen wie z.B. Schutz von Objekten, Räumen, Konvois, des einzelnen Soldaten sowie anvertrauter Personen, EOD sowie auch Brandschutz, Umweltschutz, SE-Schutz (Schutzbauten), Schutz gegen die Wirkung von ABC-Kampfmitteln, Reiz und Brandstoffen sowie Schutz bei extremen klimatischen Bedingungen, Maßnahmen der Hygiene usw.

33) vgl. Struck, Peter: Deutsche Sicherheitspolitik und die Bundeswehr vor neuen Herausforderungen. Internet-Dokument vom 14.01.2003:
http://www.bmvg.de/archiv/reden/minister/030106_europaeische_sicherheit.php.

34) Grundlagendokument Schutz – InfS, 4. Entwurf, 17.07.02, S. 5.

35) InfS, VN-AusbZ Bw/Bereich 3/ExpGrp Schutz, 4. Entwurf, Hammelburg, Mai 2001, S. 7ff.

36) Die Faktoren und deren Definitionen basieren auf der Grundlage Operative Leitlinie für Einsätze der Streitkräfte (OpLESK), FüAkBw, Zentrum Führung Gemeinsamer Operationen, Hamburg 1999, Anlage 8.

37) Das bedeutet eine Abkehr von der reinen Lehre des Einsatzes großer militärischer Verbände im Sinne des Gefechts der verbundenen Waffen. Diese Fähigkeit muss allerdings erhalten bleiben, sie ist aber die unwahrscheinlichste Einsatzoption militärischer Streitkräfte. Vgl. Weiler, Günter: Streitkräfte zur Terrorismusbekämpfung: Eine taugliche Option? In: Frank, Hans/Hirschmann, Kai (Hrsg.): Die weltweite Gefahr – Terrorismus als internationale Herausforderung. Berlin 2002, S. 381ff.

Ausblick

„Do not think it worth while to produce belief by concealing evidence, for the evidence is sure to come to light"
(Bertrand Russel, britischer Philosoph, 1872-1970)

Die Gesamtlage, verstärkt durch demographische Verschiebungen ab Sommer 2015, hat sich für den Westen, insbesondere Europa, keineswegs verbessert und es zeichnet sich ab, dass die Warnungen von Autoren wie Samuel Huntington, William Rees-Mogg oder Robert Kaplan an Bedeutung gewinnen werden. Eine daraus resultierende Unterbrechung der Globalisierung, die nach Beendigung des bipolaren Ideologiezeitalters (1989/90) angebrochen war, oder gar der „Kollaps" des Westens, wie der britische Wirtschaftshistoriker Niall Ferguson als mögliches Szenario skizziert, erweitern das Bedrohungsspektrum und stellen Entscheidungsträger möglicherweise vor existentielle Fragen.

Es könnte in der Folge zu einer globalen, multipolaren Dauerinstabilität kommen, in der Konflikte von niedriger Intensität, also „Moderne Kleinkriege", zum Alltag gehören, unterbrochen durch mehr oder weniger kurze Zeiten von Frieden. Der Aufstieg nichtstaatlicher Akteure, deren hybride Fähigkeiten auf der erfolgreichen Kombination von kriminellen, terroristischen und kriegerischen Strukturen, Mitteln und Methoden beruhen, droht eine Epoche globaler Anarchie einzuleiten – die Rückkehr zur vornationalstaatlichen „Normalität", neuen „dark ages", wie jenen, die dem Zusammenbruch Roms folgten. Hybridakteure und -bedrohungen werden von Steward Kaufman[2] im Kontext der Kriege in Irak und Afghanistan folgendermaßen definiert: *"elements of ethnic or tribal conflict, ideologically based insurgency, factional squabbling, and organized crime are inextricably intertwined, with the same actors playing multiple and partially conflicting roles. [...] is inherently transnational, featuring transnational crime networks, 'migrant warriors,' transnational diaspora links, legitimate international trade, and foreign intervention."*

Dabei handelt es sich immer seltener um nationalstaatliche Konkurrenten, die sich unkonventioneller, multimodularer, asymmetrischer Methoden der Kriegsführung bedienen, z.B. Russland im Ukrainekonflikt oder „Mafiastaaten", in denen „Organisiertes Verbrechen" und „Regierung" als Synonym betrachtet werden können, sondern um nichtstaatliche Akteure, deren Zielsetzungen sich den westlichen, nationalstaatlichen Vorstellungen „nationaler Interessen" und strategischem Denken entziehen.[3]

Diese Akteure sind zugleich Ursache und Symptom eines demographisch und politisch verblassenden Westens, wie auch sich im Niedergang befindender Nationalstaaten, deren Strukturen durch Völkerwanderungen, technologische Entwicklung und geringe Durchsetzungsbereitschaft ihren Konkurrenten unterliegen. Die „Heterogenisierung" der einst weitgehend homogenen Nationalstaaten, verwandelt diese von Konsens- zu Konfliktgesellschaften und selbst traditionelle Einwandergesellschaften wie die USA stoßen inzwischen an die Grenzen ihrer Integrationskraft, verstärkt durch technologische Entwicklungen und die größere kulturelle Distanz zwischen den Einheimischen und Zuwanderern. Der Migrationsforscher Paul Collier[4] erklärt dazu: *„Wenn eine Gesellschaft zu verschieden zusammengesetzt ist, wird es schwieriger, die Kooperation in solchen Systemen zu organisieren. Das ist in der Forschung nicht kontrovers, sondern Standard."* Dies schwächt nicht nur die Kohäsion des Nationalstaates und reduziert dessen Bedeutung, sondern stärkt gleichzeitig den Einfluss und die Reichweite des nichtstaatlichen Akteurs.

Der Bedeutungsverlust des Nationalstaats, als Hauptakteur der internationalen Politik seit dem westfälischen Frieden (1648), beruht auf einem Zusammenspiel unterschiedlicher, sich teilweise gegenseitig verstärkender Faktoren:

- Globalisierung und Transnationalisierung. Die globalen Wirtschaftsverbindungen haben die Souveränität von Staaten zugunsten von größerer internationaler Einbindung in Bündnisse und Organisationen verändert. Die Anzahl jener Staaten, die unilateral oder gar interventionistisch handeln, hat sich auf nur wenige reduziert, und diese tun dies häufig unter Inkaufnahme von internationaler Isolierung. Die europäischen Imperien des 19. Jahrhunderts – Großbritannien, Frankreich und Deutschland – die zu Beginn des 20. Jahrhunderts noch den 1. Weltkrieg ausfochten, sind zu Beginn des 21. Jahrhunderts in einem sicherheitspolitisch oft handlungsunfähig wirkenden Konstrukt namens „Europäische

Union" eingebunden. Internationale Organisationen, darunter auch so genannte Nichtregierungsorganisationen, spielen eine zunehmend wichtige Rolle bei der Koordinierung von staatlichen Positionen, Handlungen und Ressourcen. Gab es 1909 noch 37 internationale Organisationen und 176 Nichtregierungsorganisationen (NGOs), stieg die Zahl 1960 auf jeweils 152 und 1255. Im Jahre 2012 waren es 262 internationale Organisationen und 8382 NGOS.[5]

- Kleinstaatenproliferation durch Abspaltungstendenzen. Trotz der oben geschilderten vermeintlichen Konvergenztendenzen, hat sich im gleichen Zeitraum die Anzahl der Staaten weltweit fast vervierfacht. Sogar in stabilen Industriestaaten wie Schottland, Spanien und Belgien fordern separatistische Bewegungen mehr Autonomie. Ähnliche Entwicklungen lassen sich weltweit beobachten. Bereits Mitte der 1990er Jahre sprach John Naisbitt von einem „globalen Paradoxon", in dem der Nationalstaat nach „oben" und nach „unten" Macht und Einfluss einbüßt.[6] Je größer der Druck zur globalen Konvergenz ist, desto stärker wird das Bedürfnis zur Wahrung der eigenen kulturellen Identität. In den ehemaligen Kolonien ist dieser Prozess noch ausgeprägter. So zeigt der „globale Stabilitätsindex", dass die Anzahl der stabilen Staaten 2014 auf 39 begrenzt war. Nach den Ereignissen vom Sommer 2015, als die Bundesregierung sich medienwirksam zur unbegrenzten Aufnahme von Asylsuchenden bekannte, kann sich diese Zahl in relativ kurzer Zeit noch weiter verringern.

- Reduzierte Fähigkeiten der äußeren Machtprojektion. Martin Van Creveld[7] zeigt auf, dass der Nationalstaat seit 1945 immer mehr seine Fähigkeit zur Kriegsführung verliert und damit möglicherweise auch seine Hauptfunktion und -identifikation, denn die Bedrohungen der Gegenwart und Zukunft sind asymmetrischer Natur und damit weniger greifbar als zuvor. Die nationalen Streitkräfte, als ultimatives Machtinstrument und Ausdruck des politischen Willens eines Staates, verlieren an Bedeutung. Das mag zum einen daran liegen, dass zumindest die postheroischen westlichen Gesellschaften den Einsatz militärischer Macht zunehmend grundsätzlich zur Wahrung und Durchsetzung sicherheitspolitischer Interessen ablehnen und sie zudem (infolgedessen) ihre nationalen Sicherheitsarchitekturen wie auch ihre Mitwirkungen in kollektiven Sicherheitsorganisationen allenfalls reaktiv gestalten. Fraglich ist hierbei nicht, ob auf strategischer Ebene entschieden wird, sondern ob in diesem Kontext überhaupt strategisch entschieden wird. Dieses Versäumnis lässt sich auch an den zu geringen Verteidigungsausgaben der meisten westlichen Staaten erkennen. Mithin ist diesen Staaten bzw. ihren Protagonisten eine tendenzielle Strategieunfähigkeit, wenn nicht gar eine Strategieunwilligkeit zu unterstellen, ihre eigenen sicherheitspolitischen und geopolitischen Interessen zu formulieren und ihre Gegensätze vor dem Hintergrund der Herausforderungen zu Gunsten tragfähiger sowie akzeptabler Lösungen für alle Beteiligten auszugleichen. Dieses Defizit schlägt sich auch in den Missionen und Einsätzen nieder. Selbst im Zusammenspiel, bei den internationalen Operationen in Bosnien, im Kosovo oder in Afghanistan, projizieren die ehemaligen Großmächte kaum genug Macht, um ihre gesteckten Ziele zu sichern. Technologie, immer weniger das Privileg von Staaten bzw. deren Behörden, ermöglicht durch den Verlust des staatlichen Monopols eine „Tribalisierung" in Sachen Sicherheit des öffentlichen Raums, Infrastruktur und Forschung. Ein Symptom dieser Entwicklung ist die Tendenz, staatliche Machtprojektion zurückzufahren oder zu privatisieren. In den USA liegt das Zahlenverhältnis von Polizei- zu privatem Sicherheitspersonal bei 1:3 während in militärischen und nachrichtendienstlichen Bereichen sogenannte „Private Military Companies" eine zunehmende Rolle bei der staatlichen Machtprojektion spielen. Staatliche Schwäche und international bindende Einsatzrichtlinien machen es dem Nationalstaat immer schwerer, überhaupt noch militärisch wirksam zu agieren. Interventionsscheitern wie in Somalia 1992 oder Ruanda 1994, als die Staatengemeinschaft den Massenmord an 800 000 Hutus tatenlos hinnahm, aber auch gescheiterte „Peacekeeping"-Missionen wie in Sierra Leone, wo 1996 knapp über 100 Söldner mehr Stabilität erzeugen konnten als 13 000 Blauhelme, haben das Wachstum der Sicherheitsindustrie ermöglicht.[8]

- Ihre Streitkräfte spiegeln die demographischen Realitäten der Nationen und sind nur noch bedingt einsatzbereite Instrumente der Machtprojektion. Das britische Militär schrumpfte, trotz seines

Engagements in Irak und Afghanistan, bis 2005 auf eine Größe, die zum letzten Mal vor den napoleonischen Kriegen erreicht worden war. Selbst die USA haben mindestens 30% weniger Truppen als 1990. Dies geht mit demographischer Erschöpfung und einer Verringerung der Opferbereitschaft seitens der Bürger einher.[9] 2015 waren, laut einer GALLOP-Umfrage, lediglich 13 % der Bundesbürger bereit, für ihr Land zu kämpfen. Selbst in den USA waren es nur 44 %.[10] Der Mangel an Identifikation kann mit der demographischen Ermüdung bzw. der Überalterung der westlichen Nationen in Zusammenhang gebracht werden oder aber lediglich die Wertvorstellungen einer postheroischen Überflussgesellschaft spiegeln. Beides erzeugt Schwierigkeiten bei der Rekrutierung, quantitativ und qualitativ, wie auch beim Behalten von Personal, welches sich häufig von privaten Sicherheitsfirmen abwerben lässt. Hochrangige Offiziere in allen angelsächsischen Ländern beklagen den Verlust von erfahrenen Soldaten an private Sicherheitsfirmen.[11] Selbst in bestehenden Militäroperationen nutzen Staaten wie die USA und Großbritannien private Sicherheitsfirmen, um ihr Militär zu entlasten. 2005 waren im Irak ungefähr 60 Sicherheitsfirmen im Einsatz, mit 20 000 Mann an Personal. Der Anreiz dazu, im In- und Auslandseinsatz, liegt nicht zuletzt an den Kosten, die durch qualifizierte Polizisten und Soldaten für den Staat entstehen. Dabei sind es weniger die Bezüge, sondern die durchaus überdurchschnittlichen Pensionen und andere Leistungen, die dazu führen, dass zumindest in manchen Ländern in der Privatisierung zunächst eine Gelegenheit zur Reduzierung der Personalkosten gesehen wird.[12]

Für den staatlichen Akteur wird es zunehmend schwierig sein, mit den verschwimmenden Grenzen zwischen Krieg und Frieden, Krieg und Kriminalität, inneren und äußeren Bedrohungen umzugehen. Weder das Völkerrecht noch die Gesetze moderner Staaten wurden für eine solche Wirklichkeit geschrieben. Sie hinken stets der Lage hinterher. Ähnlich wie die Herrscher und Heere des Mittelalters, die der Beweglichkeit und dem taktischen Geschick berittener Bogenschützen aus den Steppen Asiens unterlegen waren, stolpern weitgehend „durchpazifizierte" Überflussgesellschaften von Anschlag zu

Anschlag, von Bedrohung zu Bedrohung. Die Erklärungen und Handlungen westlicher Entscheidungsträger haben sich über den hier behandelten Zeitraum 2001 bis 2015 kaum geändert, während die Anzahl der Konflikte bis 2015 auf 223 (1990 waren es noch 93) gestiegen ist. Die Anzahl der dschihadistischen Bewegungen hat sich verdoppelt, deren geographischer Wirkungsbereich erweiterte sich von zehn auf 18 Staaten und die Anzahl der jährlichen Anschlagsopfer ist von 2508 (2001-2006) auf 28 708 (2015) gestiegen, was einer Versiebenfachung entspricht. Die Anzahl der Anschläge hat sich von durchschnittlich 302 im ersten Zeitraum auf 2930 gesteigert.[13] Während die Mehrzahl der Anschläge außerhalb Europas stattgefunden hat, kann davon ausgegangen werden, dass nichtstaatliche Akteure die Migrationsmuster zu ihren Zwecken zu nutzen wissen. Durch diesen Konflikttransfer kann Europa in seiner postheroischen „Schockstarre" in eine dauerhafte Instabilität geraten.

Zu den oben erwähnten „Hybridbedrohungen" zählen auch jene Entwicklungen, die dazu beitragen können, bei den Zielstaaten ungewollte, radikale und systembedrohende Veränderungen oder gar Staatsscheitern zu bewirken, ohne dabei einen erklärten Kriegszustand herbeizuführen. Eine Kombination staatlicher und nichtstaatlicher Akteure, die sich mit einer Mischung aus Terroranschlägen, krimineller Unterwanderung, Cyberattacken oder Aufstandsszenarien bemerkbar machen, stellen gerade westliche Staaten vor ein Handlungsproblem, wie es zuletzt während der Völkerwanderungen des 6. Jahrhunderts vorkam.

In Kombination mit der oben geschilderten Machtverschiebung verändert sich die Bedeutung von sicherheitspolitischen „Konstanten" wie Staatlichkeit, Organisation, Ressourcen und Geographie bzw. Territorium auf eine Art und Weise, dass zum ersten Mal in seiner ca. 6000jährigen Existenz der klassische Staat als Akteur seinen sicherheitspolitischen Wettbewerbsvorteil gegenüber dem nichtstaatlichen Akteur zu verlieren droht. Erhöhte Mobilität, wie auch erweiterte Wirkungsmöglichkeiten bzw. -reichweite von nichtstaatlichen Organisationen oder auch Individuen haben eine sicherheitspolitische „Individualisierung" erzeugt und erfordern verbesserte Detektionsfähigkeiten von einzelnen Schlüsselpersonen, die innerhalb hochanpassungsfähiger Netzwerke operieren. Geschützt sind diese Netzwerke durch Diasporagemeinden sowie an die aktuelle Lage nicht hinreichend angepasste Sicherheitsarchitekturen und Gesetze oder andere Dimensionen des Staats- bzw. Organisationsscheiterns. Ihre Rolle als Bedrohung und die erforderlichen Abwehrmechanismen werden mittlerweile als „I-Krieg" (Individualism, Identity, Information) bezeichnet. Sie stellen so genannte „hochwertige Zielpersonen" dar, die zu einem ernsthaften Sicherheitsproblem geworden sind und bei modernen Lagen und Wirkmitteln die Aufmerksamkeit von Sicherheitsbehörden auf sich ziehen. Sie frühzeitig zu identifizieren ist die Herausforderung der Zukunft, denn sie sind weder uniformiert noch räumlich bzw. geographisch zwingend an ein operatives Gebiet, eine „Front" oder ein „Schlachtfeld", gebunden. Sie werden überall vorgefunden, sowohl im Einsatz- als auch im Heimatgebiet.

Sicherheitsbehörden haben daher Grund zur Beunruhigung, wenn die Kommunikation zwischen externen Bedrohungen und deren internen Sympathisanten oder Strukturen weniger durch Zeit, Raum, Mittel oder Gegenmaßnahmen beeinträchtigt wird als die Kommunikation der eigenen Kräfte, Behörden und Entscheidungsträger. Die hohe Anzahl an Bildern von IS-Fahnen und Propaganda, Enthauptungen oder anderen Formen der Hinrichtung, die bei einer signifikanten Anzahl von Mobiltelefonen von Asylbewerbern gefunden werden, haben schon 2015 zu Bedenken bei westlichen Sicherheitsbehörden geführt.[14] Nicht nur sicherheitsrelevante Gesinnung, sondern auch bestehende Verbindungen und Aktivierungskommunikation, können daraus abgeleitet werden.

Sicherheitsbehörden sehen sich durch solche Indikatoren zudem gezwungen, weitaus größeren Aufwand zu betreiben, weil die „Personalisierung" von Bedrohungen zur Datenverarbeitungs- bzw. Informationsmanagementaufgabe geworden ist. Es erfordert die massenhafte Erhebung, Kategorisierung und Abgleichung biographischer, biometrischer und forensischer Datenmengen, mit dem Ziel der Trennung von Gefährdern und Unbeteiligten. Die Datenanalyse und Identitätsfeststellung, die Erstellung von Bewegungsprofilen, eine operative Zuordnung und Netzwerkeinstufung, gerade hinsichtlich der Unauffälligkeit, mit welcher sich die Täter von großen Anschlägen in Madrid, London, Paris, San Bernardino oder Brüssel bewegten, werden die Herausforderungen der Zukunft darstellen.[15]

In der Abwesenheit einer ausreichenden Konsensfähigkeit unter westlichen Ländern, werden die in diesem Buch angesprochenen Fragen keine befriedigende oder sicherheitspolitisch ausreichende Aufmerksamkeit genießen. Es hat sich nach 1945 in Deutschland eine strategische Kultur entwickelt, nach der das sicherheitspolitische Handeln der Bundesrepublik nur noch defensiven Zwecken zu genügen hat und militärische Werte sowie sicherheitsrelevante Fragen sind bei dem Prozess der Ausbildung deutscher Sicherheitsakteure in einer Demokratie aus der Öffentlichkeit weitgehend verdrängt worden.[16] Es ist zu befürchten, dass in der jetzigen Konstellation politische Entscheidungsträger weiterhin in Ersatzhandlungen flüchten werden.

Dazu zählen Scheindebatten, die ein breites Spektrum an sozialen Experimenten abdecken und die Einsatzfähigkeit der Sicherheitsbehörden kaum verbessern werden, so z.B. der Aufbau einer „Europäischen Armee" oder die „Entmilitarisierung der Polizei". Dabei hatte sich die Bundesregierung zu Beginn der Legislaturperiode dahingehend klar positioniert ein umfassendes strategisches Konzept auf den Weg zu bringen: *„Die Koalition macht es sich zur Aufgabe, die Wirksamkeit des Regierungshandelns gezielt zu erhöhen und erarbeitet dazu eine ressort übergreifende Strategie ‚Wirksam und vorausschauend regieren'. Koordinierende Stellen bündeln die Maßnahmen innerhalb der Ressorts und bei ressortübergreifenden Zielen und Vorhaben. Wir stärken die Kompetenzen und Kapazitäten der strategischen Vorausschau in den Ministerien, um Chancen, Risiken und Gefahren mittel- und langfristiger Entwicklungen besser erkennen zu können ..."*[17]. Im Sinne des Ansatzes der Vernetzten Sicherheit will die Regierung den Herausforderungen auch begegnen: *„Die Koalition bekennt sich zur Stärkung einer ressortübergreifenden Zusammenarbeit im Verständnis einer effektiven Außen- und Sicherheitspolitik, für deren Erfolg sich zivile und militärische Instrumente ergänzen müssen. In der Außen- und Sicherheitspolitik denken und handeln wir vernetzt."*[18] Die Friedensdividende ist inzwischen ausgelaufen[19] und demokratisch und rechtsstaatlich verfasste Länder reagieren mühsam auf fundamentale Angriffe gegen ihre politischen, gesellschaftlichen und wirtschaftlichen Einrichtungen und die darin lebenden Menschen, weil dieser Staatstyp Produkt von Gewaltbegrenzung ist, während seine fundamentalistisch gesonnenen Gegner ihren Gewalteinsatz oftmals gerade nicht begrenzen.[20] Erst gravierende Anschläge, Aufstandsszenarien in Migrantenvierteln oder der Zusammenbruch der öffentlichen Ordnung werden zu einem wirklichen Paradigmenwechsel beitragen. Ob dieser zeitlich und vom Umfang her zur umfassenden Stabilisierung führt, wird sich dann zeigen müssen. In einer Welt komplexer irregulärer Kriegführung steigt der Preis für Selbstzufriedenheit.[21] Bei Prognosen zur Zukunft ist vor allem ein Blick auf die bisherige Geschichte der Menschheit von Nutzen. Dieser Blick verstärkt Arthur Koestlers zeitlose Gewissheit, dass der nachhaltigste Klang, der durch die Geschichte der Menschheit hallte, der der Kriegstrommel ist.

---

[1] Bertrand Russel, The Hope of Humanity. Best Answer to Fanatism is True Liberalism, in: The Age vom 3. Januar 1952

[2] Vgl. Schroefl, Josef and Kaufman, Stuart, Hybrid Actors, Tactical Variety: Rethinking Asymmetric and Hybrid War, Studies in Conflict & Terrorism , Volume 37, Issue 10, 2014.

[3] Vgl. Cilluffo, Frank and Clark, Joseph, „Thinking About Strategic Hybrid Threats - In Theory and in Practice", Institute for National Strategic Studies, Washington, 2012,
http://www.isn.ethz.ch/Digital-Library/Publications/Detail/?lang=en&id=159152.

[4] Philip Faigle, "Wir reichen den Menschen den geladenen Revolver", Interview Die Zeit, 6. Februar 2015, http://www.zeit.de/gesellschaft/zeitgeschehen/2015-02/interview-collier-zuwanderung-fluechtlinge.

[5] Charles Kegley, Shannon Blanton, World Politics: Trend and Transformation, 2014 – 2015, Carnegie Council for Ethics in International Affairs, 2015, S. 146-147.

[6] Global Paradox: The Bigger the World Economy, the more Powerful ist Smallest Players, Nicolas Brealy Publishing, London, 1994.

[7] Martin Van Creveld, The Rise and Decline of the State, University of Cambridge Press, Cambridge, 1999, S. 337-337.

[8] Tanya Cook, „*Dogs of War or Tomorrow's Peacekeepers?:The Role of Mercenaries in the Future Management of Conflict*", The Centre for East-West Cultural and Economic Studies, Bond University, Queensland, 2002, http://www.international-relationS.com/wbcm5-1/wbmercenarieS. htm.

[9] Vgl. Gat, Azar, War in Human Civilization, Oxford University Press, Oxford 2006, S. 44.

[10] „WIN/Gallup International's global survey shows three in five willing to fight for their country", GALLUP, 2015,
http://gallup-international.bg/en/Publications/2015/220-WIN-Gallup-International%E2%80%99s-global-survey-shows-three-in-five-willing-to-fight-for-their-country.

[11] Vgl. Stephan Maninger, „Soldiers of Misfortune - The Demise of National Armed Forces as Core Contributing Factor in the Rise of Private Security Companies?" in Thomas Jäger and Gerhard Kümmel, Private Military and Security Companies: Chances, Problems, Pitfalls and Prospects, VS Verlag für Sozialwissenschaften, Wiesbaden, 2007, S. 69-85.

[12] Vgl. Bruce Benson, To Serve and Protect: Privatization and Community in Criminal Justice, New York University Press for The Independent Institute, 1998.

[13] Vgl. Steven Emerson and Pete Hoekstra, "Islamist Terror Growing in Lethality and Geography, IPT Analysis Finds", 28 March 2016,

http://www.investigativeproject.org/5241/islamist-terror-growing-in-lethality.

[14] Calderwood, Imagon, „Hundreds of migrants arriving in Norway had mobile phones containing images of executions, severed heads and dead children, police reveal", Mail Online, 23 December 2015

http://www.dailymail.co.uk/news/article-3359901/Hundreds-migrants-arriving-Norway-mobile-phones-containing-images-executions-severed-heads-dead-children-police-reveal.html.

[15] Voelz, Glenn, „The Rise of I-War: Identity, Information, and the Individualization of Modern Warfare", Strategic Studies Institute and U.S. Army War College Press, Fort Leavenworth, October 2015, S. 2, 86.

[16] Florian Stöhr, Bedrohungswahrnehmung, Gefahrenabwehr und der Wandel der strategischen Kultur: Wie Politik und Gesellschaft in Deutschland auf den islamistischen Terrorismus reagieren, in: Stefan Hansen, Joachim Krause (Hrsg.), Jahrbuch Terrorismus 2013/2014, Opladen, Berlin, Toronto 2014, S. 311 ff.; 319

[17] CDU, CSU, SPD, Deutschlands Zukunft gestalten. Koalitionsvertrag zwischen CDU, CSU und SPD. 18. Legislaturperiode, S. 150f.,

http://www.bundesregierung.de/Content/DE/_Anlagen/2013/2013-12-17-koalitionsvertrag.pdf?__blob=publicationFile

[18] CDU, CSU, SPD, Deutschlands Zukunft gestalten. Koalitionsvertrag zwischen CDU, CSU und SPD. 18. Legislaturperiode, S. 175,

http://www.bundesregierung.de/Content/DE/_Anlagen/2013/2013-12-17-koalitionsvertrag.pdf?__blob=publicationFile

[19] Peter Rásonyi, Europas Friedensdividende läuft aus, in: NZZ vom 17.11.2015,

http://www.nzz.ch/international/terroranschlaege-in-paris/europas-friedensdividende-laeuft-aus-1.18647619; Internet vom 26.11.2015

[20] Kurt Graulich, Justizgewährung und Geheimdienste, in: Kurt Graulich, Dieter Simon (Hrsg.), Terrorismus und Rechtsstaatlichkeit. Analysen, Handlungsoptionen, Perspektiven, Berlin 2007, S. 143 ff.; 143

[21] Frank G. Hoffmann, Complex Irregular Warfare: The Next Revolution in Military Affairs, in: Orbis, Summer 2006, S. 395 ff.; 411

Veröffentlichungsnachweis

Beiträge von Dirk Freudenberg:
Der Einsatz der Streitkräfte im bevölkerungszentrierten "Comprehensive Approach", in: ÖMZ, Heft 5, 2012, S. 523ff.

Das britische Führungsverständnis unter besonderer Berücksichtigung deutschen Führungsdenkens, in: ÖMZ 2009, S. 61ff.

Sicherheitspolitik und Strategie, in: ÖMZ 2008, S. 185ff.

Der Strategiebegriff bei Clausewitz, Jomini und Erzherzog Karl. Eine vergleichende Untersuchung, in: ÖMZ 2008, S. 616ff.

Staaten und parastaatliche Akteure in Interaktion. Neue Konzepte für die internationale Sicherheit, in: ÖMZ 2007, S. 685ff.

Das grundsätzliche Spannungsverhältnis zwischen Auftragstaktik, Rules of Engagement (ROE) und der deutschen Strafrechtsordnung, in: ÖMZ 2006, S. 48ff.

Multinationale Interagency Groups. Unterstützung der Sicherheitsvorsorge im gesamtstaatlichen Ansatz, in: ÖMZ 2006, S. 323 ff. (zusammen mit Hans Reimer)

Herausforderung Terrorismus. Grundsätzliche Überlegungen zu einem komplexen Phänomen, in: ÖMZ 2005, S. 301ff.

Gedanken über Schutz als Aufgabe der Streitkräfte im Einsatz, in: ÖMZ 2003, S. 322 ff. (zusammen mit Thomas Greim u. Rolf Neumeier)

Beiträge von Stephan Maninger:
„Die Fragmentierung des Irak und ihre sicherheitspolitischen Auswirkungen", Österreichische Militärzeitschrift, Nr. 4, Wien, September 2015

„Drohnen als militärisches Instrument: Die Auswirkungen einer ‚Game Changer'-Technologie auf asymmetrische Konfliktszenarien", Österreichische Militärzeitschrift, Nr. 2, Wien, März 2014

„Der Schattenkrieg – Ergänzende Anmerkungen zur Aufstandsbekämpfungsdebatte", Österreichische Militärzeitschrift, Nr. 3, Wien, Juni 2013

„Operative Hemmnisse für westliche Sicherheitskräfte im Zeitalter multipler Bedrohungsszenarien", Österreichische Militärzeitschrift, Nr. 4, Wien, Juli 2009

„Kindersoldaten – Die militärsoziologischen Folgen des Einsatzes von Kindern gegen reguläre Streitkräfte", Österreichische Militärzeitschrift, Nr. 6, Wien, Dezember 2007

„'Wer wagt, gewinnt' – Kritische Anmerkungen zum Einsatz westlicher Militärspezialkräfte im Zeichen multipler Konfliktszenarien", Österreichische Militärzeitschrift, Nr. 3, Wien, Juni 2006

Autoren

Dr. rer. pol. Dirk Freudenberg M.A.

hat an der Universität zu *Würzburg* Politikwissenschaft, Öffentliches Recht und Didaktik der Sozialkunde/Politische Bildung studiert und an der Universität der Bundeswehr in München/Neubiberg in den Staats- und Sozialwissenschaftenpromoviert. Er war mehrere Jahre Senior Consultant und Operationsmanager in einer Unternehmungsberatung für Krisen- und Sicherheitsmanagement. Seit 2002 ist er Dozent an der Akademie für Krisenmanagement, Notfallplanung und Zivilschutz (AKNZ) im Bundesamt für Bevölkerungsschutz und Katastrophenhilfe (BBK); derzeit im Referat „Strategische Führung und Leitung, Notfallvorsorge und -planung, Pädagogische Grundlagen und Qualitätsmanagement". Dr. *Freudenberg* hat am Manfred-Wörner-Seminar des SKA wie auch am Seminar „Sicherheitspolitik" BAKS teilgenommen. Als Oberstleutnant d. Res. der Fallschirmjägertruppe hat er an mehreren Auslandseinsätzen der Bundeswehr teilgenommen (KFOR 1999, ISAF 2004 und 2011/12). Einen weiteren Auslandseinsatz leistete Dr. *Freudenberg* 2015 in Abordnung zur Bundespolizei (GPPT) zur Beratung/Ausbildung des afghanischen stv. Innenministers und der Abteilung „Strategy and Policy". Dr. *Freudenberg* nimmt Lehraufträge an verschiedenen Hochschulen und Universitäten wahr, veröffentlicht zu sicherheitspolitischen sowie wehrwissenschaftlichen Themen und publiziert zu Fragestellungen im Kontext der Unternehmenssicherheit.

Dr. Stephan Maninger M.A.

1989-1997 Studium der Politikwissenschaften; 1995 Absolvent der International Summer School for National Security an der Christiaan-Albrechts-Universität in Kiel; ehemaliges Mitglied des Royal United Services Institute for Defence Policy in London; Vorträge und Veröffentlichungen zu sicherheitspolitischen Themen an diversen Einrichtungen, darunter das Institut für internationale Politik und Völkerrecht in München, das sozialwissenschaftliche Institut der Bundeswehr in Strausberg, die Akademie für Information und Kommunikation der Bundeswehr, die Akademie für Krisenmanagement, Notfallplanung und Zivilschutz im Bundesamt für Bevölkerungsschutz und Katastrophenhilfe in Bad Neuenahr, das Zentrum für internationale Friedenseinsätze in Berlin, mehrere internationale Sicherheitskonferenzen und der Bundesakademie für Sicherheitspolitik.

Carola Hartmann Miles-Verlag

Politik, Gesellschaft, Militär

Wolf Graf von Baudissin, *Grundwert Frieden in Politik – Strategie – Führung von Streitkräften,* hrsg. von Claus von Rosen, Berlin 2014.

Wolf Graf von Baudissin, *Der Widerstand. „... um nie wieder in die auswegslose Lage zu geraten...",* hrsg. von Claus von Rosen, Berlin 2014.

Marcel Bohnert, Lukas J. Reitstetter (Hrsg.), *Armee im Aufbruch. Zur Gedankenwelt junger Offiziere in den Kampftruppen der Bundeswehr,* Berlin 2014.

Arjan Kozica, Kai Prüter, Hannes Wendroth (Hrsg.), *Unternehmen Bundeswehr? Theorie und Praxis (militärischer) Führung,* Berlin 2014.

Angelika Dörfler-Dierken, Robert Kramer, *Innere Führung in Zahlen. Streitkräftebefragung 2013,* Berlin 2014.

Eberhard Birk, Heiner Möllers (Hrsg.), *Luftwaffe und Luftkrieg,* Berlin 2015.

Phil C. Langer, Gerhard Kümmel (Hrsg.), *„Wir sind Bundeswehr." Wie viel Vielfalt benötigen/vertragen die Streitkräfte?,* Berlin 2015.

Jéronimo L. S. Barbin, *Imperialkriegführung im 21. Jahrhundert. Von Algier nach Bagdad. Die kolonialen Ursprünge der COIN-Doktrin,* Berlin 2015.

Dirk Freudenberg, *Counterinsurgency. Aufstandsbekämpfung als Phase zur Überwindung schwacher Staatlichkeit und zur Etablierung des Aufbaus einer stabilen Nachkriegsordnung,* Berlin 2016.

Marcel Bohnert, Björn Schreiber (Hrsg.), *Die unsichtbaren Veteranen. Kriegsheimkehrer in der deutschen Gesellschaft,* Berlin 2016.

Alois Bach, Walter Sauer (Hrsg.), *Schützen, Retten, Kämpfen – Dienen für Deutschland,* Berlin 2016.

Christian Göbel, *Glücksgarant Bundeswehr? Ethische Schlaglichter auf einige neuere Studien des ZMSBw im Kontext von Sinn und Glück des Soldatenberufs, Innerer Führung und Einsatz-Ethos,* Berlin 2016.

Einsatzerfahrungen

Kay Kuhlen, *Um des lieben Friedens willen. Als Peacekeeper im Kosovo,* Eschede 2009.

Sascha Brinkmann, Joachim Hoppe (Hrsg.), *Generation Einsatz, Fallschirmjäger berichten ihre Erfahrungen aus Afghanistan,* Berlin 2010.

Artur Schwitalla, *Afghanistan, jetzt weiß ich erst… Gedanken aus meiner Zeit als Kommandeur des Provincial Reconstruction Team FEYZABAD,* Berlin 2010.

Uwe Hartmann, *War without Fighting? The Reintegration of Former Combatants in Afghanistan seen through the Lens of Strategic Thought,* Berlin 2014.

Rainer Buske, *KUNDUZ. Ein Erlebnisbericht über einen militärischen Einsatz der Bundeswehr in Afghanistan im Jahre 2008,* Berlin ²2016.

Jahrbuch Innere Führung

Uwe Hartmann, Claus von Rosen, Christian Walther (Hrsg.), *Jahrbuch Innere Führung 2009. Die Rückkehr des Soldatischen,* Eschede 2009.

Helmut R. Hammerich, Uwe Hartmann, Claus von Rosen (Hrsg.), *Jahrbuch Innere Führung 2010. Die Grenzen des Militärischen,* Berlin 2010.

Uwe Hartmann, Claus von Rosen, Christian Walther (Hrsg.), *Jahrbuch Innere Führung 2011. Ethik als geistige Rüstung für Soldaten,* Berlin 2011.

Uwe Hartmann, Claus von Rosen, Christian Walther (Hrsg.), *Jahrbuch Innere Führung 2012. Der Soldatenberuf zwischen gesellschaftlicher Integration und suis generis-Ansprüchen,* Berlin 2012.

Uwe Hartmann, Claus von Rosen (Hrsg.), *Jahrbuch Innere Führung 2013. Wissenschaften und ihre Relevanz für die Bundeswehr als Armee im Einsatz,* Berlin 2013.

Uwe Hartmann, Claus von Rosen (Hrsg.), *Jahrbuch Innere Führung 2014. Drohnen, Roboter und Cyborgs – Der Soldat im Angesicht neuer Militärtechnologien,* Berlin 2014.

Uwe Hartmann, Claus von Rosen (Hrsg.), *Jahrbuch Innere Führung 2015. Neue Denkwege angesichts der Gleichzeitigkeit unterschiedlicher Krisen, Konflikte und Kriege,* Berlin 2015.

www.miles-verlag.jimdo.com